실전 비즈니스 마케팅 강의

실전 비즈니스 마케팅 강의

초판 1쇄 발행 · 2021년 9월 05일

지은이 · 최덕재
펴낸이 · 김승헌

펴낸곳 · 도서출판 작은우주 | 주소 · 서울특별시 마포구 양화로 73, 6층 MS-8호
출판등록일 · 2014년 7월 15일(제2019-000049호)
전화 · 031-318-5286 | 팩스 · 0303-3445-0808 | 이메일 · book-agit@naver.com

정가 17,500원 | ISBN 979-11-87310-56-3

| 북아지트는 작은우주의 성인단행본 브랜드입니다.

비즈니스 마케팅
10단계 속성 강의

실전 비즈니스
마케팅 강의

■ 4차 산업혁명, 기회는 마케팅에 있다! ■

최덕재 지음

BOOK
AGIT

2016년 3월 우리 국민 모두를 깜짝 놀라게 한 충격적인 사건이 있었습니다. 바둑에서 세계 최고의 기사로 인정받는 이세돌 9단과 인공지능인 알파고와의 대결이었습니다. 당시 이세돌 본인뿐만 아니라 많은 국민은 이세돌 9단이 이길 것이라고 예상하였지만, 결과는 모두의 예상을 뒤엎고 이세돌 9단이 5번의 승부에서 겨우 1번을 이겨 큰 충격을 안겨 주었습니다. 공상과학 영화 속의 한 장면으로 생각하였던 '인공지능Artificial Intelligence: AI'이 어느새 우리의 생활에 들어와 인간의 지능을 능가하기 시작했다는 것을 알렸기 때문입니다.

의료계에서는 IBM 왓슨이 질병을 진단하고, 법조계에서는 법률 인공지능프로그램 로스Ross가 1초에 1억 장의 법률문서를 검토하고, 언론계에서는 기업 보고서와 신문 기사를 작성하고, 교육계에서는 개인 맞춤형 학습을 제공하는 등 이미 우리는 부지불식간에 '인공지능'뿐만 아니라, '로봇', '사물 인터넷IoT', '공유 경제' 및 '빅데이터Big Data' 등으로 표현되는 '4차 산업혁명1'의 출발점에 서 있으며, 앞으로 우리에게 더 많은 변화가 발생할 것입니다. 로봇과 AI의 결합으로 생산성이 극대화된 스마트 팩토리Smart Factory가 만들어지면, 생산 현장에서 사람들이 몸소 수행하던 많은 활동이 줄어들어 큰 파장이 예상됩니다. 또한, 온라인

---

1   2016년 1월 스위스 다보스에서 열린 '세계경제포럼'에서는 '4차 산업혁명'을 '디지털 혁명에 기반하여 물리적 공간, 디지털적 공간 및 생물학적 공간의 경계가 희석되는 기술융합의 시대로 정의

과 빅데이터를 활용한 시장세분화로 고객 개별 맞춤화 및 고객 관계 관리가 가능해지면 오프라인 매장에서 근무하는 판매원의 입지가 크게 흔들릴 수 있습니다.

이러한 환경변화에 따른 우리의 대응은 기계를 만들거나, 또는 기계가 할 수 없는 인간만이 할 수 있는 부분을 찾아야 합니다. 기계에는 없고 사람만이 지닌 고유한 역량은 창의성, 공감 능력, 소통 능력이 있습니다. 기계를 활용하여 더 나은 결과를 창출할 수 있는 일, 이것이 4차 산업혁명 시대를 살아가는 우리가 찾아야 할 '생존의 길'입니다.[2]

저는 생존의 길 중 하나가 '비즈니스 마케팅Business Marketing'이라고 생각합니다. 소비자 마케팅과 달리 비즈니스 마케팅은 그 특성상 오랫동안 고객과의 긴밀한 소통을 통하여 관계를 구축하고, 고객의 다양한 요구를 인식해 이를 충족할 수 있는 최적의 솔루션을 제시합니다. 고객의 구매 후에도 수명주기 동안 안정적이고 지속적인 후속지원을 통하여 길게는 수십 년의 장기적인 관계를 유지해야 합니다. 특히 민간 여객기, 플랜트 사업 등과 같이 고객의 요구에 따라 맞춤 솔루션을 제시하여야 하는 대형 수주사업의 경우는 더욱 그렇습니다. 바로 사람만이 지닌 사회성을 이용한 공감과 소통, 창의성, 인내력이 필요한 분야입니다.

---

2   임미진 外, 새로운 엘리트의 탄생, 미래엔, 2018년

그러나 그간 비즈니스 마케팅, 혹은 국소적으로 B2B_{Business to Business} 마케팅에 관한 연구와 이에 대한 결과물은 매우 제한적이었습니다. B2G_{Business to Government} 시장을 포함한 비즈니스 마케팅 시장 규모가 소비자 시장 규모보다도 크지만, 비즈니스 마케팅의 특성상 소수의 구매조직으로 제한된 시장이기 때문에 그 연구가 제한적인 것도 이유 중의 하나입니다. 국내 〈마케팅 연구〉 학회지 발간 30년간 641편의 연구 논문을 대상으로 연구주제를 분석한 결과에서도, B2B 마케팅은 13편(2.0%)에 불과할 뿐으로 소비자 행동(38.1%), 제품 전략(19.8%), 촉진 전략(11.9%), 마케팅 전략(10.6%) 등에 비해 많이 부족한 현실을 보여주고 있습니다.[3] 미국에서도 B2B 관련 연구 논문은 전체 마케팅 대상 연구 논문의 10%가 안 됩니다.[4]

　　여러분이 이 책을 선택한 이유는 마케팅에 대한 관심이 많기 때문이라고 생각합니다. 공부하는 대학교나 근무하는 직장에서, 또는 직접 운영하는 기업에서 여러분은 이미 '마케팅'이라는 용어를 친숙하게 사용하고 있을 것입니다. 여러분은 이미 판매 업무를 담당하는 '영업인력_{Sales Force}'이거나 마케팅 업무를 담당하는 '마케터_{Marketer}'일 수도 있습니다. 또는 대기업과 마케팅 활동부터 계약, 생산, 사업관리, 납품 및 사후관리 등의 제반 업무를 책임져야 하는 중소기업의 사장이나 임직원일 수도 있습니다.

　　이 책에서 저는 소비자가 아닌 구매하는 조직을 대상으로 하는 비

3　하영원 外, 마케팅 연구 30년: 게재논문의 특성과 연구주제 추세분석, 마케팅연구, 제31권 제1호, 2016년
4　Erik Mooi 외, "Connect, engage, transform: how B2B researchers can engage in impactful industry collaboration, Journal of Business & Industrial Marketing, 제35권 제8호, 2020년

즈니스 마케팅에 대한 소개를 통하여, 4차 산업 시대에 미래의 경로를 고민하는 학생이나, 비즈니스 마케팅에 대한 이해를 통해 비즈니스 마케팅 전문가로 성장하고자 하는 젊은 직장인들이나, 비즈니스 마케팅 활동을 관리하는 관리자 또는 종합적인 시각으로 마케팅 활동에 의한 경영성과를 향상하고자 하는 중소기업의 사장에게 실질적인 접근과 함께 이론적인 시각을 열어주고자 합니다. 독자 여러분의 역할이 각자 다를지라도 저는 여러분을 좀 더 광범위한 역할을 수행하는 '마케터'로 생각하고, 제가 35년간의 직장생활에서 해외 마케팅 최전선에서 성공하기도 하고 실패하기도 했던 경험을 바탕으로 B2B와 B2G를 포괄하는 비즈니스 마케팅에 대해 그간 정리하고 연구하였던 내용을 나누고자 합니다.

이 책의 차별점은 크게 구성적인 측면과 내용적인 측면으로 나뉩니다. 구성적인 측면에서는 비즈니스 마케팅에 대해 여러분들이 갖는 다양한 질문을 주제별로 정리하여 관련 내용을 기술하였습니다. 여러분들은 비즈니스 마케팅에 대한 전반적인 이해를 위해 이 책을 처음부터 끝까지 통독하셔도 좋고 또는 관심이 있는 해당 질문을 찾아 해당 부분을 읽고 참고하셔도 좋을 것입니다.

내용적인 측면에서는 '고객'에 대한 인식을 강화하는 것입니다. 마케팅 활동 성과를 가시화시키는 구매 의사결정을 하는 주체는 결국 '고객'입니다. 그러나 우리는 '고객에게 가치가 있는 것'이 무엇인가를 고민하는 대신 '고객에게 제공할 우리의 제품과 서비스가 무엇인가'에 초점을 두고 있습니다. 이 책에서는 '고객 지향'의 중요성을 강조하여 별도의 장으로 '고객'에 대한 많은 내용을 정리하였습니다. 고객에 대한 올바른 이해가 정확한 표적 시장을 찾고, 적합한 마케팅 전략을 수립하고, 제한된 자원으로 최적화된 마케팅 믹스를 수행하여 결국 성과를 창출하는 마케팅 활동에 대한 바탕이 되기 때문입니다.

여러분에게 비즈니스 마케팅의 종합적인 내용을 전달할 이 책은 총 10장으로 구성하였습니다.

1장에서는 여러분이 이미 알고 있는 마케팅의 기본적인 사항, 곧 마케팅의 정의, 고객가치, 마케팅 역할의 중요성, 소비자 마케팅과의 차이점, 시장 규모 및 특성 등을 다시 살펴봅니다. 2장에서는 이 책의 핵심이며 비즈니스 마케팅에서 가장 중요한 비즈니스 고객의 특성에 대해 살펴봅니다. 비즈니스 고객의 특징과 구매 환경변화, 정부 및 기업 고객의 특성, 구매 상황 및 대응, 구매조직 구성과 구매 절차, 선정을 위한 평가 기준 등을 살펴봅니다. 3장에서는 마케팅의 출발점인 시장 분석에 대하여, 마켓 센싱, 시장정보 분석의 중요성과 절차, 시장정보의 원천, 거시 및 미시 환경분석, 3C 분석 및 SWOT 분석 등을 살펴봅니다. 4장에서는 고객에 대한 이해와 시장 분석을 통해 목표시장 선정 및 포지셔닝 관련, 시장세분화의 필요성 및 평가 기준, 시장세분화 기준, 세분 시장 평가 및 진입 전략, 포지셔닝, 브랜드와 브랜드 가치 등에 대해 생각해 봅니다. 5장에서는 마케팅 전략 수립을 위해, 전략의 관점 변화와 기업의 전략 단계, 기업의 핵심 전략과 전략 자원, 전략 수립과 균형성과표, 경쟁전략 및 글로벌 시장 진입 전략에 대해 살펴봅니다.

6장에서는 마케팅 믹스의 첫 번째인 제품과 서비스에 대하여, 제공물의 구분, 제품 품질과 고객가치와의 관계, 제품의 포지셔닝과 글로벌화 전략, 제품 수명주기, 신제품 개발과 신성장 사업 창출을 위한 방법과, 서비스, 서비스 품질 및 고객 만족을 살펴봅니다. 7장에서는 마케팅 믹스의 두 번째인 가격에 대하여, 가격의 특성과 총소유비용, 가격 결정절차, 도입기 가격과 가격 결정 방법, 경쟁 입찰에 대해 살펴봅니다. 8장에서는 마케팅 믹스의 세 번째인 유통경로에 대하여, 유통경로의 역할과 구성, 유통경로의 구성원, 유통경로의 설계 및 관리, 글로벌 비즈니스 유통경로를 살펴보며, 이와 관련되는 공급망 관리에 대해서도 살펴봅니다. 9장에서는 마케팅 믹스의 네 번째인 의사소통에 대하여, 의사소통의 종류와 도구, 전달할 메시지의 개발, 의사소통 중 광고, 산업전시회, PR 및 홍보에 대하여 살펴봅니다. 10장에서는 마케팅 믹스의 다섯 번째로, 인적자원의 중요성, 고객 관계 관리, 관계 마케팅과 고객과의 관계, 마케팅 조직 구성과 마케터의 자질, 마케터의 목표 등에 대하여 알아봅니다. 더불어 여기에서는 마케팅 활동을 통하여 그 성과를 평가하는 방법에 대하여 함께 정리하도록 하겠습니다.

이제 이 책의 첫 페이지를 넘기기 전에 저는 여러분들이 아래의 질문을 가슴에 새기고, 이 책을 읽으면서 이 질문에 대한 답을 찾아가는 여정이 되기를 기원합니다.

    우리 회사의 제품과 서비스는
고객의 문제를 해결하는데
경쟁사가 제공하는 것보다
더 효율적이며 더 뛰어난가?

    끝으로, 저의 마케팅에 대한 학문적 열망을 격려해주시고 지도해
주신 정기한 교수님, 그리고 사랑하는 부모님과 가족 모두에게 감사
를 전합니다.

차 례

CHAPTER1   비즈니스 마케팅의 기본

01 마케팅과 영업의 차이점은 무엇인가?   18
02 구매고객이 가장 원하는 것은?   23
03 마케팅은 왜 중요한가?   29
04 B2B, B2C, B2G 마케팅 구분하기   36
05 비즈니스 시장의 규모와 구성   40
06 비즈니스 시장을 이해하는 6가지 키워드   47

CHAPTER2   비즈니스 고객의 특성

01 비즈니스 고객은 누구인가?   54
02 변화하고 있는 고객의 구매 환경   62
03 덩치 크고 까다로운 비즈니스 고객 - 정부   66
04 스마트하고 변화가 빠른 비즈니스 고객 -기업   72
05 구매조직은 무엇입니까?   77
06 구매 상황을 알아야 적절한 마케팅을 한다   83

07 비즈니스 고객의 구매 절차는 어떻게 이루어지는가?   88

08 구매조직이 공급선을 평가하는 방법   93

CHAPTER3   마케팅의 출발점 – 시장 분석

01 마켓 센싱이란 무엇인가?   102

02 시장분석이 왜 중요한가   107

03 시장정보를 확보하는 다양한 경로   114

04 거시 환경분석   119

05 미시 환경분석   124

06 종합적인 마케팅 전략을 돕는 자사 분석과 SWOT 분석   132

07 사업 기회를 발굴하기 위한 시장 전망과 판매 전망   138

CHAPTER4   목표시장 선정 및 포지셔닝

01 시장세분화는 왜 필요한가?   146

02 시장을 세분화하는 거시적·미시적 기준   150

03 세분시장의 선정과 평가   157

04 포지셔닝이란 무엇인가?   164

05 브랜드의 중요성과 구축전략   170

| CHAPTER5 | 마케팅 전략 수립 |

01 마케팅 전략의 시작과 끝이 '고객'인 시대	180
02 기업의 전략 수립 과정	183
03 전략 수립에 필요한 전략 자원의 종류	189
04 균형성과표란 무엇인가?	193
05 전략 수립을 돕는 대가들의 경영 전략 도구	200
06 글로벌 시장 진출 전략	207

| CHAPTER6 | 마케팅 세부 계획 - 제품과 서비스 |

01 비즈니스 제공물의 종류	218
02 비즈니스 고객에게 제공해야 할 가치들	223
03 글로벌 시장의 제품 전략	230
04 제품 수명주기를 고려한 마케팅 전략	235
05 신제품 개발과 신성장 사업 창출하기	240
06 차별성을 제공하는 제품-서비스 연계 전략	246

CHAPTER7 마케팅 세부 계획 – 가격

01 가격 이해하기   258
02 가격 결정 절차   263
03 상황별 가격 산정 방법   269
04 경쟁 입찰의 종류와 절차   276

CHAPTER8 마케팅 세부 계획 – 유통경로

01 최적의 유통경로 선택하기   286
02 유통경로에서 중간상의 종류와 역활   292
03 효율적인 유통경로의 조건   296
04 글로벌 유통경로를 개척하는 3가지 방법   300
05 스마트한 운영이 가능해진 공급망 관리   305

CHAPTER9 마케팅 세부 계획 - 의사소통

01	의사소통의 정의와 종류	312
02	의사소통 도구별 장단점	318
03	쉬운 언어로 메시지 담기	321
04	비즈니스 광고의 역활	324
05	가장 많은 잠재고객을 창출하는 산업전시회	329
06	신뢰를 높이기 위한 PR 및 홍보	335

CHAPTER10 마케팅 세부 계획 - 인적자원 및 기타

01	시간이 지날수록 커지는 인적자원의 중요성	340
02	기업의 생존과 연결되는 고객 관계 관리	343
03	작은 것부터 시작하는 관계 마케팅	351
04	성과를 이끌어내는 마케터의 자질	357
05	비즈니스 마케터의 목표	370
06	마케팅 성과 평가하기	375

CHAPTER

1

비즈니스 마케팅의 기본

마케팅과 영업의 차이점은 무엇인가?

01

특정 분야에 대한 지식을 습득하고 연구하기 위해서는 그 분야를 포괄하는 주제어에 대한 정의에서 시작하는 것이 좋습니다. '정의'란 그 개념을 공통으로 이해하고 착오가 일어나지 않도록 명확하게 사용하기 위해 약속하는 것이기 때문에 중요합니다. 특히 언어와 문화가 다른 해외기업과 거래를 할 때 특정 용어에 대한 이해가 다를 경우 문제가 발생할 수도 있습니다. 그래서 국내기업뿐만 아니라 해외기업과 글로벌 비즈니스에 대한 계약서를 작성할 때에는 착오나 오해로 인한 분쟁의 소지를 최소화하기 위하여 일반적으로 계약서 본문 첫 부분에 자주 사용하는 중요한 용어들을 명확히 정의하고 있습니다.

여러분은 이 책의 주제어인 '마케팅Marketing'의 정의에 대해 생각해보신 적이 있으신가요? 저는 영어 'Marketing'을 'Market'과 '~ing'로 나누어 구분하고, 'Market'의 의미를 영한사전에서 찾아보았습니다. 명사로는 '시장, 장, 시장에 모인 사람들, (특정한 상품을 거래하는) 업계, 시장, 거래 장소, (특정한 상품의) 거래, 매매, (특정한 상품의) 수요지, 구매자층, 시세, 시황, 경기' 등의 다양한 뜻이 있습니다. 자동사로는 '시장에서 거래하다'라는 뜻이 있으며, 타동사로는 '(상품을) 시장에 내다, 팔려고 내다'라는 뜻이 있습니다. 저는 명사가 아닌 자동사의 의미로 '시장에서 거래하다'라는 의미를 선택합니다.[5] 여기에 '~하는 것'이라는 동명사의 의미를 담은 '~ing'를 결합한다면 제가 정의하는 '마케팅'은 포괄적으로 '시장에서 거래하는 것'이라는 의미로 정리됩니다.

재래시장의 풍경

---

5   dic.daum.net/word/view.do?wordid=ekw000102630

학문적으로 마케팅에 관해 많은
은 연구를 한 분이나 협회 또는 학
회가 규정한 '마케팅'의 정의는 무
엇일까요? 단순한 판매 기법으로
만 여겨졌던 마케팅을 경영과학으
로 끌어 올려 '현대 마케팅의 아버
지'라고 불리는 필립 코틀러는 그

출처: Marketing Journal

의 저서《마케팅 관리론Marketing Management》에서 마케팅을 '다른 사람에게 가
치 있는 제품이나 서비스를 창조하고, 제공하고, 자유롭게 교환하는
것을 통해 개인과 집단이 필요로 하고 원하는 것을 얻는 사회적 절차'
(Marketing is a societal process by which individuals and groups obtain what
they need and want through creating, offering and freely exchanging products
and service of value with others.)라고 정의하였습니다.[6] 코틀러는 전략
적 마케팅 프로세스로 R-STP-MM-I-C를 제시하였는데, 이는 ① 조사
Research, ② 세분화·목표설정·포지셔닝Segmentation, Targeting, Positioning, ③ 마케팅 믹
스Marketing Mix, ④ 실시Implementation, ⑤ 관리Control의 약자입니다. 코틀러는 마케
팅을 체계화한 공이 크며, 그의 마케팅 틀은 현재도 가장 널리 사용되
고 있습니다.

전 세계적으로 3만 명이 넘는 마케팅 전문가가 가입하여 활동하는
미국 마케팅 협회American Marketing Association: AMA에서는 마케팅을 '고객과 클라이

---

6   Philip Kotler와 Kevin Lane Keller, Marketing Management 15th edition, Pearson, 2014년

언트와 협력선과 크게는 사회에 가치를 주는 제공물을 창조하고, 알리고, 전달하고, 교환하기 위한 활동이자 제도의 집합이자, 절차'(Marketing is the activity,  set of institutions, and processes for creating, communicating, delivering, and exchanging offerings that have value for customers, clients, partners, and society at large. (Approved 2017)) 라고 정의합니다.[7]

한국 마케팅 학회에서는 '마케팅은 조직이나 개인이 자신의 목적을 달성시키는 교환을 창출하고 유지할 수 있도록 시장을 정의하고 관리하는 과정'이라고 정의합니다.[8]

이상과 같은 학문적 정의에서 공통적인 핵심 용어가 나타납니다. 바로 '욕구Need/Want', '교환Exchange' 및 '가치Value' 입니다. 다음에는 이 핵심 용어와 관련된 내용을 조금 더 구체적으로 살펴보도록 하겠습니다.

참고로, 우리는 흔히 '마케팅'과 '영업Sales'을 혼용하여 사용하고 있습니다. 물론 마케팅과 영업 모두 기업의 매출 증대를 목표로 하는 활동입니다. 작은 기업에서는 한 사람이 마케팅 활동과 영업 활동을 동시에 수행할 수도 있습니다만, 기업이 성장할수록 마케팅과 영업의 차이는 분명히 존재합니다. 이 차이를 간단히 구분하자면, 마케팅은 고

---

7 www.ama.org/the-definition-of-marketing-what-is-marketing/
8 마케팅 연구, 제17권 제2호, 한국마케팅학회(KMA), 2002년

객과 영업 인력을 연결하기 위한 제반 비즈니스 활동을 시스템적으로 기획하고 시행하고 관리하는 것이고, 영업은 고객과 상품, 서비스 및 자산 등을 실제로 거래하는 활동이라고 할 수 있습니다. 마케팅이 고객의 현재 및 미래의 요구를 파악하고 이를 충족하는 제품 및 서비스를 제공하기 위한 제반 전략을 수립하는 장기적 활동이라면, 영업은 고객의 수요에 맞추어 기업의 상품을 고객이 실제로 구매하도록 설득하는 단기적 활동입니다.[9]

단기 지향적인 영업에 비해, 마케팅은 좀 더 장기적인 관점에서 고객의 요구와 충족을 고민하기 때문에 고객과의 관계를 바탕으로 한 고객 중심의 사고가 필요합니다. 따라서 마케팅은 영업에 선행하고 영업에 대한 가이드 역할을 합니다. 예를 들어, 마케팅은 자동차를 구매하고자 하는 고객의 욕구가 무엇인지, 어떤 기능을 선호하는지 등을 조사하여 고객에게 맞는 기능과 디자인의 자동차를 개발하도록 사내 연구개발 부서 등에 지침을 줍니다. 또 새롭게 출시된 자동차를 고객이 인지하도록 광고 해 고객을 자동차 판매장을 방문하도록 유인합니다. 한편 영업은 자동차 판매장을 방문한 고객에게 가장 적합한 자동차를 소개하고 다양한 판매 조건을 제시하면서 고객의 구매 의사결정을 유도합니다.

---

[9] www.deffern.com/difference/Marketing_vs_Sales

인간을 포함한 모든 동물은 결핍을 느끼면 이 결핍을 해결하기 위해 행동을 합니다. 여러분이 집에서 키우는 반려견도 배가 고프면 여러분에게 밥을 달라고 나름대로 의사표시를 할 것이고, 목이 마르면 물그릇을 찾아 물을 마실 것입니다. 우리도 마찬가지입니다. 여러분이 더운 여름에 학교에서 수업을 마치고 또는 직장에서 퇴근 후 근처 운동장에서 친구나 동료들과 농구 경기를 하였다면 당연히 갈증을 느낄 것입니다. 이처럼 갈증을 해결하고자 하는 인간으로서의 근원적인 욕구를 '니즈Needs'라고 하며, 니즈 중에서 각 개인이나 상황에 따라 선택하는 구체적 욕구를 '원츠Wants'라고 구분합니다.

갈증을 느낄 때 이를 해결하기 위해 음료를 찾는 것은 니즈입니다. 그런데 음료 중에는 물도 있고, 탄산음료도 있고, 소위 갈증을 빠르게 해소해준다고 하는 이온음료도 있습니다. 여러분이 농구와 같은 격

23

럴한 운동 후 찾게 되는 음료는 아무래도 물보다는 이온음료가 먼저 겠죠. 바로 이것이 원츠입니다.

니즈 및 원츠와 덧붙여 '수요Demands'를 이야기하지 않을 수 없습니다. 여러분이 운동 뒤에 이온음료를 마시고 싶다고 느껴도 이를 구매할 돈을 지니고 있지 않다면 실제적인 구매 행위로 연결될 수 없습니다. 수요는 구매력을 갖춘 원츠를 말합니다. 여러분과 같은 마케터는 고객이 많은 브랜드의 이온음료 중에서도 자사의 브랜드와 상품을 떠올리며 선택하도록 하게 만드는 활동을 하는 것입니다.

여러분이 갈증 해소를 위해 편의점에서 최근 출시된 이온음료를 선택하였더라도 바로 마실 수는 없습니다. 여러분이 선택한 이온음료의 가격을 지급해야만 실제로 마실 수가 있습니다. 이처럼 여러분이 구매자로서 선택한 것을 얻기 위해 공급자에게 대가를 지급하는 것을 '교환'이라고 합니다. 참고로, 화폐로 대가를 지급하지 않고 다른 상품이나 서비스의 형태로 지급하는 것을 물물교환Barter이라고 합니

니즈, 원츠, 수요
본원적 욕구 = 니즈(Needs)
구체적 욕구 = 원츠(Wants)
구매력을 갖춘 욕구 = 수요(Demands)

다. 일부 국제 거래에서는 지급할 대금을 다른 상품으로 지급하는 실제 사례도 있습니다. 예를 들어 천연자원이 풍부한 동남아 국가에서는 사회적 기반 시설을 위한 설비를 구매하면서 대금으로는 자국의 커피, 고무, 원유 등으로 지급하기도 합니다.

교환의 대상이 되는 것은 위에서 예를 든 이온음료와 같은 상품뿐만 아니라 여러분이 병원에서 받는 의료서비스, 놀이동산에서의 즐거운 경험, 그리고 전문 조사업체에서 구매하는 시장정보 등이 있습니다. 이 외에도 산업전시회와 같은 행사, 부동산과 같은 소유권 등도 교환의 대상이 됩니다. 또한, 교환은 교환 대상을 개별적으로 또는 대상들을 결합하여 이루어질 수 있습니다. 여러분이 멋진 스포츠카를 구매하면서 1년간의 기본 무상보증 외에 3년의 연장 유상보증 서비스를 패키지로 구매하는 것처럼 상품과 서비스의 결합이 교환의 대상이 될 수 있습니다. 이처럼 시장에서 교환의 대상이 되는 것을 총칭하여 '제공물Offer'이라고 합니다.

위에서 예를 든 것처럼 여러분이 운동 후 갈증 해소를 위해 편의점에서 최근 출시된 이온음료를 선택하여 그 가격을 지급하였다고 해봅시다. 여러분이 선택한 이온음료의 가격을 지급하였다는 것은 여러분의 마음속에 교환의 대상인 해당 이온음료를 통해 얻게 될 빠른 갈증 해소라는 혜택이 여러분이 지급한 가격보다 더 클 것이라는 믿음이 있었기 때문입니다. 여러분이 이러한 믿음으로 이온음료를 구매하여 마셨지만 갈증이 빨리 해소되지 않았다고 느끼면, 여러분은 지급한 가격에 비해 혜택이 적었다고 느낄 것입니다. 그리고 여러분이 다시 같은 상황에 부닥친다면 과거의 경험을 되살려 그 이온음료 대신 다른 대안을 생각하게 될 것이고, 어쩌면 다른 이온음료나 생수를 선택할 수도 있을 것입니다.

이처럼 고객이 받는 모든 혜택에서 고객이 지급한 모든 비용을 뺀 차이를 '고객가치'라고 합니다. 구매한 고객이 자신이 결정한 선택에 대한 전반적인 가치 평가에 따라 가치가 (+)일 때 만족을, 가치가 (-)일 때 불만족을 느끼고, 만족을 느끼면 해당 상품의 재구매로 이어질 것입니다. 고객이 생각하는 가치를 구성하는 혜택과 비용을 구분하여 도식화하면 다음과 같습니다.

고객이 받는 혜택은 핵심 혜택과 부가 혜택으로 나눕니다. 핵심 혜택은 고객의 구매 고려 대상군에 포함되기 위해 공급선이 반드시 준수하여야 하는 핵심 요구도입니다. 예를 들면, 상품의 성능, 품질 등

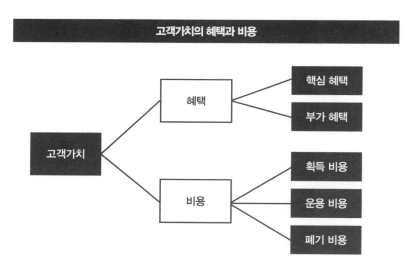

고객가치의 혜택과 비용

입니다. 부가 혜택은 공급선이 제공하는 기본 요건 외에 그 공급선을 차별화하고, 고객에게 부가가치를 제공할 수 있는 특성입니다. 예를 들면, 여러분이 대형 TV를 구매할 때 공급선에서 제공하는 배달, 설치, 사용법 교육, A/S 등의 고객 서비스가 부가 혜택입니다.

고객이 지급하는 비용은 상품을 구매하고, 사용하고, 이를 폐기할 때까지, 즉 제품의 수명주기 동안 지출되어야 할 '총소유비용Total Cost of Ownership: TCO'입니다. 총소유비용은 획득 비용, 운영 비용, 폐기 비용으로 구분합니다. 획득 비용에는 고객이 공급선에서 구매하는 비용 외에도, 소요 제기에서부터 주문할 때까지 발생하는 제반 행정비용, 납품 시 운송료, 해외 물품의 경우 관세 등의 제반 비용이 포함됩니다. 운영 비용에는 수명주기 동안 유지, 수선, 훈련 등에 들어가는 비용을 말하며, 폐기 비용은 용도가 끝난 제품을 폐기하고자 할 때 들어가는 비용입니다. 여러분이 시청하던 대형 TV를 버릴 때는 쓰레기 수거 업체가 수거할 수 있도록 주민센터에서 폐기물 배출 스티커를 사는 비용이 바로 폐기 비용입니다.

그럼 고객은 혜택 중에서 어떤 것을 더 중요하게 느낄까요? 고객들은 부가 혜택을 더 중요하게 느낍니다. 왜냐하면, 핵심 혜택은 당연히 같아야 한다고 생각하기 때문입니다. 이는 비즈니스 고객도 같습니다. 미국과 독일에서 약 1,000명의 비즈니스 구매자를 통해 조사한 결과에 따르면, 모든 경쟁사가 핵심 혜택을 제공하기 때문에 공급선 선정에는 부가 혜택이 핵심 혜택보다 더 강한 영향을 미친다고 합니다.[10] 미국 마케팅 협회에서 2017년 7,900명 이상의 B2B 고객을 대상으로 한 판매, 의사소통, 가격, 제품 및 서비스 품질, 사업관리, 지속적 서비스 및 지원 등 8가지 분야에서 고객가치를 평가하였더니, 지속적인 서비스 및 지원이 34%, 제품 및 서비스 품질이 17%, 의사소통이 15%로 이 3가지가 전체 가치의 2/3를 차지하며, 가격은 단지 9%밖에 되지 않는 것으로 나타났습니다. 이 조사 결과 역시 B2B 고객이 부가 혜택을 더 중요하게 생각한다는 것을 의미합니다.[11]

---

10 Christian Homburg 외, Determinants of Customer benefits in Business-to-Business Markets: A Cross-Cultural Comparison, Journal of International Marketing, 2005년
11 www.ama.org/marketing-news/a-better-way-to-price-b2b-offerings/

마케팅은 왜 중요한가?

03

    이윤 추구를 목적으로 구성한 경제적 조직체인 기업은 자연인처럼 생성과 소멸 과정을 거칩니다. 세계적으로 100년 역사를 지닌 기업이 드물며, 세계 500대 기업의 평균 수명은 40~50세라고 합니다. 특히 2016년 세계적인 컨설팅 회사인 맥킨지사의 보고서에 따르면, 1935년 기준 90년에 달하던 기업의 평균 수명이 1975년에는 30년으로 줄었고, 1995년에는 22년으로 단축되었으며, 2015년에는 평균 15년 수준까지 떨어진 것으로 나타났습니다. 2020년에는 10년 안팎까지 더 단축될 수도 있다고 하니, 기업의 영속성은 생각만큼 쉽지 않은 것으로 생각합니다. 우리나라에서도 2015년 대한상공회의소 조사에 의하면 KOSPI Korea Composite Stock Price Index 상장기업 686개사의 평균 수명은 32.9세라고 합니다. 90년 이상의 수명을 지닌 기업은 16개밖에 없으며, 기업의 수명도 점차 줄어드는 추세라고 합니다.[12] 2017년 우리나라 인구의 평균 수명 82.63세와 비교하면 우리나라의 기업 대부분은 30대 청년이 요절하는 것이라고 할 수 있습니다.

기업의 수명이 짧아지는 이유는 기업의 경영 환경이 급변하고 있기 때문입니다. 기업의 평균 수명이 90년에 달하는 1930~40년대에는 기업의 운영은 '생산 중심'이었습니다. 공급이 수요를 따라가지 못하는 이 시대에는 만들기만 하면 팔리는 시대이었기 때문에 기업으로서는 낮은 비용으로 생산을 많이 하여야 하는 생산의 효율성에 초점을 두었습니다. 그러나 1970~80년대 점차 대량 생산의 효율성이 높아짐에 따라 공급이 수요를 초과하기 시작하자 판매를 위한 경쟁이 치열해졌고, 이에 따라 기업에서는 판매 증진을 위한 촉진 활동을 강화하였습니다. 1990년대에 들어서는 초경쟁 시대로 접어들어 단순한 판매 촉진이 아니라 고객의 숨겨진 가치를 발굴하여 이를 전달하여야만 하는 마케팅의 개념이 점차 중요시되었습니다.

최근에는 기업의 사회적 책임Corporate Social Responsibility: CSR을 포함하는 마케팅 개념까지 대두하게 되었습니다. 고객이 CSR 활동을 펼치는 기업을 긍정적으로 평가하고 이를 사회적 네트워크 서비스Social Network Service: SNS를 통해 적극적으로 입소문을 내어 고객의 구매도 증가하는 추세를 보이기 때문입니다. 2,670개 기업의 CSR 활동과 재무성과를 비교한 조사

---

12 www.donga.com/news/Economy/article/all/20150615/1898795/1에서 재인용

에서 기업의 CSR 활동은 해당 기업의 광고 효과를 높여 결국 그 기업의 가치를 높이는 데에도 효과적이라고 나타납니다.[13] B2B 기업도 최종 소비자의 지속가능에 대한 관심을 인지하고 자사에게 지속가능성을 제공하는 공급선을 높이 평가합니다. 스위스 제네바에 소재한 국제표준기구International Organization for Standardization; ISO에서 제정한 국제 표준 ISO14000, UN의 지속가능한 개발 목표 2030, 기타 제3자 인증과 같은 표준은 지속가능성에 대한 기업의 신뢰성을 알리기 위해 채택이 점차 늘고 있습니다.[14] 연구에서도, 기업의 CSR 활동은 비용이 아닌 투자의 성격으로, 경영전략의 한 부분으로서 지속적이고 일관되게 수행되어야 하며[15], 기업의 가치에 장기적으로 긍정적인 효과를 줄 것으로 기대되었으며, CSR 활동이 고객 만족을 통해 기업의 재무성과에도 긍정적인 영향을 준다고 합니다.[16]

　사회적 책임을 다하지 못한 기업은 결국 고객의 외면을 받아 역사에서 사라지기도 합니다. 한때 미국의 7대 기업으로 가장 혁신적인 기업으로도 선정되었던 에너지 기업인 엔론사가 분식회계로 결국 파산한 사례가 대표적입니다. 비즈니스 관계에서도 공급선의 CSR 활동이 평판이나 신뢰성 향상 등의 비경제적인 성과뿐만 아니라 구매조직

13 Shoujia Guo 외, Social media influence on the B2b buying process, Journal of Business and Industrial Marketing, 제34권 제7호, 2019년

14 Sommer Kapitan 외, Sustainably superior versus greenwasher: A scale measure of B2B sustainability positioning, Industrial Marketing Management, 제76권, 2019년

15 David L. Blenkhorn과 H. F. MacKenzie, Categorizing corporate social responsibility (VSR) initiatives in B2B markets: the why, when, and how, Journal of Business & Industrial Marketing, 제32권 제8호, 2017년

16 변상민 외, 기업별 마케팅 활동과 산업별 특성을 고려한 기업의 사회적 책임활동이 기업가치에 미치는 장기적 영향에 관한 연구, 경영학연구, 제42권 제5호, 2013년

과의 관계의 질을 향상시켜 경제적인 성과도 개선할 수 있습니다.[17] 우리나라의 대표적인 CSR 기업은 '우리 강산 푸르게 푸르게'라는 캠페인으로 고객에게 잘 알려진 유한킴벌리가 있습니다. 이 기업은 1984년부터 나무 심기와 숲 가꾸기를 통해 사회공헌 사업을 시작하였고 이제는 몽골 등 해외에도 나무를 심고 있습니다.[18] 유한킴벌리 외에도 삼성, 현대, 포스코, 한화 등의 기업도 많은 사회공헌 활동을 펼치고 있다지만 아직 고객들의 호의적인 평가는 유한킴벌리를 따라가지 못하는 것으로 압니다.

출처: 유한킴벌리 홈페이지

---

17 홍성준과 박종철, B2B거래에서 파트너의 CSR활동 지각과 관계혜택 간의 관계, 유통경영학회지, 제20권 제2호, 2017년
18 www.yuhan-kimberly.co.kr/Society/Forest

이처럼 경영 환경의 변화로 인해 기업의 장기적 생존은 더욱 절실한 문제가 되었습니다. 인간이 환경에 적응하고 생존하기 위해서는 생명체로서 필요한 영양분을 끊임없이 공급받아야 하는 것처럼, 기업 역시 생존과 발전을 위해서는 수익성 있는 고객을 확보하여야 합니다. 경영학의 그루인 피터 드러커도 기업이 생존을 위해서는 '혁신'과 '마케팅'이 필요하다고 재차 강조하면서, 기업의 모든 기능은 마케팅을 정점으로 하여 다른 기능은 이를 지원하여야 한다고 주장하였습니다.[19]

최근에는 마케팅 환경도 급속히 변화하고 있습니다. 21세기의 가장 큰 특징인 정보기술Information Technology; IT의 발달로 인해, 공급선이 제공하는 다양한 제품과 서비스에 대한 비교가 쉬워져서 고객의 우월적 구매력이 향상하고 있습니다. 구매 환경도 온라인을 통하여 매우 편리하고 실시간으로 거래할 수 있게 되었으며, 기업의 상품과 서비스도 고객의 개별 요구에 맞추어 매우 다양화되고 있습니다.

기업의 생존을 위해 고객과 기업의 관계에 대하여 서울대 윤석철 명예교수는 아래와 같이 '기업의 생존 부등식'으로 요약을 하였습니다.[20]

기업의 생존 부등식
가치(V) > 가격(P) > 원가(C)

19   윌리엄 코헨 저/안세민 역, 피터 드러커 경영 컨설팅, 한국경제신문사, 2018년
20   김경준, 세상을 읽는 통찰의 순간들, 원앤원북스, 2019년

이 생존 부등식에서 고객은 자신이 지급하는 가격보다는 자신이 획득한 가치가 높다고 인식하여야 기업으로부터 구매할 것입니다. 기업으로서는 고객으로부터 받는 가격이 원가보다는 높아야 이익을 창출하고 생존할 수 있습니다. 이러한 부등식에서 기업이 지속해서 생존하고 발전하기 위해서 기업 내부적으로 하는 활동은 다음과 같이 매출 증대와 원가 절감이라는 두 부분으로 나누어 생각할 수 있습니다.

매출을 증대하기 위해서는 고객이 평가하는 가치에 대한 인식을 높여 고객이 자사의 제품과 서비스를 구매하도록 하여야 합니다. 이를 위해서는 강력한 브랜드 구축, 가격 프리미엄 확보, 시장점유율 확대, 고객 충성도 증가 및 신규 시장 확보 등의 노력이 필요하며, 이러한 노력은 마케터가 주도적인 역할을 하여야 합니다. 또한, 판매에 따른 이익을 창출하여 기업의 발전을 위한 재투자 등에 활용하고자 한

기업의 지속적 발전 활동

```
              ┌─────────────────────┐
              │  기업의 지속적 발전    │
              └─────────────────────┘
                        ↕
┌─────────────────┐         ┌─────────────────┐
│   매출 증대      │ ←─────→ │   원가 절감      │
└─────────────────┘         └─────────────────┘

■ 강력한 브랜드 구축          ■ 자원의 효율적 활용
■ 가격 프리미엄 확보          ■ 공급망 효율성 증대
■ 시장점유율 확대            ■ 생산 효율 강화
■ 고객 충성도 증가           ■ 직원 충성도 향상
■ 신규 시장 확보            ■ 직원 생산성 향상
```

다면, 원가가 판매 가격보다 낮아야 합니다. 원가를 낮추기 위해서는 제반 경영 자원을 효율적으로 활용하고, 공급망의 효율성을 증대하고, 생산 효율을 강화하고, 직원 충성도 및 생산성을 향상해야 합니다. 이는 생산관리, 구매, 인사 부서에서 역할을 담당합니다.

이처럼 기업의 생존과 발전을 위해 잠재 고객을 발굴하고 접촉하여 이들에게 자사의 제품과 서비스를 통한 가치를 전달하여 매출과 수익을 창출하는 핵심 역할을 하는 마케팅의 중요성은 재차 강조하지 않을 수 없습니다.

마케팅의 중요성은 비단 이윤 창출과 발전을 목적으로 하는 기업에만 해당하는 것이 아닙니다. 사회적 가치를 증진하고 공유하려는 비영리 조직 또한 생존과 발전을 하여야 그 존재 의미가 있습니다. 고객 또는 후원자를 식별하여, 이들에게 타 비영리 조직과 차별화하여 다양한 경로로 자신을 알리고, 고객 또는 후원자의 도움으로 사회적 가치를 증진하는 판매 또는 후원을 요청하고, 또는 기업과 연계하여 공익 마케팅을 펼치는 활동도 계획하고, 주로 자원봉사자로 구성된 직원, 곧 마케터를 관리하는 등의 제반 마케팅 관리 절차는 일반적인 영리 기업과 차이가 없습니다. 오히려 일상의 즐거움을 위한 소비가 아닌 사회적 가치를 대상으로 하는 비영리 조직에게는 더 치열한 마케팅 노력이 필요합니다.[21]

---

21 최덕재와 정기한, 비영리 점포의 기업가적 성공을 위한 마케팅 전략 활용에 관한 연구, 한국창업학회지, 제 5권 제1호, 2010년

B2B, B2C, B2G
마케팅 구분하기

04

마케팅은 활동 대상, 즉 대상 고객이 누구냐에 따라 소비자 마케팅과 비즈니스 마케팅으로 구분합니다. 일반 개인 소비자를 대상으로 하는 마케팅은 소비자Business to Consumer, B2C 마케팅이라고 합니다. 우리가 흔히 마케팅이라고 표현할 때에는 일반적으로 B2C 마케팅을 이야기합니다. 일반 소비자가 아닌 기업, 정부, 병원 및 학교 등의 기관을 대상으로 하는 마케팅은 비즈니스 마케팅Business Marketing이라고 합니다. 비즈니스 마케팅을 다시 세분하면, 기업 고객을 대상으로 하는 마케팅을 B2B 마케팅, 정부 및 기관 등을 고객으로 하는 마케팅을 B2G 마케팅이라고 합니다. 이 책에서는 B2C 마케팅과 구분하여 총체적으로 B2B와 B2G를 포괄하는 비즈니스 마케팅에 대하여 이야기합니다.

비즈니스 고객은 최종 소비자에게 판매하거나 대여하거나 제공하기 위한 제품과 서비스의 생산에 사용되는 제품과 서비스를 구매하는 모든 조직을 말합니다. 간단히 이야기하면 팔기 위해 사는 조직이라고 할 수 있습니다. 예를 들어, 각 나라의 국방부는 최종 소비자인 국민에게 안전을 제공하기 위해 함정이나 전투기부터 다양한 방산 물자를 구매하고 있습니다. 병원은 환자인 고객에게 의료서비스를 제공하기 위해 많은 의약품과 첨단 의료장비를 구매하고 있고, 학교는 학생들을 가르치기 위해 전자 칠판, 노트북, 빔프로젝터 등을 구매합니다.

제품이 같더라도 고객의 용도에 따라 마케팅 활동이 소비자 마케팅도 되고 비즈니스 마케팅도 됩니다. 예를 들어 개인이 자신의 출퇴근용으로 승용차를 구매하고자 할 때는 소비자 마케팅의 대상이 되며, 같은 승용차이더라도 기업이 임직원들의 업무용으로 구매하고자 한다면 비즈니스 마케팅의 대상이 됩니다. 3D 프린터도 마찬가지입니다. 개인이 취미를 위해 3D 프린터를 산다면 이는 소비자 마케팅으로, 기업이 부품 생산을 위해 3D 프린터를 산다면 같은 3D 프린터라도 이는 비즈니스 마케팅으로 분류되는 것입니다.

고객을 대상으로 소비자 마케팅과 비즈니스 마케팅으로 구분하는

동일 제품의 소비자 마케팅과 비즈니스 마케팅

이유는 고객의 특성이 마케팅 활동에 영향을 미치기 때문입니다.

거래가 이루어지는 시장 측면에서, 소비자 시장은 고객 근처에 편의점부터 대형할인점에 이르기까지 다양하고 많은 공급선이 널리 퍼져 있지만, 비즈니스 시장의 고객과 공급선은 매우 제한적입니다. 예를 들어, 우리나라의 항공 운항사가 동유럽으로 신규 항로를 개설하기 위해 대형 여객기를 도입하고자 할 때, 항공 운항사가 원하는 장거리용 대형 여객기를 공급할 수 있는 공급선은 세계적으로 보잉사와 에어버스사로 매우 제한적입니다.

구매 절차 측면에서, 소비자 마케팅은 고객이 마음에 드는 제품을 즉석에서 구매하는 경향이 많지만, 비즈니스 마케팅은 그 절차가 복잡하고 의사결정에 많은 시간이 소요됩니다.

이외에도 소비자 마케팅은 저가, 많은 양, 단순한 제품이라는 특징이 있으며, 구매하고자 하는 상품이 한 판매점에 없으면 다른 판매점에서 구매할 수 있거나 혹은 대체품도 구매도 가능합니다. 반면에 비즈니스 마케팅은 고가, 적은 양, 복잡한 제품이라는 특징이 있으며, 구매하고자 하는 제품은 쉽게 구하기도 어렵고 대체품을 찾기도 쉽지 않습니다. 즉, 공급선을 쉽게 교체하기가 어렵습니다. 아울러 잘못 구매할 때는 기업의 경영성과에 지대한 영향을 줄 수도 있습니다.

자사의 제품과 서비스를 알리는 판매촉진 활동 측면에서, 소비자 마케팅은 주로 잠재 고객에게 자사의 브랜드에 대한 인지도와 선호도를 강화하는 판촉 활동을 하지만, 비즈니스 마케팅은 잠재 고객에게 가치를 제공하고 인적 네트워킹을 강화하는 활동을 중요시합니다.

이상에서 언급한 소비자 마케팅과 비즈니스 마케팅의 특성을 요약하면 다음의 표와 같습니다.

소비자 마케팅과 비즈니스 마케팅의 차이		
구분	소비자 마케팅	비즈니스 마케팅
구매자	개인	기업, 정부, 기관의 조직
시장	널리 퍼져 있음	제한적
구매 절차 / 시간	단순 / 단기	복잡 / 장기
가격	저가	고가
양	대량	소량
제품 특성	상대적 단순	상대적 복잡
판매 촉진	브랜드 인지	가치 제공, 인적 관계

비즈니스 시장의
규모와 구성

05

대상 고객에 따라 마케팅을 소비자 마케팅과 비즈니스 마케팅으로 구분하였는데, 그럼 시장 규모는 어떻게 다를까요? 시장조사 기관인 유로모니터 인터내셔널사가 2015년 미국, 중국, 브라질, 일본, 영국 등 5개국을 대상으로 B2B, B2C, B2G 시장 규모를 조사한 결과를 보면, 조사한 5개국 B2B 시장의 규모가 평균적으로 50%를 넘고, B2C가 약 40%, B2G가 약 10% 규모를 갖는 것으로 나타납니다.[22] 이를 크게 소비자 시장과 비즈니스 시장으로 구분한다면 약 40% 대 60%로 구성됩니다. 즉, 비즈니스 시장의 규모가 소비자 시장의 규모보다 더 크다고 할 수 있습니다. 선진국에서는 국내총생산Gross Domestic Product: GDP의 절반 이상이 B2B 시장에서 창출됩니다.[23]

---

22 blog.euromonitor.com/industrial-data-enhance-business-strategy/
23 Erik Mooi 외, Connect, engage, transform: how b2B researcher can engage in impactful industry col-laboration, Journal of Business & Industrial Marketing, 제35권 제8호, 2020년

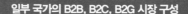

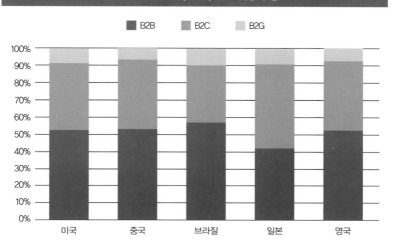

일부 국가의 B2B, B2C, B2G 시장 구성

■ B2B ■ B2C ■ B2G

미국의 시장조사 기관인 포레스터사에 따르면, 2018년 미국의 B2B 시장 규모는 9조 2천억 달러였으며 이 중 12%인 1조 1천억 달러가 전자상거래로 거래가 되었다고 밝혔습니다. 2023년에는 B2B 시장의 규모가 10조 6천억 달러에 이를 것이며, 전자상거래의 비중은 더욱 늘어나 17%인 1조 8천억 달러에 이를 것으로 전망하였습니다.[24] 참고로, 세계은행이 발표한 2018년 우리나라의 GDP 규모가 1조 6,190억 달러이었습니다. 우리나라 전체 GDP의 약 6배 규모가 미국의 B2B 시장 규모라는 이야기입니다. 이에 B2G 시장 규모까지 생각한다면 미국의 비즈니스 시장 규모는 엄청날 것으로 추정됩니다.

---

[24] www.forrester.com/report/US+B2B+eCommerce+Will+Hit+18+Trillion+By+2023/-/E-RES136173

대표적인 B2G 시장으로는 국방 부분이 있습니다. 스톡홀름 세계 평화 연구소의 자료를 기준으로 살펴보면 2019년 미국의 국방비는 7,318억 달러입니다.[25] 미국의 국방비를 국가별 GDP와 비교한다면 세계 20위인 스위스의 GDP를 초과하는 규모입니다. 이처럼 B2B 시장 규모에 B2G 시장 규모까지 추가하고 전 세계로 확대를 한다면 비즈니스 시장의 규모는 상상 이상이 될 것입니다.

참고로, 일반적으로 시장 규모를 산정하는 방법은 목표시장을 정의하고, 시장 규모를 산정하는 방법을 결정한 후, 자료를 찾고, 구조화하고 분석하는 절차를 따릅니다. 시장 규모와 관련되는 2차 자료로는 정부 기관이나 무역협회 등의 통계 자료 등이 유용합니다. 최근에는 해당 업계의 전문적인 연구조사 기관들이 유상으로 판매하는 시장 규모, 추세 및 전망 자료 등이 많이 있습니다. 저는 시장 규모가 시장 진입 또는 확대, 투자, 우선순위 설정 등 마케팅 전략 수립의 기초가 되는 만큼 시장 규모의 산정 근거 및 정확성을 높이기 위해서 비록 다소의 비용이 지출되더라도 관련 연구조사 기관의 자료를 활용할 것을 추천합니다.

B2B 시장이 큰 부분을 차지하는 비즈니스 시장은 아래 그림과 같이 구성됩니다.

---

[25] www.sipri.org/databases/milex

- 최종 소비자

- 자신의 기업이 제공하는 제품과 서비스를 구매하는 고객과 잠재 고객

- 자신의 기업과 경쟁하는 경쟁사 및 잠재 경쟁사

- 자신의 제품과 서비스에 필요한 부품 및 원자재 등을 공급하는 공급선

이러한 시장 구성에서 기업의 고객이 최종 소비자를 연결하는 마케팅 활동은 소비자 마케팅B2C이 되며, 그 이하 단계에서의 마케팅 활동은 비즈니스 마케팅B2B이 됩니다.

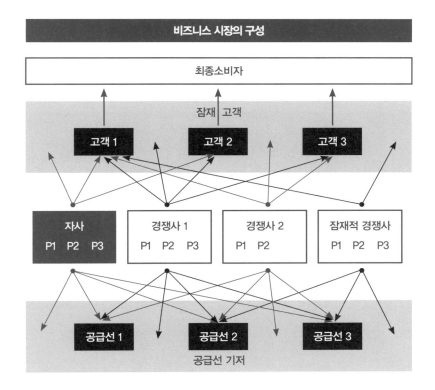

기업 외부의 연결 대상은 크게 고객 기저와 공급선 기저로 나눌 수 있습니다. 자사와 고객 기저와의 연결은 마케터가 역할을 담당하고 있으며, 공급선 기저와의 연결은 구매 인력이 역할을 담당하고 있습니다. 물론 고객 - 자사 - 공급선 전체를 연결하는 공급망 상에는 운송회사, 은행 등 많은 공급망 구성원이 존재합니다.

비즈니스 시장의 구성을 자동차 산업을 예로 들어보겠습니다. 국내 현대기아차는 많은 협력업체가 생산하는 타이어, 에어컨 등 다양한 구성품을 납품받아 자동차를 조립하고 품질검사를 마친 후에 고객에게 인도합니다. 이렇게 다양한 자동차 구성품을 현대기아차에 공급하는 1차 협력업체는 약 300개, 소재 및 원자재를 공급하는 2~3차 협력업체는 약 5,000개가 피라미드 형태로 구성되어 있습니다.[26]

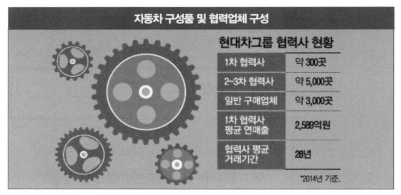

자동차 구성품 및 협력업체 구성

현대차그룹 협력사 현황

1차 협력사	약 300곳
2~3차 협력사	약 5,000곳
일반 구매업체	약 3,000곳
1차 협력사 평균 연매출	2,589억원
협력사 평균 거래기간	28년

*2014년 기준.

출처: 매일경제신문

26 www.news.mk.co.kr/vr2/economy/view.php?year=2016&no=291353

비즈니스 마케터의 관점에서 고객과 공급선 간의 관계는 시장 지배력에 따라 판매자 시장과 구매자 시장으로 구분합니다. 공급선의 시장 지배력이 우수하여 공급시장을 거의 독점하는 판매자 시장이 아니라면 고객 A의 공급선이 동시에 고객 B의(고객 A의 경쟁사) 공급선이 되는 것은 현실적으로 매우 어렵습니다.

결국, 공급선의 입장에서는 처음부터 수익성이 있는 고객을 잘 선정하여 오랫동안 협력적인 관계를 유지하여야 합니다. 한 고객의 공급선이 되기 위해서는 일반적으로 후보 업체 신청 → 업체 실사 → 업체 등록 → 경쟁 참여 → 거래 확보의 공식적 과정을 거칩니다. 특히 대형 고객의 공급선으로 선정되기까지에는 노력과 시간이 필요합니다.

한 고객의 공급선으로 등록되더라도 공급선 진입을 원하는 다른 후보자, 곧 잠재적 경쟁사의 진입을 방어하며 자신의 경영성과를 유지하려면 결국 고객과의 장기적인 관계에 바탕을 두고 고객의 니즈 이상을 충족하는 차별적인 가치를 제공할 수 있어야 합니다. 이에 따라 고객과 상호 호혜적인 관계를 구축하고 이를 유지하기 위한 인적 네트워크 강화가 매우 중요합니다.

글로벌 경쟁 체계에서 자사와 잠재적 공급선과의 경쟁은 자국의 공급선에만 국한되지 않습니다. 고객 역시 낮은 생산비로 가격 경쟁력을 내세우는 해외 국가로 눈을 돌리고 있습니다. 공급망의 글로벌화는 하기의 그림과 같이 보잉 B878 여객기의 공급망 구성에서도 확

인할 수 있습니다.[27]

각 부속의 이름 아래에 적힌 것이 부속을 공급하는 다양한 파트너들입니다.

---

27 www.uschamber.com/series/above-the-fold/global-supply-chains-explaied-one-graphic-0

앞에서 살펴본 바와 같이 비즈니스 시장은 최종 소비자, 고객, 자사 및 경쟁사, 공급선으로 상호 복잡하게 구성되어 있습니다. 이를 바탕으로 비즈니스 시장의 특성을 살펴보면 다음과 같습니다.

첫째로, 파생적 수요입니다. 이는 최종 소비자의 수요가 비즈니스 시장 수요와 직접 연결되는 것입니다. 예를 들어, 경기 호황으로 주머니가 넉넉해진 최종 소비자의 자동차 구매가 증가하면, 자동차 제작 업체의 매출액이 증가할 뿐만 아니라 구성품인 타이어나 에어컨을 납품하는 공급선의 매출도 함께 증가합니다. 반대로 경기 침체로 최종 소비자의 구매가 감소하는 경우 공급선의 매출액 또한 당연히 감소합니다.

코로나 19 상황으로 인하여 국내 여행업계가 큰 타격을 입고 있습니다. 이러한 어려움은 여행업계뿐만 아니라 항공기 부품을 생산하는 기업에도 나타나고 있습니다. 항공여행을 제한하여 수요가 급감하자, 많은 항공 운항사가 보잉사나 에어버스사에 주문하였던 여객기를 주문취소하거나 인수를 중단하였습니다. 보잉사와 에어버스사가 여객기 생산을 줄이자 이 여객기에 부품을 공급하던 많은 공급선 역시 작업 물량이 끊겨 숙련된 작업자의 유지에 어려움을 겪고 있으며 기업의 존폐까지도 고심하고 있는 것입니다.

둘째로, 수요의 변동입니다. 파생적 수요에서와 같이 최종 소비자의 선호도 변화에 따라 비즈니스 시장의 수요가 변동됩니다. 예를 들어, 같은 자동차라고 하더라도 최종 소비자가 환경에 대한 인식으로 디젤 차량보다 전기 차량을 선호하게 되면 당연히 자동차 제작업체의 조립 라인도 변화될 것이고, 이 변화가 디젤 엔진을 공급하는 공급선

코로나 19로 텅 빈 인천공항 여객터미널

을 전기 모터를 공급하는 공급선으로 변경하게 하는 영향을 주게 될 것입니다.

셋째로, 수요의 자극입니다. 공급선이 최종 소비자의 수요를 직접 자극하여 자사의 매출을 증가시킬 수 있습입니다. 최종 소비자의 수요 자극과 관련된 유명한 사례는 바로 인텔사의 'Intel Inside'라는 광고입니다. 인텔사는 소비자에 대한 광고를 통해 자사 브랜드를 강화하고 경쟁사와 차별화하여 고객이 컴퓨터를 구매할 때 인텔사의 펜티엄 칩을 확인하자 컴퓨터 생산업체들도 인텔사의 CPU를 사용하지 않을 수 없게 되었습니다. 마찬가지로 보잉사가 항공기 여행의 안전성과 안락함을 홍보하는 목적은 최종 소비자들의 항공여행 욕구를 자극하고 이것이 해외여행 수요로 이어지게 하기 위함입니다. 그러면, 항공기 수요가 증가하게 되고, 결국 보잉사의 항공기 신규 주문 증가로 이어지기 때문입니다.

넷째로, 가격의 비탄력성입니다. 최종 소비자는 가격에 민감할 수 있어도, 제작업체는 공급받는 부품 가격에 덜 민감합니다. 예를 들어, 핸드폰 구성품인 카메라 렌즈 가격이 인상되더라도 이를 구매하는 핸드폰 제작업체는 이 가격 변동을 핸드폰 가격에 즉각적으로 반영하지는 않습니다. 물론 일부 사양을 변경한 다른 모델을 출시할 때에는 이러한 가격 변동을 반영할 수 있습니다. 또는 카메라 렌즈 가격의 인상을 미리

인텔 인사이드 로고

고려하여 핸드폰 가격에 반영시킬 수도 있습니다.

　다섯째로, 글로벌 세계 시장을 대상으로 합니다. 대량 생산, 물류 효율화 등으로 기업의 활동 무대는 글로벌 시장이 되었습니다. 많은 기업이 글로벌 세계 시장으로 진출하다 보니 글로벌 세계 시장에서의 경쟁도 더욱 치열합니다. 특히 우리나라의 많은 기업에게는 구매, 생산 및 마케팅 등의 경영 활동이 국내보다 해외에서 더 활발하기 때문에 글로벌 시장의 경쟁 및 변화에 따른 영향성이 더 큽니다. 요즘 코로나 19 상황으로 인해 해외 공급선의 가동이 중단되어 적기에 부품을 공급받지 못해 생산 일정에 차질이 발생하고, 또 생산한 제품을 수출하기 위한 물류가 원활하지 못하여 매출에도 영향을 받는 등 대기업들조차 글로벌화에 따른 영향을 크게 받고 있습니다.

　여섯째로, 인적 네트워킹이 중요합니다. 잠재 고객을 유인하기 위한 판매촉진 활동은 TV나 신문 광고를 중시하는 소비자 시장과 달리, 비즈니스 시장에서는 인적 네트워킹을 중시합니다. 일부 판매촉진 활동도 전시회, 전문 잡지 또는 직접 우편을 활용하고 있습니다. 특히 고객과의 장기적인 관계 수립이 중요하기 때문에 고객과의 관계마케팅이 모든 마케팅 활동의 중심이 되고 있습니다.[28]

28　Micheal D. Hutt와 Thomas W. Speh, Business Marketing Management 11th edition, South-Western, 2013년

PRACTICAL BUSINESS MARKETING LECTURE

CHAPTER
2

비즈니스 고객의 특성

비즈니스 고객은 누구인가?

01

　기업의 생존과 발전을 위해서는 마케팅 활동을 통하여 수익성이 있는 고객을 창출하여야 합니다. 마케팅 활동의 대상인 '고객'이란 '다른 조직이나 상점에서 제품이나 서비스를 구매하는 개인이나 조직'을 말합니다. 저는 이미 비즈니스 고객을 '최종 소비자에게 판매하거나 대여하거나 제공하기 위한 제품과 서비스의 생산에 사용되는 제품과 서비스를 구매하는 모든 조직'이라고 하였습니다. 이 책에서는 이후 고객이라고 하면 비즈니스 고객이라고 규정하겠습니다. 참고로, 우리는 흔히 고객을 영어로는 'Customer'로 표기합니다. 다른 영어 표현인 'Client'는 주로 변호사, 회계사 등 전문가의 서비스를 사용하는 사람 또는 조직을 말합니다. 즉, 의뢰인이라고 보시면 됩니다.

　기업의 생존과 발전의 원천이 되는 고객의 중요성은 2016년 〈High Performance B2B Marketing Benchmarking〉라는 보고서가

보여주고 있습니다. B2B 마케터의 94%가 선정한 B2B 마케팅의 성공 요소 4가지는 '고객, 브랜드, 전략, 평가'라고 합니다.[29] 이처럼 '고객'은 B2B 마케팅의 핵심입니다. 그러나, 마케터는 '고객'을 중요하게 생각하지 않는 경향이 있습니다. 이 보고서에 따르면, 높은 성과를 내는 마케터의 55%가 고객을 잘 이해한다고 응답하였지만, 고성과자가 아닌 일반 마케터는 단지 20%만이 고객을 잘 이해한다고 응답을 하였습니다. 이는 우리가 일상적으로 '고객'을 언급하지만, 우리는 '고객에게 중요한 것'이 무엇인가를 고민하는 대신 '마케터인 자신이 무엇을 하고 또 자신에게 중요한 것이 무엇인가'에 초점을 맞추고 있다는 이야기입니다.

고객은 일반적으로 잠재 고객, 신규 고객, 기존 고객, 충성 고객으로 구분합니다. 특히 MQL Marketing Qualification Lead이라고 표현하는 잠재 고객은 자사의 제품과 서비스에 관심을 가지는 고객이라고 정의합니다. 이러한 잠재 고객은 'BANT'라는 영어의 첫 문자 약어로 특징지을 수 있습니다. 첫째, 구매 예산 Budget을 갖고 있어야 합니다. 둘째, 구매 의사결정 Authority을 할 수 있어야 합니다. 셋째, 문제 해결에 대한 요구 Needs가 있어야 합니다. 넷째, 특정 시간 Timeline 내에 구매하여야 합니다.

잠재 고객의 요건 중 마케터가 간과하기 쉬운 부분이 바로 구매 예산입니다. 잠재 고객을 방문하여 자사의 제품과 서비스를 소개하면

29 www.b2bmarketing.net/en-gb/member-resources/high-performance-b2b-marketing

잠재 고객 대부분은 수요가 있고, 원하는 시기도 있으며, 마케터의 제품과 서비스에 관심을 표명합니다. 이러한 분위기에서 마케터는 금방 가시적인 진척과 성과를 기대합니다. 그러나 잠재 고객 대부분은 예산에 대한 결정권은 제한되어 있습니다. 이미 구매 예산까지 확보한 잠재 고객은 소수이며, 잠재 고객 대부분은 관련 정보를 수집하여 소요 예산을 파악한 후 구매 예산을 반영하는 절차를 따릅니다. 따라서 예산을 반영한 후에 실질적인 구매 절차를 진행하려면 생각보다 오랜 시일이 소요됩니다. 이 때문에 많은 예산이 소요되는 대형 사업을 추진하는 마케터는 짧은 시일 내에 가시적인 성과를 얻기 위해 임대Lease나 금융지원 등을 제안하기도 합니다.

　마케터가 잠재 고객을 접촉하여 자사의 제품과 서비스를 소개하는 마케팅 활동을 시작하면서 최종적으로 계약 서명에 이르기까지 사업화 성공률은 (업계마다 다를 수 있지만) 매우 낮습니다. 조사에 따르면, 마케터가 구매조직에게 마케팅 활동을 펼친 후, 구매조직이 관심을 표명하여 시장조사를 위해 발행하는 정보요청서Request for Information: RFI를 받을 확률은 58%, RFI 회신을 통해 구매조직의 공식 제안요청서Request For Proposal: RFP를 받을 확률은 49%, RFP 회신 결과로 계약을 체결할 확률은 23%라고 합니다. 이는 마케팅 활동 초기부터 계약에 이를 수 있는 사업화 성공률은 6.5%라는 것입니다. 시리어스디시젼Sirius Decisions의 수요 목포Demand Waterfall 모델 연구에 따르면, B2B 기업은 신규 계약을 위해 평균 351명의 잠재 고객이 필요하다고 합니다. 이는 계약 성공률이 0.3%라는 이야기입니다.[30] 특히 전자상거래와 관련하여, 웹사이트를 방문한 10만 명 중 여러 단계를 거쳐 계약까지 이르는 고객은 33명에 불과하다고 하니[31], 디지털 마케팅으로 단기간에 많은 고객을 확보하겠다는 계획은 신중히 검토하여야 할 것입니다.

마케터의 활동 대상인 고객의 특징은 다음과 같이 정리합니다. 여러분도 각자 자신의 마케팅 활동에서 만났던 고객을 기억하면서 이 특징이 일치하는지 확인해보시기 바랍니다.

첫째, 소수의 구매 전문가가 큰 금액의 계약을 처리합니다. 기업 대부분이 구매와 관련되는 부분은 영업 기밀로 간주하고 있어 관련 내용을 파악하기는 쉽지 않습니다만, 미국의 GM 자동차사는 연 580억 달러를 구매하는데 구매 담당자는 약 1,350명입니다.[32] 이는 단순히 계산하더라도 인당 연 4천만 달러를 구매하는 것입니다. 제가 근무하는 기업에서도 평균 인당 연 100억 원이 넘는 금액을 발주하고 있습니다. 저 역시 대형 프로젝트와 관련한 구매 업무를 진행하였을 때, 계약 1건의 금액이 120억 원이 넘는 사업도 있었습니다. 물론 이는 단기간에 걸친 사업이 아니라 시장조사부터 계약까지 2년, 계약 후 납품 완료까지 3년이 걸린 사업이었습니다.

둘째, 구매 규모가 크고 구매 의사결정이 직접적으로 경영성과에

30 www.business2community.com/b2b-marketing/an-onconveience-truth-about-b2b-demand-generation-0577382
31 www.vtdesign.com/digital-marketing/16-marketing-kpis-to-measure/
32 한상린, B2B 마케팅, 21세기 북스, 2011년

미치는 영향력이 크기 때문에, 구매 의사결정에는 구매 부서 외에도 많은 관련 부서의 참여와 여러 단계의 승인 과정이 필요합니다. 대형 프로젝트의 경우, 시장조사를 거쳐 공급선을 선정하고자 할 때는 미리 기술 부서, 품질 부서, 지원 부서 및 법률 부서 등 각 부서에서 요구 사양서Specification, 작업 지침서Statement Of Work: SOW, 기술 자료를 포함한 납품물 목록, 계약서 및 사업관리 요청서 등을 작성하여 RFP 패키지를 구성합니다. 공급선 후보들로부터 RFP에 대한 제안서를 입수한 후에는 기능별로 관련 내용을 검토합니다. 최종적으로는 기술, 품질, 원가 등의 관련 부서 팀장이 참석하는 구매선정위원회를 통해 최적의 공급선 선정에 대한 의사결정을 하고, 경영진에게 보고하여 승인을 받습니다. 구매 의사결정에 참여하는 다양한 부서의 역할과 관련하여서는 '구매 조직Buying Center'에서 구체적으로 이야기를 하겠습니다.

셋째, 고객은 장기적인 관점에서 협력적인 공급선을 선정합니다. 고객은 저가의 획득비용만을 기준으로 하여 공급선을 선정하지 않고, 공급받은 제품의 수명주기 동안 운용하는데 소요되는 TCO을 기준으로 하여 공급선을 평가하여 선정합니다. 이를 위해 고객은 RFP에 공급선이 총소유비용을 산정하여 함께 제출하도록 하고, 공급선을 선정하면 그 공급선이 제시한 비용을 준수하여야 하는 의무 조항을 계약서에 반영하기도 합니다. (총소유비용의 구성에 대해서는 1장 고객의 가치에서 이야기하였습니다.)

넷째, 고객은 상대적으로 저가의 제품은 일반적으로 대리점을 통해 구매하지만, 고가의 맞춤형 제품은 원천 제작업체를 통해 구매합니다. 이는 단순히 중간상을 배제한 비용 절감뿐만 아니라 원천 제작 업체의 기술적인 지원도 중요하기 때문입니다.

다섯째, 고객은 계약 종료 이후에도 공급선과의 관계를 중요시합니다. 고객의 구매 대상은 상대적으로 저가의 제품을 제외하면 상당 부분이 고가의 고객화된 주문 제품입니다. 따라서, 최적의 공급선을 찾고 계약하기까지 기간이 길고 또 계약 이행에 대한 관리도 필요하므로 공급선과의 관계가 긴밀할 수밖에 없습니다. 고객화된 제품의 경우에는 하자보증이 종료된 이후라도 운용 중의 후속 지원에 대해서도 자연히 공급선의 협력이 필요합니다. 제가 활동한 해외 대형 프로젝트들은 시장조사에서 계약 후 납품까지 평균 10년 정도가 소요되었고, 납품 후에도 30년의 이상의 수명주기를 지녔기에 고객의 안정적인 운용을 위해 지속해서 고객과 긴밀히 의사소통하면서, 후속 지원 등의 추가 사업과 새로운 사업기회도 발굴하고는 하였습니다. 특히 공급선을 대표하여 고객과의 접점에 있는 마케터의 역할은 고객과 상호 호혜적인 관계를 지속하고 강화하는 것입니다.

위와 같은 비즈니스 고객의 특성으로 인해, 고객의 구매자들은 전문가가 되기 위해 많은 교육을 받고 전문 자격도 취득합니다. 전 세계적으로 널리 알려진 전문 자격은 미국의 구매협회에서 주관하는 'CPSM(Certified Professional in Supply Management)'으로 구매자의 역량과 관련하여 국제적으로 인정해주는 자격입니다. CPSM 자격은 2008년부터 시작하여 전 세계에 약 4만 명의 자격 취득자가 있습니다. 한국에는 약 2,700명의 자

CPSM 자격시험 과목			
과목	시험과제	문제수	시험시간 및 문제
공급관리 핵심 Supply Management core (38 Tasks)	· 소싱 – 10 Tasks	50	180분
	· 카테고리 관리 – 2 Tasks	10	
	· 협상 – 3 Tasks	14	
	· 법 및 계약요건 – 5 Tasks	21	
	· 공급업체 관계관리 – 11 Tasks	43	
	· 원가 및 가격관리 – 4 Tasks	18	
	· 재무분석 – 3 Tasks	9	
	· test용 시험문항	15(unscroed)	
		180문제	
공급관리 통합 Intergrated Supply Management (31 Tasks)	· 공급망 전략 – 4 Tasks	25	165분
	· 판매 및 운영계획(수요계획) – 2 Tasks	10	
	· 판매 및 운영계획(예측) – 5 Tasks	25	
	· 판매 및 운영계획(제품/서비스 개발) – 3 Tasks	15	
	· 품질관리 – 3 Tasks	14	
	· 물류 및 자재관리 – 13 Tasks	53	
	· 프로젝트 관리 – 1 Tasks	8	
	· test용 시험문항	15(unscroed)	
		165문제	
공급관리의 리더십 및 변환 Leadership and Transformation in Supply Management (34 Tasks)	· 리더십과 비즈니스 감각(전략개발) –4 Tasks	18	165분
	· 리더십과 비즈니스 감각(이해당사자 참여) – 5 Tasks	25	
	· 리더십과 비즈니스 감각(인재개발 및 코칭) – 8 Tasks	39	
	· 시스템 능력 및 기술 – 2 Tasks	11	
	· 위험 및 규정준수 – 9 Tasks	33	
	· 기업의 사회적 책임 – 6 Tasks	24	
	· test용 시험문항	15(unscroed)	
		165문제	

격 취득자가 있으며 이들은 대부분 조달청, 공기업, 금융 및 삼성전자, 현대기아자동차, 포스코 등 대기업 등에서 근무하고 있습니다.[33]

CPSM 자격에 응시하기 위해서는 학사 학위 취득 후 구매 부분에서 3년 이상의 실무 경험이 필요합니다. 시험 내용도 왼쪽 그림에서 보는 것과 같이, 구매 전반적인 부분에 대해 심도 있게 검증하기 때문에, 미국에서는 독학으로 자격을 취득하려면 4~7년이 걸린다고 합니다. 우리나라에서도 이 자격을 취득하기 위해서는 큰 비용과 시간이 필요합니다.

구매자가 모두 이러한 자격을 지닌 것은 아닙니다. 그러나 수명주기를 고려하여 공급선 및 제품을 선정하고 관리하며, 전체 원가 구성에서 구매비의 비중이 증가하고, 이가 결국 원가경쟁력 확보에 중요하기 때문에 어느 기업에서나 인재를 구매 부서에 먼저 배치하는 경향이 있습니다.

---

33 www.ismkorea.org/new2016/cps/sps_info.php

변화하고 있는 고객의 구매 환경

02

　경영성과에 직접적인 영향을 미치는 구매의 중요성에 대한 인식과 IT 발전은 고객의 구매 환경에도 많은 변화를 주어 예전과는 많이 다른 모습을 보여주고 있습니다.

　첫째로, 구매의 전문화입니다. 예전에는 구매자가 생산 일정을 준수하기 위해 품질이 인증된 제품을 저가에 발주하여 적기에 공급해주는 품질, 가격, 납기 Quality, Cost, Delivery; QCD 에 중점을 두고 업무를 진행하였습니다. 최근에는 구매 전문가로서 구매 상황에 따라 구매 방식을 개선하여 경영성과와 연결하고자 하는 노력을 강화하고 있습니다. 이러한 노력 일부로 물류비용과 시간의 절감을 위해 현지 조달을 강화하고 있습니다. 자동차 제작업체 주변에 주요 협력업체의 공장이 위치하여 생산한 부품을 자동차 제작업체에 JIT Just In Time 시스템으로 공급하는 자동차 산업이 대표적인 예입니다. 최근에는 자동사 제작업체가 해외로 진출하면 주요 협력업체들도 함께 해외에 진출하여 해당 산업 클러스터를 유지하는 경향도 일반화되었습니다.

둘째로, 구매의 집중화입니다. 예전에는 각 사업장에서 필요한 자재 및 부품을 사업장별로 구매하였습니다. 이제는 경영성과, 특히 원가경쟁력 확보에 대한 구매의 중요성을 인식하여, 구매활동을 한곳으로 집중하여 표준화와 규모의 경제를 통하여 구매비용 절감을 추진하고 있습니다.

셋째로, 공급선의 최적화입니다. 피라미드 형태로 구성된 협력업체 구성에서 상위 협력업체, 소위 Tier 1으로 부르는 공급선의 역할이 증가하고 있습니다. 구매는 공급선을 축소하는 대신 발주 규모를 확대하고 장기 계약을 체결하면서 원가 절감을 유도하고 있습니다. 즉, 고객은 공급망 관리 비용을 줄이면서 공급선은 규모의 경제를 확보하는 목적을 지니고 있습니다.

넷째로, 공급망 관리 전략에도 변화가 있습니다. 구매는 소수의 공급선으로 축소하면서 위험Risk도 공유하는 개념으로 추진하고 있습니다. 이에 따라 협력업체는 신제품 개발 등의 초기부터 함께 참여하는 협업을 하고 있으며, 구매 목표도 공급망 전체에 대한 비용 관리, 공급선과의 협업으로 비용 절감, 인터넷 구매를 통한 구매비용 절감 등이 있습니다. 최근에는 여러분도 익히 알고 있는 '공유 경제' 개념과 같이 시설재의 획득이 아닌 임대로 전환하는 추세도 증가하고 있습니다.

이러한 공급망 관리의 변화를 보여주는 사례가 있습니다. 대형 여객기 제작업체 에어버스사는 과거 A300 생산 시에는 부품까지 직접 구매를 하였습니다만, A380을 생산할 때에는 직구매 비중을 점차 줄였습니다. 이제 A350을 생산할 때에는 소수의 위험공유 협력선과 밀접한 관계를 구축하면서, 에어버스사는 여객기 부품 업체에게 사업에 참여하기 위해서는 자사가 아닌 Tier 1 업체를 접촉하도록 권고하고 있습니다. 에어버스사는 A380 사업에 참여한 200개 이상의 주요 협력업체를 A350 사업에서는 90개 이하로 감축하면서 지속적인 원가인하도 함께 요구하고 있습니다.[34] 이는 보잉사도 마찬가지입니다. 보잉사 역시 Tier 1에게 집중하여 물량을 확대하고 장기 계약을 체결하면서 연도별 물가 인상 대신 오히려 원가 인하를 요구하고 있습니다.

이는 협력업체 선정 기준이 점차 '장기적인 비용 절감'에 중점을 둔다는 것을 알려주는 것입니다. 이 목표를 위해 고객은 구매 집중화, 제품 표준화, 공급선 최적화, 수직적 계열화 등의 활동을 진행하고 있는 것입니다. 이는 딜로이트 컨설팅사가 2018년 세계 39개국에서 505명의 구매 임원을 대상으로 한 조사 결과에서도, 구매활동의 최우선 목표가 '비용 절감'이라는 응답이 78%에 달한 것으로도 확인됩니다. 이 목표 달성을 위한 활동으로 구매를 통합하고(37%), TCO를 줄이며 (32%), 경쟁을 활용하고(31%), 사양을 개선하며(24%), 협업을 확대하겠

---

34 Dr. Kevin Michaels, Key Trends In Commercial Aerospace Supply Chains, 2017 Global Supply Chain Summit

다(23%)는 순으로 응답을 하였습니다. [35]

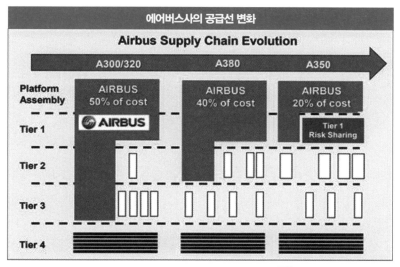

출처: Airbus Suppliey Strategy 4.0

---

35 www2.deloitte.com/content/dam/Deloitte/at/Documents/strategy-operations/deloitte-global-cpo-survey-2018/pdf

덩치 크고 까다로운 비즈니스 고객 - 정부

비즈니스 마케팅의 대상 고객에는 기업만이 아니라 중앙정부 및 지방정부 등도 있습니다. 고객으로서 정부는 다음과 같은 특징이 있습니다.

첫째, 중앙정부 및 지방정부의 구매액은 거대합니다. 미국의 경우 2019년 연방 정부 예산은 4조 4천억 달러이며, 매년 5천억 달러 이상을 구매합니다. 구매품은 군수품부터 사무용품, 의료서비스 등 다양합니다. 잘 아시다시피 미국 국방성은 세계에서 가장 구매 규모가 큰 단일 집단으로 예산도 우선하여 배정받습니다. 1장 비즈니스 시장의 규모에서도 이야기한 바와 같이, 2019년 기준 미국의 국방비는 7,318억 달러이며, 세계 20위인 스위스의 GDP 규모를 초과합니다.

둘째, 정부 고객은 획득 예산과 규정에 따라 계약을 합니다. 배정된 예산은 보통 해당 연도 내에 소진을 원칙으로 합니다. 규정에 따라 입찰 공개 시 참여 조건을 명시하고 경쟁 입찰을 원칙으로 합니다. 업체 선정은 가장 유리한 조건을 제시한 업체를 선정하는데, 보통은 최저가 업체를 선정합니다. 규정상으로는 요건을 충족하지 못하면 차순위 저가 업체를 선정합니다. 하지만 제 경험으로는 2순위 업체로 계약이 넘어간 사례는 보지 못했습니다. 1순위 선정업체가 어떻게 해서라도 계약을 성사시키고자 하기 때문입니다. 참고로, 미국의 경우 획득규정에는 윤리 규정 및 소상공인 우대 정책이 있으며, 소수인종, 여성, 장애인 기업에게는 계약 규모의 일정 부분을 의무적으로 할당하여야 합니다. 미국 연방 정부는 구매액의 약 25%를 중소기업과 계약하며, 오하이오주 정부는 계약액의 7%를 소수인종 기업에 할당하고 호혜적인 계약조건도 제공합니다. 개발도상국 정부의 국방 획득 규정에 옵셋Offset 비율이 의무로 명시된 조항도 있습니다. 따라서 마케터는 상대하는 정부의 획득절차 및 관련 규정을 사전에 파악하여 준비하는 것이 필요합니다.

셋째, 연구개발 사업 등 고가의 입찰에는 계약까지 오랜 기간이 소요됩니다. 획득절차는 보통 입찰 공고 → 응찰 → 서류심사 → 1차 선정 → 실기 평가 → 최종 후보 선정 → 가격 공개 → 최저가 낙찰 → 협상 → 계약의 절차를 따르게 됩니다. 계약 방식으로는 확정가 계약 또는 개산 계약이 있는데, 일반적으로는 확정가 계약을 체결합니다. 정부로서는 예산에 따라 확정가 계약을 하면 계약 이행 중에 발생할 수 있는 모든 위험에서 벗어날 수 있습니다. 공급선은 비용을 절감하면 그만큼 이익이 증가할 수 있으며, 반대로 예상하지 않은 비용이 추가되면 손실을 볼 수 있는 위험을 부담하게 됩니다. 변수가 많아 계약 금액을 확정하기 어려운 개발, 시험 연구, 연구 용역 등의 사업에서는 개산 계약 체결이 가능합니다. 미국 연방 정부의 계약 관련 규정에는 실적가가 목표가보다도 낮으면 업체에게 보상을 해주는 성과보수 Incentive 계약도 있습니다.

넷째, 최근에는 기업뿐만 아니라 정부 기관도 인터넷을 이용하여 구매 절차를 간소화하고 있습니다. 한국의 경우 조달청에서 '나라장터' 사이트를 운영하고 있으며, 방위사업청에서는 '국방전자조달시스템'을 운영하고 있습니다.

기업들이 정부 고객과의 거래를 중시하는 이유는 우선 거래 규모가 크기 때문에 규모의 경제를 달성하여 수익을 확보할 수 있기 때문입니다. 또한, 타 기관에서도 동일한 규정으로 획득절차가 진행되기 때문에, 기업은 습득한 경험과 지식을 재사용하여 사업기회를 확대할 수 있습니다. 아울러 정부 고객의 신뢰할 수 있는 장기 계획과 안정적인 대금 지급 일정을 통하여 기업은 안정적이고 장기적인 계획을 운영할 수 있습니다. 이러한 장점으로 인하여 미국 포춘 1000대 기업의 60% 이상이 정부와의 거래에 참여하고 있습니다.[36]

위와 같은 특성이 있는 정부 고객은 공급선에게 무엇을 기대할까

---

36 Brett W. Josephson 외, Uncle Sam Rising: Performance Implication of Business-to-Government Relationships, Journal of Marketing, 제83권 제1호, 2019년

요? 데이비드 박사가 그의 저서 《Customer Relations and Sales from A to Z》에서 미국 연방 정부 획득관리자가 입찰 참가자에게 기대하는 것을 조사한 결과를 밝혔습니다. 이에 따르면, 미국 연방 정부 획득관리자는 예산 내 적기 납품(57%)을 가장 먼저 기대하고, 다음은 제안한 솔루션의 품질(55%), 지식(31%), 가격(27%), 사업관리(24%), 혁신(22%) 순입니다.[37] 정부의 획득사업은 계획된 일정에 맞추어 종료되어야 하므로 일정 준수는 기본이고, 인증된 품질, 예산 범위 내 가격 충족 등을 요구하기도 합니다. 예를 들어 정부에서 올림픽 경기를 위한 경기장 건설에 대해 발주를 했는데 계약한 건설업체가 완공 일정을 준수하지 못한다면 그 영향성은 매우 클 것입니다. 따라서 마케터는 잠재 고객들의 이러한 기대치의 우선순위를 빨리 파악하여 대응하는 것이 중요합니다.

정부를 상대로 하는 사업은 장기간이 소요되기 때문에 꾸준히 네트워킹 활동을 하면서 잠재 고객이 필요로 하는 것을 파악하고 이에 차별적인 가치로 대응하는 자세가 요구됩니다. 정부 고객에 대한 마케터는 다음과 같은 것을 미리 준비하는 것이 필요합니다.

첫째, 획득부처의 획득 계획과 예산 반영을 지속해서 파악하는 체계를 수립하여야 합니다. 일반적으로는 소요부처가 획득예산을 반영하기 위해 시장조사를 하는 것부터 시작합니다. 마케터가 이에 대응

---

37 David E. Potts, Ph. D., Customer Relations and Sales from A to Z, Tazewell Strategies, 2015년

하는 것도 필요하지만 이때 경쟁사의 활동도 확인하여야 합니다. 예를 들어 경쟁사가 이미 자신에게 유리하게 만들어 놓은 요구도와 구도에 참여하게 된다면 득보다 실이 많을 수도 있기 때문입니다.

둘째, 복잡한 획득규정과 충족하여야 하는 요구도를 인지하고 준비하여야 합니다. 특히 정부가 일정 규모 이상의 해외 획득사업의 경우에는 해외 선진 업체의 첨단 기술 습득과 일자리 창출을 위하여 자국 내 면허생산 및 옵셋과 같은 요건이 강화되는 추세입니다. 필요한 경우 초기 사업화 작업을 위한 마케팅 활동과 함께 현지 업체들과의 협력 체계를 구축하는 것도 중요합니다. 예를 들어 첨단 전투기를 판매하는 선진 업체들은 목표 국가에 접근할 때 미리 현지 업체들과의 협력 관계를 구축하여 그 목표 국가에서 자사의 전투기 선정에 긍정적인 영향을 미치도록 활동을 합니다.

셋째, 획득 요구도를 충족하는 제품개발 전략을 선도하여야 합니다. 선제적으로는 자사의 제품 및 서비스 관련 사양을 잠재 고객의 소요부처나 획득부처에 미리 제공하고 최적의 솔루션임을 설득하여 잠재 고객의 획득 요구도에 반영토록 유도하는 스펙인Spec-In 활동을 하여야 합니다. 아울러 잠재 고객의 요구도를 사전에 파악하고 이를 검토하여 수용 가능 여부를 확인하고 필요하면 사업성을 재평가하여야 합니다.

넷째, 이처럼 마케팅 활동은 잠재 고객이 시장조사를 하기 전에 이미 활동을 시작하여 그 활동의 결과물이 RFP 요구도 등에 반영되어야 하므로, 장기적인 관점으로 접근하고 잠재 고객과의 의사소통 및 네트워킹 전략을 개발하여야 합니다. 글로벌 마케팅 활동은 잠재 고객의 문화 이해를 위해 필요할 경우 영향력 있는 현지 업체와의 협력도 중요합니다.

다섯째, 기타 잠재 고객의 예산 제한을 고려한 대금 지급 등의 우호적 조건을 제시하기 위한 전략도 미리 준비하여 필요하면 제안서에 이를 반영하여야 합니다. 특히 잠재 고객은 정부 예산의 한계로 원하는 것을 전부 구매하기가 어렵습니다. 따라서 마케터는 정부 예산의 한계성을 이해하고 인내하여야 하며, 오히려 다양한 대안을 구성하여 잠재 고객이 스스로 최적의 안을 선택하도록 지원하여야 합니다.

스마트하고 변화가 빠른
비즈니스 고객 -기업

04

　비즈니스 마케팅에서 가장 큰 시장 규모를 지닌 기업의 구매조직 특징은 다음과 같습니다.

　기업 구매조직의 일차적인 목표는 성공적인 사업 운영을 위해 적기에 자재, 소모품, 장비 및 서비스 등을 안정적으로 공급하는 것입니다. 그러나 구매조직의 궁극적인 목표는 구매비용 절감을 통하여 기업의 경쟁력 확보에 기여하는 것입니다. 이는 구매비가 원가에서 차지하는 비중이 높기 때문입니다. 미국의 경우 제조원가의 50% 이상이 구매비이며, 우리나라 통계청의 2019년 3월 자료에서도 전체 산업 제조원가 중 재료비율이 53.0%를 차지합니다. 구매조직은 비용 절감을 위해 단순히 구매비용뿐만 아니라, 공급망 상의 모든 활동에 대한 최적화를 통해 전체 공급망 비용을 최소화하려는 노력을 강화하고 있습니다.

구매활동이 기업의 이윤 창출을 위한 전략의 핵심으로 위치가 강화됨에 따라, 구매는 획득비용이 아닌 TCO(Total Cost of Ownership)와 가치를 고려합니다. A 공급선이 제시한 가격이 B 공급선 가격보다 높다고 하더라도 TCO 상 이점이 있다면 A 공급선 제품을 구매합니다. 일반적으로 TCO 비용은 개발비 0~10%, 획득비 30~40%, 운영유지비 50~60%로 구성되기 때문입니다.

인터넷을 통해 실시간으로 제품과 서비스를 구매하는 전자구매 e-Procurement뿐만 아니라 금융기관, 정부기관 등과 같이 거래에 관련되는 모든 기관과의 관련 행위를 포함하는 전자상거래 시스템은 전 세계적으로 일반화되고 있으며, 특히 IT 강국인 우리나라의 전자상거래 시스템은 물류 시스템과 맞물려 해외 국가들도 매우 부러워하고 있습니다. 전자상거래 시스템은 일상적인 주문 외에도, 신규 공급선 발굴 및 웹사이트를 통한 기존 공급선과의 의사소통에도 활용되고 있습니다.

IBM사는 월 40만 건 이상의 송장Invoice을 전자적으로 처리하여 연 4억 달러를 절감합니다. B2B 전자상거래 비중은 미국이 2004년 기준으로 약 40%, 우리나라는 2017년 통계청 자료 기준 78%가 됩니다. 구매 관련 전문 컨설팅 기관인 엑센추어사가 2014년 B2B 구매 관련 500명 이상의 B2B 구매자를 대상으로 한 조사에서 68%의 B2B 구매자가 온라인으로 상품을 구매한다고 응답하였습니다. 더 중요한 것은 94%의 B2B 구매자가 구매 전에 온라인을 통해 구매할 대상에 대한 정보를 확인하며, 83%의 B2B 구매자가 정보 조사를 위해 공급선 웹사이트를 방문하지만, 단지 37%의 구매자만이 공급선 웹사이트가 제공하는 정보에 만족한다고 하였습니다.[38] 이는 마케터에게 자사의 웹페이지 구성과 콘텐츠의 최신화에 대한 시사점을 줍니다.

기업 구매조직은 공급선의 성과 평가도 중요시합니다. 계약 이행 후 성과 평가에 따라 향후 기존 공급선과의 계약 연장 또는 신규 공급선으로 교체 등의 의사결정에 활용합니다. 제가 세계적 기업과 부품 공급에 대한 계약을 체결하여 이행하는 중에 그 고객 기업은 분기마다 당사의 적기 납품률, 품질 불량률 등을 평가하여 점수화하고 이를 전달하였었습니다. 이 보고서에는 일정 점수 이하이면 공급선 변경을 고려할 수도 있다는 문구도 표현되어 있었습니다.

앞에서 이야기한 구매 환경변화와도 관련되지만, 기업의 구매자는 원가 절감을 위하여 다음과 같은 단계적 활동을 펼칩니다.

초보적인 1단계 활동으로는 물량을 통합하여 구매하고, 공급망을 통합하고 최적화시키며, 경쟁력 있는 공급선을 발굴하며, 협상 및 계약 역량을 강화합니다. 구매 대상 물량의 통합을 통하여 규모의 경제와 범위의 경제를 꾀하는 것입니다. 아울러 공급망 축소를 통하여 관리 비용도 절감하고자 합니다.

2단계 활동에서는 구매 예측 역량을 향상하고, 물류를 최적화하며, 공급선의 생산성을 증가시키고, 입찰 절차를 간소화하며, 공급선과의

---

38   www.accenture.com/t20150624t211502_w_/us-en/_acnmedia/accenture

정보 교환을 통하여 납기를 최적화합니다. 1단계에서 2단계로 오면 구매비용의 5~25%가 절감된다고 합니다.

다음 단계인 3단계 활동으로는 공급선을 개발 초기부터 참여시키며, 사양을 단순화하고 표준화하며, 수명주기 비용 및 가치의 최적화를 목표로 가치분석 등을 시행합니다. 항공기를 제작하는 보잉사나 자동차를 제작하는 혼다사 등은 신제품 개발 초기부터 자사 개발팀에 핵심 협력선의 개발팀도 함께 상주하면서 참여시킵니다. 또한, 자동차 제작업체인 포드사는 제품 설계 단순화 또는 표준 부품 사용으로 원가 절감을 하기 위해 차량용 카펫을 14종류에서 5종류로, 트렁크 카펫을 11종류에서 1종류로 조정하였다고 합니다.

구매자의 원가 절감 활동 중 가장 높은 수준의 4단계 활동은 핵심 협력선과 함께 기술과 위험을 공유하는 것입니다.

기업을 상대로 하는 마케터에게 요구되는 자세는 기본적으로 정부를 상대로 하는 마케팅 활동의 자세와 같습니다. 시간과 노력이 장기간 투자되기 때문에 인내심을 갖고 꾸준히 잠재 고객과 네트워킹 활동을 하는 것이 중요합니다. 잠재 고객과의 네트워킹 활동을 통해 구매 계획과 예산, 구매 절차와 요구도를 파악하여야 합니다. 자사의 제품과 서비스에 대한 자료를 지속적으로 제공하여 잠재 고객의 요구도에 반영하는 스펙인 활동을 하여야 하며, 필요하면 잠재 고객의 구매 예산을 고려하여 금융지원 및 임대 등 다양한 대안도 제시할 수 있어야 합니다. 특히 기술 변화의 속도가 빠르고 고객의 선호 요건을 정의하기 어려운 첨단 기술 시장에서는 마케터가 잠재 고객과 긴밀히 협력하면서 선호 요건을 파악하고 최상의 제품 특성을 제안하여야 합니다.[39]

저는 정부나 기업 고객을 상대로 하는 마케팅 활동에서 가장 중요한 활동은 스펙인Spec-in 활동이라고 생각합니다. 스펙인 활동은 마케터가 조직의 구매자가 구매를 위한 활동을 준비하는 초기부터 관여하여, 자사 제품과 서비스의 특성을 고객의 구매 사양에 반영시키도록 하는 제반 활동입니다. 고객의 구매 사양이 자사 제품 특성에 맞추어지면 실질적으로 경쟁사의 진입을 불가능하게 만드는 역할을 하므로 초기에 사업 성패를 가늠하는 중요한 기준이 됩니다. 반대로, 잠재 고객을 조사하니 이미 경쟁사가 오래전부터 네트워킹 활동을 하면서 그 관계가 견고하다면 뒤늦게 이 사업에 참여하는 마케터는 소위 '들러리'에 불과한 경우도 생길 수 있는 것입니다. 저는 마케터의 활동 중 잠재 고객 파악에서 계약 성과를 얻기까지 활동 중 중요성을 기준으로 하면 스펙인 활동이 절반 이상을 차지하고 그 나머지가 제안 제출, 협상 및 계약이라고 생각합니다.

---

39 Sam Al-Kwifi 외, Brand switching of high-technology capital products: how product features dictate the switching decision, Journal of Product & Brand Management, 제23권 제4-5호, 2014년

구매조직은 무엇입니까?

05

정부나 기업이 제품이나 서비스를 구매하는 획득 과정에서 나타나는 공통점은 일반적으로 구매 의사결정에는 구매 부서 외에도 많은 관련 부서의 참여와 여러 단계의 승인 과정이 필요하다는 것입니다. 구매에 관련된 이해관계자들로 구성되어 구매 의사결정을 하는 조직체를 구매조직Buying Center이라고 합니다. 이 조직이 바로 마케터가 활동하고 의사소통을 하는 고객의 총체적인 이름입니다. 즉, 비즈니스 마케팅에서 고객이라고 함은 바로 구매자 일개인이 아닌 바로 이 '구매조직'을 일컫는다고 봐야 합니다.

구매조직은 보통 역할에 따라 제안자, 영향자, 사용자, 결정자, 문지기, 구매자로 구성하며, 각자의 역할에 대한 설명은 다음과 같습니다.

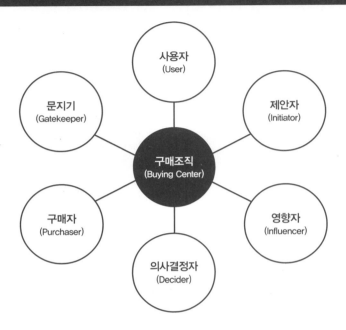

일반적인 구매조직의 구성

- 사용자 (User)
- 제안자 (Initiator)
- 문지기 (Gatekeeper)
- 구매조직 (Buying Center)
- 영향자 (Influencer)
- 구매자 (Purchaser)
- 의사결정자 (Decider)

1. 사용자는 실제로 제품을 사용할 사람으로, 필요성에 대해 제기를 하며, 필요시 제품 사양 개발에도 참여합니다. 이들은 당연히 사용 편의성을 중요시합니다.

2. 제안자는 필요성에 대해 공식화하여 구매 필요성을 제기하는 사람으로 사용자와도 동일할 수도 있습니다.

3. 문지기는 다른 참여자들이 검토하는 구매 관련 정보를 통제하며, 마케터의 접근을 통제하며 접촉 창구(Point Of Contact; POC)의 역할을 합니다.

4. 영향자는 대안평가에 대한 정보를 제공하거나 구매 사양을 수립하여 의사결정에 영향을 주는 사람으로 전형적으로 기술, 품질, 연구개발(Research and Development; R&D) 인력이 담당합니다. 첨단 기술에 대해서는 외부 기술 자문이

이 역할을 담당할 수도 있습니다. 또한, 획득 정책과 관련한 정부 기관 및 환경 단체 등 외부 기관도 포함될 수 있습니다.

5. 의사결정자는 구매조직 구성원들의 의견을 종합하여 최종적으로 구매 의사결정을 내리는 사람입니다. 일반적으로 경영진이 될 것입니다.

6. 구매자는 공급선을 선정하고 계약하는 공식적 권한을 지닌 사람입니다.

구매조직의 구성은 기업마다, 구매 상황마다 다양합니다. 규모가 작은 기업에서는 의사결정자 1명이 모든 역할을 담당할 수도 있습니다. 조직의 구매 상황과 관련하여서도 구매조직의 활동이 달라집니다. 신규 구매의 경우 구매조직에 많은 관련 부서원들이 참여하고, 의사결정에 시간이 오래 걸리고, 의사결정에 기술자의 영향력이 큽니다. 반면, 단순 재구매의 경우 구매조직의 구성은 상대적으로 단순하고, 의사결정이 빠르고, 의사결정에 대한 구매자의 영향력이 큽니다.

마케터의 입장에서는 고객의 구매 상황을 확인하고, 이에 대한 의사결정을 내리는 구매조직의 참가자를 파악하고 누가 영향력을 행사하는지를 조사하여 이에 대응해야 합니다. 참고로, 조사에 따르면 일반적으로 구매조직에 참여하는 이해관계자의 숫자는 평균 4명 이상이고, 많은 경우에는 20명이 넘을 때도 있습니다. 고가의 장비 구매 시에는 평균 4개 관련 부서에서 3단계 계층의 7명이 관여합니다.

구매조직에 참여하는 참여자들의 역할 역시 구매 단계별로 역할의 중심이 변화합니다. 예를 들어 소요 제기 시에는 사용자가, 요구도 수립 시에는 제안자가 중요한 역할을 하게 되며, 의사결정 후 계약 행정 단계에서는 구매자가 중요한 역할을 할 것입니다.

2017년 〈하버드 비즈니스 리뷰Havard Business Review〉가 B2B 구매자 230명을 대상으로 한 조사에 따르면, 보통은 구매조직을 지배하는 한 사람이 의사결정을 주도한다고 합니다. 아울러 구매자의 33%는 시장 선도 기업을 선정하나, 63%는 80%의 비용으로 85%의 기능을 갖춘 비교적 잘 알려진 기업을 선택하기도 한다고 합니다. 이는 마케터에게 구매 조직의 핵심자를 조속히 파악하여 영향력을 행사할 필요가 있다는 점을 일깨워 줍니다. 또한, 후발 주자는 소위 가성비 있는 제품으로 접근하여야 한다는 점을 시사하고 있습니다. 이는 예산이 많지 않은 글로벌 시장에서도 적절한 품질의 제품을 저렴한 가격으로 공급하여야 하는 '그만하면 괜찮은enough good' 마케팅 정책과도 맥을 같이 합니다.

그럼 구매를 실제로 처리하는 구매조직에 대한 마케터의 자세는 어떻게 해야 할까요? 우선 누가 구매조직에 참여하는지를 일찍 파악할수록 이들의 관심사를 파악하기가 쉽습니다. 이를 위해서는 모든 참여자에 대한 인적 사항을 정리하고 최신화하는 것이 필요합니다. 이 참여자들이 영향력이 얼마나 있는지, 또 이들을 대상으로 자사 제품과 서비스에 대한 인지 경로, 획득한 정보, 주의를 끈 정보, 얻은 지식, 바라는 것 등을 조사하고 정리하여야 합니다.

즉, 사업 성공을 위해서는 구매조직의 참여자가 관심 있는 안건에 맞추어 특정한 혜택을 제시하여야 합니다. 곧 평가 기준에 부응하는 정보를 제공하여야 한다는 것입니다. 컨설팅 회사인 맥킨지사 역시 구매 의사결정 과정에 참여하는 참여자를 식별하는 것으로는 충분하지 않고 이들이 구매 결정을 내릴 때 가장 중요하게 생각하는 것을 이해하여야 한다고 강조합니다.[40] 예를 들어 장비 구매와 관련하여 구매조직에 참여하는 장비 정비 기술자에게는 획득 가격보다는 장비에 대한 정비 용이성, 정비를 위한 교육훈련 제공, 아울러 저렴한 정비품 공급 비용 등을 더 중요하게 느낄 것입니다. 다음의 표는 분야별 구매조직의 참여자들이 구매 의사결정 과정에서 주요하게 생각하는 관심사의 예를 보여줍니다.

분야별 구매 의사결정 관련 주요 관심사	
분야	구매 의사결정 관련 주요 관심사
설계/기술	공급선의 명성, 설계 요구도를 충족할 수 있는 공급선의 능력
생산	생산 일정을 충족하는 납기, 납기 신뢰성
판매/마케팅	자사 제품의 시장성에 대한 구매 품목의 영향성
후속지원	기존 장비와의 호환성, 공급선의 후속지원, 설치 능력
자금/회계	현금흐름/대차대조표/손익계산서에 대한 영향, 예정 원가와의 차이, 자체 생산/외부조달 가능성
구매	수용 가능한 품질 중에 최저 가격, 공급선과의 관계 유지
품질관리	사전에 정해진 사양, 정부 규제, 고객 요건에의 부합 정도

구매 의사결정에 영향을 미치는 영향자는 구매조직의 의사결정에 참여하는 사람뿐만 아니라, 구매조직 외부, 예를 들면 정부, 국회, 시

---

40 www.mckinsey.com/business-fuctuion/marketing-and-sales/our-insights/follow-the-customer-decision-journey-if-you-want-b2b-sales-to-grow

민사회단체, 언론매체, 산업계 전문가, 유통업체, 컨설턴트 등도 될 수도 있습니다. 산업별 전문 잡지도 중요한 영향자 중의 하나입니다. 이 전문 잡지에 특정 제품이나 서비스에 관한 기사의 편향에 따라 이를 구독하는 독자에게는 긍정적으로 또는 부정적으로 영향을 미칠 것입니다. 특히 이 독자가 구매조직의 참여자이며 기사화된 특정 제품이나 서비스가 구매의 대상이 되는 제품이나 서비스라면 더욱 관심을 두고 기사를 확인할 것입니다. 산업계의 전문 연구조사 기관이 해당 산업계에서 업체의 신기술 선도력 등을 보고서로 발표할 경우, 이를 읽은 구매조직 참여자는 평가 대상인 공급선 후보들에 대한 인식이 편향될 수도 있습니다. 정부 조직도 획득이나 공공 개발 사업 등을 추진할 때에 외부 전문기관에서 검토한 사업 타당성 검토 결과를 따라 사업 추진의 방향성을 결정하기 때문에 외부 전문기관도 중요한 영향자의 하나입니다. 또한, 구매조직에게는 이미 동일한 또는 유사한 제품이나 서비스를 사용하는 기존 고객의 생생한 후기는 중요한 참고자료가 될 것입니다.

따라서 마케터는 마케팅 활동의 하나로 자신의 산업계에서 영향력 있는 영향자들을 식별하고 이들과의 네트워킹을 강화하고, 이들을 통하여 잠재 고객에게 자사 브랜드를 인지시키고 브랜드 가치를 높이는 홍보 및 광고 등의 활동을 고려하여야 합니다.

  정부 및 기업의 구매조직이 구매하는 상황은 구매 대상, 구매 배경 등에 따라 구분할 수 있습니다. 구매 상황을 구분하는 것은 구매조직이 구매 상황에 따라 구매 절차나 구매 의사결정 과정의 복잡성 등이 달라지기 때문입니다. 따라서 마케터는 구매조직의 구매 상황을 이해하고 이에 대한 대응 전략을 구상하여야 합니다.

① 단순 재구매

  단순 재구매는 구매조직이 지속적 또는 반복적 요구도에 따라 구매를 하는 것입니다. 주로 생산 현장에서 사용하는 부자재나 소모품, 사무실에서 사용하는 사무용품 등을 구매할 때 해당합니다. 이러한 구매 상황에서 구매조직은 구매와 관련된 정보가 거의 필요 없거나 불필요합니다. 신규 대안평가도 불필요하고 개선도 불필요합니다.

구매조직의 주문은 이미 등록된 공급선 중에서 선택하여 주문할 수 있으며, 구매 절차를 단순화하기 위해 인터넷이나 전자상거래를 활용하기도 합니다. 일부 고객은 현장 직원이나 사무실 직원이 필요한 등록된 공급선에게 직접 주문 하도록 합니다.

구매조직의 단순 재구매 상황에 대응하려는 마케터는 우선 자사를 고객의 공급선으로 등록시켜야 합니다. 구매조직은 일반적으로 새로운 공급선에 대한 시험-평가-승인 절차가 시간과 비용을 소모하는 부가적인 업무이기 때문에, 신규 공급선을 추가 등록하는 것을 꺼립니다. 따라서 마케터는 구매조직에게 공급선 추가 등록에 대한 불편함을 보상할 수 있는 가격 경쟁력이나 빠른 납기 등의 새로운 대안을 제시하는 활동이 필요합니다. 공급선으로 등록한 후에는 구매조직과의 관계를 유지하고, 구매 기대치를 충족하고, 요구 변화에 대응이 필요합니다. 또한, 실제로 구매 권한을 지닌 직원들이 자사 제품을 선호하고 선정하도록 활동하여야 합니다. 이미 등록되어 있는 공급선의 마케터는 구매조직이 공급선을 추가하거나 전환하지 않도록 고객의 만족도를 면밀히 관찰하고 고객만족도를 높여야 관계를 유지할 수 있습니다.[41]

② 수정 재구매

수정 재구매는 구매조직이 대안을 찾는 것이 이득이 될 것이라고

41 Ivan Russo 외, The combined effect of product returns experience and switching cost on B2B customer re-purchase intent, Journal of Business & Industrial Marketing, 제32권 제5호, 2017년

믿을 때, 품질향상 또는 원가 절감 등 대안을 고려할 때, 또는 현 공급선의 성과에 불만족할 때에도 재구매를 검토하게 됩니다. 예를 들어, 공급선이 납품한 부품에서 품질 불량 문제가 계속하여 발생하게 된다면, 그 부품을 사용하여 조립하는 생산 현장에서 이의 제기가 되어 구매조직은 결국 공급선 교체 등을 생각하지 않을 수 없게 됩니다. 또는 공급받던 부품보다 더 오랜 시간의 수명을 보장하던가 또는 더 경쟁력 있는 가격을 제안하는 신규 공급선이 등장한다면 구매조직으로서는 당연히 그 신규 공급선의 제안을 고려할 수 있습니다.

또한, 구매조직은 상호합의된 계약 조항에 따라 가격, 품질, 납기 측면에서만 공급선을 평가하는 것이 아니라, 구매조직과 공급선 간 상호작용의 과정에서 발생하는 무언의 의무인 '심리적 계약'에 의해서도 평가를 합니다. 추상적이고 구체적인 거래 의무가 없음에도 불구하고 공급선이 관계적 의무를 지키지 못하면 심리적 계약이 파기된 것으로 여기고, 공급선 변경의 시발점이 될 수도 있습니다. 이렇듯 공급선 변경의 배경에는 구매조직의 감정적 역할도 있습니다.[42]

따라서 기존 공급선의 마케터는 구매조직이 불편하게 생각하는 문제를 인식하고 즉각적으로 이를 해결하여, 고객이 지속적으로 재구매를 하도록 유도하는 활동이 중요합니다. 또한, 구매조직의 부정적인 감정을 개선하기 위한 의사소통 노력도 더욱 필요합니다. 예를 들어, 공급한 물품에 품질 불량 문제가 발생한다면, 이를 즉각 구매조직

---

42 Misty Blessley 외, Breaching relational obligation in a buyer-supplier relationship: Feeling of violation, fairness perceptions and supplier switching, Industrial Marketing Management, 제74권, 2018년

에게 통지하고 이의 해결을 최우선으로 처리하고 향후 재발 방지를 위한 개선 노력까지도 구매조직과 공유하여야 합니다. 신규 공급선의 마케터는 구매조직이 대안을 검토하는 배경을 파악하여, 기존 공급선에게서 얻던 성과 이상의 차별적인 가치, 예를 들면 가격 경쟁력, 생산성 향상, 납기 단축, 즉각적인 고객 서비스 등의 가치를 제안하여 구매조직이 신규 공급선으로 수정 재구매를 하도록 유도하는 활동을 하여야 합니다.

③ 신규 구매

신규 구매는 기존 경험과 상이하여 의사결정을 위해 많은 정보가 필요합니다. 예를 들어 최종 고객의 주문량이 증가하여 생산량 증가가 필요하면 구매조직에게는 가공 장비의 추가 도입이 필요할 수 있습니다. 장비의 추가 도입 방안을 고려할 때 현재 사용하고 있는 장비가 도입된 지 오래되지 않았다면, 구매조직은 기존 장비와의 운용성 및 호환성 등을 고려하여 같은 브랜드의 가공 장비를 재구매할 수 있습니다. 그러나, 현재 사용하는 가공 장비가 오래되어 낡았다면 구매조직은 생산설비의 증설 시 최신 가공 장비를 도입하는 것을 고려할 수도 있습니다. 최신 가공 장비를 도입하려는 경우에는 선정할 모델, 요구 성능, 품질 수준, 가격 등이 불확실합니다. 이러한 구매 상황에서 구매조직은 기술의 복잡성, 평가의 어려움, 신규 공급선과의 거래에서 불확실성 등에 대한 어려움을 극복하여야 합니다.

따라서 마케터는 구매조직이 당면한 문제를 파악하여 이를 해결할 정보를 충분히 제공하고, 요구도 변화를 주시하며 신속히 대응하여야 합니다. 특히 고객에게 구매의 중요성이 큰 경우 마케터는 판매 지향적이 아니라 고객 지향적으로 접근하여야 고객으로부터 신뢰를 얻을 수 있습니다. **43**

43 Paolo Guenzi 외, The combined effect of customer perceptions about a salesperson's adaptive selling and selling orientation on customer trust in the salesperson: a contingency perspective, Journal of Business & Industrial Marketing, 제31권 제4호, 2016년

비즈니스 고객의 구매 절차는 어떻게 이루어지는가?

07

구매조직의 일반적인 구매 업무 절차는 다음과 같습니다.

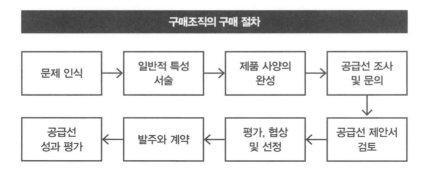

구매조직의 구매 절차

문제 인식	→	일반적 특성 서술	→	제품 사양의 완성	→	공급선 조사 및 문의

공급선 성과 평가	←	발주와 계약	←	평가, 협상 및 선정	←	공급선 제안서 검토

그런데 구매 절차 시작에 앞서 먼저 짚어보아야 할 사안이 있습니다. '제조 또는 구매Make or Buy'에 대한 의사결정입니다. 앞에서 이야기한 예와 같이 고객의 주문량이 증가하여 자사의 현재 생산 능력으로는 이 수요를 맞출 수 없는 경우, 고객 수요를 해결하기 위해 바로 생산

장비 구매 절차에 들어가는 것은 아닙니다. 수요 충족을 위해 사내에서 해결할지 또는 구매를 통해 해결할지를 결정하는 것이 선결되어야 합니다. 해결 방안의 예를 들면, 생산량을 증대하기 위해서 현재 1교대로 가동 중인 생산장비를 2교대로 가동할 수도 있고, 또는 장비를 추가로 도입할 수도 있는 것입니다. 이러한 결정은 고객의 수요 전망과 각각의 방안에 대한 경제성 분석을 통하여 결정합니다. 이러한 결정을 '제조 또는 구매' 결정이라고 합니다.

제조 또는 구매 결정을 통하여 특정 제품이나 서비스를 구매하기로 하였다면 바로 이것이 구매 절차의 첫 단계인 문제 인식이 됩니다. 앞에서 이야기한 예와 같이 고객의 주문이 증가하여 현재 생산 능력으로는 주문량을 충족할 수 없고 또한 고객의 주문이 향후로도 계속 증가할 것으로 예측된다면, 고객에게 장기적으로 안정적인 공급을 위해서는 생산 라인을 증설하고 이를 위해 신규 장비의 도입이 필요하다는 것을 인식하는 것입니다. 때로는 제조 또는 구매에 대한 의사결정이 없이 바로 구매하여야 하는 것도 있습니다. 예를 들면 생산 계획의 차질로 자재의 안전 재고량 부족이 예상될 때는 바로 구매 절차를 진행하여야 합니다.

발생한 또는 발생이 예상되는 문제를 구매로 해결하겠다고 결정하면, 다음 단계는 구매할 대상의 일반적인 특성을 기술하는 것입니다. 이 과정에서는 일반적으로 구매조직의 최종 사용자나 기술자들이 주된 역할을 합니다. 구매 역시 이들을 지원하기 위해 RFI Request For Information(정보 요청)를 발행하여 관련 정보를 입수하고 잠재적 공급선들도 확인합니다. 예를 들면 신규로 도입하고자 하는 생산 장비의 규격, 성능, 납기, 소프트웨어, 가격 및 설치 및 교육훈련 지원 등에 대한 일반적인 정보를 수집하는 것입니다.

구매조직은 잠재적 공급선으로부터 입수한 여러 정보를 검토하여 자신이 구매할 장비에 대한 제품의 사양서를 완성하고, 필요한 시기에 맞추어 예산도 반영합니다. 이렇게 확정한 사양서 설치, 및 훈련 등의 관련 요구사항을 정리한 작업지침서와 납품물 목록 등을 하나의 패키지로 구성합니다. 구매조직은 공식적인 획득절차로서 RFP_{Request For Proposal}(제안 요청)를 발행하여 잠재적 공급선에게 제안서를 요청합니다. 물론 간단하고 표준품인 부품의 경우에는 품질, 가격, 납기 등을 위주로 문의하는 RFQ_{Request For Quotation}(견적 요청서)를 발행하여 견적을 입수하기도 합니다.

구매조직은 잠재적 공급선으로부터 제안서를 입수하여 검토한 후 필요한 경우에는 구매 대상의 실사 또는 평가를 거쳐 우선 협상 대상 공급선을 선정합니다. 구매조직이 우선 협상 대상 공급선과 협상을 거쳐 계약을 체결하면, 이후에는 공급선의 계약 이행을 관리하며 계약 이행에 대한 평가도 하여 공급선 기저를 구축하여 차후에 활용하기도 합니다.

구매조직과의 비즈니스 협상은 구매 대상의 규모, 복잡성 등에 따라 큰 노력과 기간이 투입되는 만큼 마케터는 사내 관련 부서와의 협조를 받아 많은 준비를 하여야 합니다. 비즈니스 협상을 전문적으로 가르치는 미국 와튼스쿨의 다이아몬드Stuart Diamond 교수는 협상을 성공으로 이끈 요인으로 사람이 55%, 절차가 37%, 가격이 8%라고 합니다. 즉, 구매조직과의 협상에서 가장 중요한 성공 요인은 사람, 즉 관계라는 것입니다. 앞에서 이야기한 것과 같이 비즈니스 마케팅의 특성상 가장 중요한 마케팅 자원은 바로 마케터임을 재차 강조하는 것입니다.[44]

구매조직의 구매 절차에 대응하여 마케터는 다음과 같은 절차를 참조하여 마케팅 활동을 수행합니다.

1. 우선할 것은 사업기회를 식별하기 위해 시장정보를 수집하는 것입니다. 정보 수집의 원천으로는 산업계 전문 잡지, 유통업체, 언론매체, 산업전시회 등 외에도 글로벌 시장의 경우 KOTRA나 필요시 대한민국 재외공관 내 상무관의 협조를 요청할 수도 있습니다.

2. 잠재 고객의 요구도가 진실하고 현실적인지 확인합니다.

3. 마케팅 활동에 자원을 낭비하지 않기 위해 고객을 검증합니다. ① 대상 고객이 법적 자격이 유효한지, ② 확실한 사업 이력이 있는지, ③ 획득을 위한 충분한 예산이 있는지, ④ 유효한 계약 체결을 수행할 권한이 있는지 등을 확인합니다.

4. 검증한 고객과의 장기간 지속되는 관계를 맺는 것이 중요합니다. 이가 고객 관계 관리(Customer Relationship Management; CRM) 마케팅입니다.

5. RFQ(견적 요청서)나 RFP(제안 요청서)를 통해 고객 니즈를 확인합니다. 필요시 컨설턴트 및 외부 전문가를 활용하여 고객 니즈에 대한 정보 확보도 중요합니다.

---

[44] 스튜어드 다이아몬드 저/김태훈 역, 어떻게 원하는 것을 얻는가, 에이트포인트, 2017년

6. 고객의 의사결정 절차를 이해하고, 구매조직의 참여자와 영향자를 식별하고 네트워킹을 합니다.

7. 기술적 지원을 제공하면서 사용자 요구사항에 대한 영향력을 행사합니다. 마케팅 활동은 사용자의 요구도가 공식화되기 전에 착수하는 것이 필수적입니다. 이 스펙인 활동의 중요성은 새삼 강조하여도 지나치지 않습니다.

8. 효과적인 마케팅 인쇄물을 준비합니다. 이는 고객의 특정 요구도를 어떻게 충족하는지를 보여줄 수 있도록 정제되어서 제시되어야 합니다.

9. 계속적으로 고객을 접촉합니다.

10. 요구도 준수에 대한 실기 평가의 한 부분으로 시범을 할 수도 있습니다.

11. 아울러 잠재 고객이 자사의 시설에 방문하도록 하여 생산, 기술, 품질 및 관리 등의 역량을 보여줄 수도 있습니다.

12. CEO 등 경영진이 잠재 고객 및 고객을 방문하여 협의하는 것은 고객에게 호의적인 평가를 받습니다.

13. 허용되는 범위 내에서 잠재 고객의 활동 후원, 행사 등의 홍보 이벤트도 할 수 있습니다.

14. 글로벌 사업의 경우, 필요시 양국 정부 기관 간의 회의 기회를 활용토록 합니다.

15. 글로벌 사업의 경우, 필요시 수출국의 판매 금융지원도 수입국의 획득 의사결정에 도움이 됩니다.

16. 계약 및 가격 결정 절차도 사전에 확인이 필요합니다.

17. 판매 발표 시기는 보통 고객이 발표할 때까지 함구합니다.

18. 판매 후 고객 관계 관리는 후속지원 사업을 통해 더욱 공고히 유지하고 강화합니다.[45]

---

45   Hans-Henrich Altfeld, Commercial Aircraft Projects, Ashgate, 2010년

구매조직이 공급선을 평가하는 방법

08

고객의 구매조직은 공식 발행한 RFP에 대해 후보 공급선으로부터 제안서를 입수하면 부분별로 해당 요구도에 따라 공급선의 역량을 평가합니다. 평가는 간단한 제품이나 서비스의 경우 일회성으로 마무리하기도 하지만, 복잡한 제품의 경우에는 공급선이 제출한 서류 평가뿐만 아니라 공급선 역량 검증을 위한 현지 실사 및 공급선이 제공할 실제품의 모의 운영 평가까지도 포함하게 됩니다.

일반적으로 대부분의 구매 절차가 유사한 것처럼 구매조직은 요구 사양을 포함한 입찰 준비 시부터 평가 계획을 준비하여 공정성을 담보합니다. 평가 계획 중 평가 배점표는 입찰 공고 시 함께 공고하기도 합니다. 공급선으로부터 제안서 입수 후에는 사전에 승인된 평가 계획에 따라 구매조직의 전문가들로 평가팀을 구성하고, 요구도별로 세밀하게 평가하여 우선협상 대상자를 선정하고 계약을 추진하는 절차

제안	1	2	3
제안가	$100	$75	$80
비용 점수	75/100 X 5 = 3.75	75/75 X 5 = 5	75/80 X 5 = 4.7

평가 기준	배점	제안 1		제안 2		제안 3	
		점수	가중 점수	점수	가중 점수	점수	가중 점수
기존 성과 및 경험	20%	2	40	3	60	4	80
능력 및 역량	20%	3	60	3	45	3	45
산업 참여 정책	15%	4	60	3	45	3	45
납기 및 대응 시간	10%	1	10	3	30	4	40
요구도 준수 수준	15%	4	60	3	45	4	60
비용	20%	3.75	75	5	100	4.7	94
총계	100%		305/500		320/500		399/500
가중 점수 %			61		64		79.8

로 진행됩니다. 상기 평가 배점표는 호주 정부의 구매위원회가 공급
선을 선정할 때 사용하는 기준입니다.

호주 정부는 획득 평가 기준으로 비용에 20% 배점 외에 관련 성과
및 경험에 20%, 역량에 20%, 자국 업체 참여에 15%, 납기에 10%, 사
양 충족도에 15%로 배점을 나누고 공급선의 제안을 평가합니다. 여
기에서 산업 참여 정책Industry Participation Policy은 해외 업체가 호주 업체와 협력
하여 입찰에 참여하면 15%의 배점을 받게 되는 것입니다. 이는 산업
이 제한적인 호주가 획득사업을 통해 자국에서의 일거리 창출과 기
술 확보를 위해 이 항목을 반영한 것입니다. 일반적으로 정부의 획득

절차에는 이렇게 자국 업체와의 산업협력에 대한 평가 요소를 반영할 수 있습니다.

정부 구매조직뿐만 아니라 기업의 구매조직도 유사한 평가 계획을 사전에 수립하여 진행합니다. 하기는 미국 크라이슬러 자동차사가 공급선을 선정할 때 사용하는 평가기준표입니다.

공급선 선정을 위한 평가기준표 예시						
구분	탁월 5	우수 4	만족 3	수용 2	부족 0	N/A 0
품질 40% – 불량률 – 통계적 품질감사 준수 – 공급선 제공 샘플 성능 – 품질문제 대응성						
납기 25% – 과적 방지 – 생산 능력 확충 가용성 – 기술 샘플 납기 성능 – 변동 수요공급 대응성						
가격 25% – 가격 경쟁력 – 가격 인상율 억제 – 지속적 원가절감 계획 – 대금지불 조건						
기술 10% – 첨단 부품 기술 – R&D 역량 공유 – 설계 서비스 제공 능력 – 기술 문제 대응성						

크라이슬러사는 품질 40%, 납기 25%, 가격 25%, 기술 10%로 배점

을 주고 평가를 하는데, 종합 91점 이상을 우수협력선으로 선정합니다. 이 우수협력선은 전장품 공급업체 1,000개 중 300개에 해당하며, 연 3.5억 달러의 구매액 중 80%를 공급합니다. 아울러 70점 이하는 자동으로 탈락합니다. 자동차 산업에 관한 국내 연구에서도 완성차 업체와 부품 중소기업 사이에 거래 관계 형성 요인은 동일 단가 대비 품질 경쟁력과 독자적 기술 경쟁력이 중요한 요인으로 작용하고 있습니다.[46]

평가 요소와 배점은 구매조직마다 다를 수 있습니다. 표준품에 대한 공급선을 선정할 때에는 QCD(품질, 비용, 납기)를 기준하여 품질 30%, 납기 30%, 가격 40% 등으로 배점을 구분할 수도 있습니다. ISO에서 제정한 품질경영시스템 인증(ISO9001) 등의 품질 요건을 충족하지 못하는 표준품은 선정 대상이 될 수 없으므로, 실제적으로는 상황에 따라 가격이나 납기가 선정의 핵심 기준이 되는 것입니다. 예를 들면 긴급히 구매하여야 할 경우에는 납기 항목에 배점을 더 많이 주고, 장기 대량 구매의 경우에는 가격 항목에 더 많은 배점을 주는 것입니다. 주요 구성품이나 개발품에 대한 공급선을 선정할 때에는 1차로 기술 제안서 평가를 하여 요구도를 충족시키지 못하는 공급선을 제외하고, 기술적 역량이 우수한 공급선 후보들을 대상으로 2차로 가격 제안서 등을 평가하기도 합니다.

---

46 최수호와 최정일, 자동차산업의 B2B와 글로벌가치사슬 정책방향, 한국콘텐츠학회논문지, 제16권 제12호, 2016년

참고로, 비즈니스 시장의 연구조사 기관인 B2B 인터내셔널사의 조사에 따르면 구매조직의 의사결정 속성은 결국 양질의 제품, 높은 수준의 서비스, 공급선의 탁월한 명성, 낮은 가격, 높은 수준의 기술 서비스, 정시 납품 및 안정적 공급, 공급선과의 거래 용이성으로 귀결된다고 합니다.

따라서 마케터는 구매조직의 평가 기준에 민감하여야 합니다. 표준품의 경우에는 가격 평가가 중요할 것이며, 복잡한 고객화 제품의 경우에는 기술적 요구도를 우선하여 충족한 후에 가격 경쟁력을 확보하여야 합니다.

아울러 디지털 시대를 맞이하여 소셜 미디어가 단순한 의사소통의 플랫폼이 아니라 구매 의사결정에 영향을 미치고 있습니다. 500개 이상의 중대형 기업 구매 임원에 대한 포브스의 조사에 따르면, 구매 임원의 92%가 소셜 미디어가 구매 의사결정에 영향을 주었다고 합니다. 특히 2025년까지 미국 인력의 75%가 밀레니엄 세대로 구성될 것으로 추정하며, 이들이 소셜 미디어에 친숙한 점을 고려하려야 할 것을 권고하였습니다.[47]

구매조직이 공급선을 선정하면 다음은 계약 협상의 단계로 진행됩니다. 이 단계에서는 마케터가 단독으로 진행하기보다는 계약 전문 담당자나 변호사 등과 함께 팀을 구성하여 서로의 역할을 미리 준

---

47 Hoda Diba 외, Social media influence on the B2B buying process, Journal of Business & Industrial Marketing, 제34권 제7호, 2019년

비하여 함께 진행하는 것을 추천합니다. 필요시 마케터는 구매조직과 자사조직 간 계약 합의를 마무리 짓기 위한 조정자 역할도 하여야 합니다. 그렇기 때문에 마케터 역시 주요한 계약 조항, 예를 들면, 계약의 목적물, 가격 및 세금 및 부대비용 포함 여부, 대금 지급 방법, 납기 및 납지, 이행보증 및 하자보증, 제조물책임Product Liability, 계약 해지 및 편의 해지, 분쟁, 불가항력, 계약 변경 및 양도, 비밀 보호 및 유지, 계약 발효 등에 대해서는 인지하고 있어야 합니다. 특히 해외기업과의 계약의 경우에는 무역 거래에서의 대금 결제를 위한 신용장 거래 방식과 INCOTERMS, 준거법 등에 대해서도 추가로 인지하여야 합니다. 일부 조직에서는 구매조직과의 계약 후 구매조직과의 원활한 의사소통과 성공적인 사업 이행을 위하여 사업 내용을 충분히 인지하고 있는 마케터가 사업관리도 담당하는 경우도 있습니다. 성공적인 사업 수행은 고객만족도를 높이고 이가 고객 관계를 강화하고 더 나아가서는 후속 사업의 기회까지도 만들 수 있기 때문입니다.

PRACTICAL BUSINESS MARKETING LECTURE

CHAPTER

3

마케팅의 출발점 – 시장 분석

마켓 센싱이란 무엇인가?

01

'손자병법'하면 가장 먼저 떠오르는 구절이 아마도 '지피지기면 백 전불태(知彼知己 百戰不殆)'라고 생각합니다. 손자는 그의 병법서 제3편 〈모공〉 편에서 '싸워야 할 때를 아는 것과 싸워서는 안 될 때를 아는 사람(知可以戰 與不可以戰者)'이 승리한다고 하였습니다. 그리고 이처럼 '적을 알고 나를 알면 백 번 싸워도 위태롭지 않다'라고 하였습니다. 모공이란 공격을 위한 방안을 만드는 것으로, 가장 경제적으로 목표 를 달성하는 것에 대한 손자의 철학이 제시되어 있습니다.

마케팅 활동에서도 한정된 자원으로 최대의 성과를 얻기 위해서는 고객과 경쟁사가 있는 시장을 정확히 인식하고 분석하여 성과는 최대 화하고 위험은 최소화하는 올바른 판단을 내려야 합니다. 경쟁사가 오래전부터 활동하여 잠재 고객의 요구도가 이미 경쟁사 제품에 맞추 어졌는데도 불구하고, 이를 모르고 뒤늦게 경쟁에 참여하는 것은 성과를 기대하기 어렵고 자원을 낭비할 가능성이 큽니다. 적을 알고 나를 안다는 것은 결국 고객과 경쟁사를 파악하고 해당 사업에서 승리하기 위한 나의 역량을 비교하는 것인데, 이는 여러분이 너무도 잘 알고 있는 SWOT Strength-Weakness-Opportunity- Threat 분석과도 일맥상통합니다.

시장 분석을 통해 위기를 기회로 만든 사례가 있습니다. 일본군 장교로 제2차 세계 대전에 참전했다가 잡혀서 포로 생활을 한 뒤 풀려난 세지마 류조는 전쟁이 끝난 후 1958년 당시 조그만 섬유업체인 이토추 상사에 입사하였습니다. 기획 부서에서 임원으로 근무하던 중 1973년 초 신문을 통해 이스라엘과 아랍국 간의 긴장이 고조되고 있다는 뉴스를 접하고 이후 관련 정보를 지속적으로 수집하고 분석하였습니다. 이러한 분석에 따라 1973년 6월 세지마 류조는 중동전쟁 발발과 이에 따른 석유 가격 폭등을 예측하는 보고서를 작성했고, 이토추 상사는 이 보고서를 수용하여 미리 막대한 양의 석유를 비축하였습니다. 그 결과 1973년 10월 제4차 중동전쟁 발발에 따라 석유 가격이 4배 이상으로 폭등하여 이토추 상사는 큰 이익을 얻게 되었으며, 이를 바탕으로 이토추 상사는 일본 굴지의 종합상사로 도약할 수 있었습니다. 2016년 이토추 상사는 미쓰비시 상사를 물리치고 업계 1위에 오르기도 하였습니다. 이토추 상사를 세계적인 기업으로 키워 나중에 회장이 된 세지마 류조는 정보의 기획, 수집, 분석, 가공, 전파의 과정 모두가 중요하지만, 그중에서도 분석 작업이 가장 중요하다고

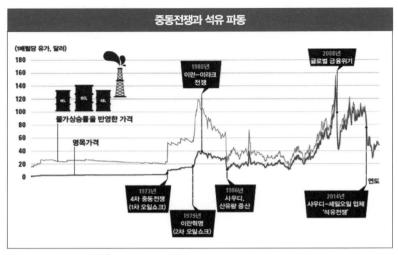

출처: 〈우체국과 사람들〉2017.6

강조하였습니다.[48]

미국의 한 축산업자는 멕시코에서 가축 전염병이 발생했다는 소식을 접하고, 전염병이 캘리포니아와 텍사스로 번질 것을 예상하고, 2개 주에서 소와 돼지 등을 사서 안전한 곳으로 이동시켜 관리했습니다. 예측대로 전염병이 미국으로까지 번지자 당연히 가축 수가 감소하고 이에 따라 가격이 급격히 상승했습니다. 이때 이 축산업자는 보유하고 있던 가축들을 팔아 몇 개월 만에 큰돈을 벌었다고 합니다. 미국의 축산업 협회장의 이야기입니다. 이 역시 정보를 흘려보낸 것이 아니라 자신의 사업과 연계하여 분석하고 행동하여 성과를 얻은 것이

---

48   박상하, 신문 읽는 기술, 스마트비즈니스, 2008년

라고 할 수 있습니다.

2020년, 전 세계에서는 신종 코로나 19 확산으로 인하여 사람들의 생활 방식도 변화되고 있습니다. 사람들이 모이는 밀폐된 장소를 피하자, 음식점을 운영하는 소상공인들부터 직접적인 타격을 받고 있고, 전반적인 경기 침체로 이어지고 있습니다. 일부 전문가들은 2021년까지 침체가 계속되고 2022년부터 점차 회복하여 2025년이나 되어야 경기가 예전 수준으로 회복할 것이라는 암울한 전망을 하고는 합니다. 그러나 이러한 전반적인 경기 침체 상황에서도 일부 주식투자자들은 코로나바이러스 진단 장비를 생산하거나 백신을 개발하고 있는 기업체에 대한 정보를 남들보다 빨리 확인하고 이 기업체들의 주식을 사서 단기간에 큰돈을 벌었습니다. 이처럼 환경 변화에 대해 남다른 감각을 지닌 사람들은 위기를 오히려 기회로 만들어 경제적 성과를 얻고 있습니다.

위와 같이 시장의 동향에 깨어있는 감각을 유지하는 것을 '마켓 센싱Market Sensing'이라고 합니다. 이는 표현 그대로 시장에 대한 감각을 잃지 않고 시장의 변화를 따라가며 향후 방향을 예측해 시장을 이끌어 가는 것으로 이를 위해 체계적으로 분석하고 학습하며 끊임없이 감각을 유지해 나가는 것이라고 할 수 있습니다.[49]

변화하는 시장 환경에서 고객의 니즈를 정확히 파악하고 시장을

---

49 한상린, B2B 마케팅, 21세기북스, 2011년

선도해 나가기 위해서는 시장에 대한 정확한 이해와 예측이 꼭 필요합니다. 아니 선도라기보다는 생존하기 위해 반드시 마켓 센싱이 필요합니다. 죽은 생명체는 감각을 느낄 수 없습니다. 살기 위해서는 외부 환경에 대한 감각을 지니고 있어야 합니다.

마켓 센싱 능력은 기업의 마케팅 역량과 직접 연관됩니다.[50] 마켓 센싱 능력을 지니기 위해서는 제품에 관한 다양한 지식과 관련 자료를 보유하고 고객사의 동향, 경쟁사 현황, 미래의 기술 추세 등에 대한 상당한 지식과 분석 능력이 필요합니다. 그리고 마켓 센싱 능력을 강화하기 위해서는 첫째, 평상시 고객 기업들과 끊임없이 접촉하고, 둘째, 기술과 마케팅의 유기적 공조 체제를 구축하며, 셋째, 기술 변화에 대한 이해와 효과적이고 체계적인 시장정보 분석 능력을 갖추고, 넷째, 이러한 마켓 센싱 활동을 통해 나오는 다양한 정보와 지식을 사내에서 통합적으로 공유하고 관리할 지식경영 시스템을 마련해야 합니다.[51]

50   이한근과 지성구, 중소 공급업체의 동적 역량이 기업성과에 미치는 영향, 유통연구, 제23권 제2호, 2018년
51   B2B 관계 관리가 성공 열쇠, 동아비즈니스리뷰, 제30호, 2009년

시장분석이 왜 중요한가

02

　현대의 기업 경영은 급변하는 환경 속에서 경쟁사보다 빠르게 의사결정을 내리고 집행해야 하는 압력을 받습니다. 신속하게 최적의 의사결정을 하기 위해서는 평상시에 시장정보를 객관적, 체계적으로 수집하고 이를 구조화하여 저장하고 분석하고 있어야 합니다. 이때 수집되는 정보의 정확성, 적시성, 적합성 및 신뢰성과 같은 정보의 품질도 중요합니다. 시장정보 수집 및 분석 활동을 통해서는 시장세분화, 시장 규모 및 동향 파악, 시장 기회 및 위협 식별, 차별적 요소 파악, 경쟁사 파악, 구매조직에 대한 이해 등을 얻을 수 있습니다.[52] 과거와 현재의 시장정보가 축적되면 미래를 볼 수 있는 통찰력으로 연결되어 경쟁력을 발휘할 수 있습니다.

52　www.dnb.com/resources/how-to-perform-b2b-market-analysis.html

국내 연구에서도 시장정보를 획득하고 획득한 정보를 조직 내부에 전파하는 정보 역량이 마케팅에 긍정적인 영향을 미쳐 경영성과를 향상시킨다는 연구결과가 있습니다.[53·54] 그러므로 정보를 적극적으로 입수하고 이용할 수 있도록 하기 위해서는 시장 지향적인 기업문화를 장려하고 구성원의 의식을 고취시키는 것이 필요합니다.[55] 글로벌 B2B 시장에 참여하는 중소기업을 대상으로 한 연구에서도 시장 환경, 무역 정책 등에 대한 해외시장정보가 국제경쟁력 확보에 긍정적인 영향을 미치는 것으로 나타납니다.[56] 글로벌 시장을 대상으로 기업 활동을 펼치는 국내 제조업 벤처기업을 대상으로 한 연구에서도 글로벌 시장 지향적인 기업은 해외시장 지식역량의 창출에 우수합니다. 그리고 수출시장정보 역량과 제품 개발역량 및 고객 관계 구축역량을 포함하는 수출 마케팅 역량이 수출성과에 긍정적인 영향을 미치는 것으로 나타납니다.[57]

시장정보는 기업에게 경쟁사와의 차별성 및 시장에서의 탁월한 역량을 발휘할 수 있는 귀중한 정보를 제공해 줍니다. 시장정보가 제공하는 이점으로는 첫째, 시장에 대한 총체적인 이해입니다. 시장에 대

53 임진혁과 이호택, B2B거래에서 시장지향성이 중소기업 성과에 미치는 영향: 기업역량과 전환비용을 중심으로, 유통연구, 제25권 제4호, 2020년
54 홍성욱 외, 글로벌 e-비즈니스 환경 하에서 마케팅역량강화에 의한 경영성과 제고방안에 관한 실증연구: 중소제조기업의 합성피혁을 중심으로, e-비즈니스연구, 제17권 제3호, 2016년
55 정대용과 유봉호, 시장정보와 경영성과간에 기업가정신의 매개역할에 관한 연구, 대한경영학회지, 제22권 제4호, 2009년
56 김명호, 중소기업 전자무역 정보화 관계결속이 국제경쟁력에 미치는 연구, e-비즈니스 연구, 제9권 제5호, 2008년
57 박근호, 벤처기업의 시장지향성, 수출마케팅역량과 수출성과 간 관계에 관한 연구, 국제경영리뷰, 제13권 제1호, 2009년

한 정보를 실시간으로 수집하고, 더 나아가서는 고객 추세, 고객 행동 등을 이해함으로써 기업이 경쟁력을 유지하고 시장 요구를 충족할 수 있도록 해줍니다. 둘째는 고객 유지입니다. 기존 고객이라고 하더라도 경쟁사는 끊임없이 고객과의 접촉을 시도합니다. 고객이 불만족한 때와 그 원인을 이해하면 고객 이탈을 방지할 수 있습니다. 시장정보는 고객이 필요로 하는 개선 영역을 분석하고 통찰력을 제공하여, 고객을 유지하고 고객의 가치를 이해하는 데 도움이 됩니다. 셋째는 판매 절차 개선입니다. 다양한 제품과 많은 고객을 지닌 기업은 종종 어떤 제품을 어떤 고객에게 팔 것인가에 대한 문제에 직면할 수 있습니다. 시장정보는 시장을 세분화하는 데 도움이 되므로 어떤 제품이 어떤 고객에게 잘 팔릴 수 있을지를 안내할 수 있습니다. 넷째는 절차 효율성 제고입니다. 시장정보는 기업에게 경쟁사와의 차이를 식별하고 중요한 전략 수립을 위한 통찰력을 제공함으로써 전반적인 효율성과 생산성을 증진하도록 도우며, 조직에도 실시간 자료와 분석 결과를 제공합니다. 다섯째는 경쟁우위 제공입니다. 시장정보는 경쟁 상황, 향후 추세를 이해하게 하고 시장에 대한 전체적인 그림을 보여주어, 기업이 신제품을 적기에 출시하거나 시장에 침투하거나 시장점유율을 확대하도록 하여 경쟁우위를 창출하도록 지원합니다.[58]

비즈니스 시장 조사 전문업체인 글로벌 인텔리전스 얼라이언스사

---

58 www.questionpro.com/blog/market-intelligence

가 2013년 21개 산업 분야, 880개 기업으로부터 회신을 받은 1,207개 회신 결과에 따르면, 응답 기업의 68%가 시장조사 기능을 보유하고 있으며, 92%의 응답자가 시장조사 조직이 의사결정 및 의사결정의 효율성을 지원한다고 회신하였습니다. 77%의 응답자는 시장조사 조직이 경영기획이나 마케팅 조직에 속해있으며, 평균 12명의 인원으로 구성되었다고 응답하였습니다.[59]

첨단기술로 무장한 제작업체들은 시장조사 조직을 어떻게 구성할까요? 세계 군수산업을 선도하는 미국의 록히드 마틴Lockheed Martin Corporation사는 사장 아래 마케팅, 개발, 생산의 3개 사업부로 구성되어 있으며, 마케팅 부사장 조직하에 제품별 마케팅실, 전략기획실, 지원실로 구성되어 있습니다. 시장 분석은 전략기획실의 하위 단위인 전략 개발팀에서 수행하고 있습니다. 인력은 약 20명으로 구성되어 있으며, 경영진에게 사업기회 발굴 및 추진 전략을 제시합니다. 제품별 마케팅 부서에 신시장 및 접근 전략을 제공하며, 조사 및 분석 업무 진행 시 다양한 시각을 위해 외부 전문인력(컨설턴트 등)과 협업합니다. 주요 업무로는 기술 추세, 유가 분석 등의 시장조사, 경쟁사 분석, 잠재 고객의 공군 보유 항공기 조사, 운용 분석, 예산 및 법규 분석, 승리 가격 및 전략 분석, 평가 기준 분석 등을 수행합니다. 수주 실패 시에는 별도의 독립 조직이 사업 진행에 대한 감사를 통해 실패를 통해 얻은 교훈을 정리합니다.

---

[59]   Hans Hedin 외, The Handbook of Market Intelligence 2nd edition, Wiley, 2014년

보잉 민수 항공기Boeing Commercial Airplanes; BCA사의 시장 분석 활동은 영업 및 마케팅 조직 하부에 있는 마케팅 및 가치분석 부서에서 관련 업무를 수행합니다. 참고로, 마케팅 및 가치분석 조직은 영업 전략, 제품 마케팅, 지역별 마케팅 및 마케팅 조직으로 구성되어 있으며, 마케팅 조직에는 경쟁사 분석, 항공사 경영분석, 정비 경제, 네트워킹 및 항공기 기획, 시장분석팀이 구성되어 있습니다. 시장 분석은 경제학자를 포함한 27명으로 구성되어 지역별 제품 전망, 기종 분석 및 항공 보안, 수송기 시장 분석, 잠재 고객, 시장구조 분석, 서비스 시장 분석 등의 업무를 수행합니다.

국내 연구에서는 환경의 불확실성이 높다고 인식하는 기업이 각종 매체를 통한 시장정보 수집 빛 분석 활동에 더 적극적이며, 조사대상 128개 기업 중 11%만이 이러한 활동을 하는 독립된 조직이 있으며, 평균 2.28명이 전담한다고 응답하였습니다. 시장정보 수집 및 분석 활동을 통해서는 새로운 기회나 위험 파악, 고객 욕구 파악, 경쟁사 동향 파악, 산업 동향 파악에 도움을 받는 것으로 나타났습니다.[60] 그러나, 위에서 이야기한 해외 기업의 시장조사 기능 관련 조사 결과와 비교하면, 우리나라 기업은 아직 시장조사의 중요성에 대한 인식이 부족하여 시장조사를 위한 전문인력 양성이 시급한 것으로 나타났습니다.[61]

---

60 김광수와 김승진, 국내기업의 경쟁정보활동에 관한 현황조사, 대한경영학회지, 제21권 제2호 2008년
61 유봉노, 기업번영의 경쟁력은 마케팅 중심의 경영조직과 운영에서 나온다, 마케팅, 제35권 제5호, 2001년

시장정보의 대상은 마케팅 과정에서 모든 단계의 의사결정에 필요한 정보로, 산업 관련, 자사 관련, 경쟁사 관련, 고객 관련, 추세 관련 및 경제 지표와 무역과 같은 거시적 변수를 대상으로 합니다. 시장정보 분석은 시장에 대한 정보를 조사하고 수집하여 이를 마케팅 목적으로 활용하는 절차입니다. 시장정보 분석 절차는 분석을 통해 달성하고자 하는 목표를 설정하는 것으로부터 시작합니다. 예를 들어, 시장 진입 및 확대 여부 등에 대한 의사결정을 위해서는 시장 규모 및 전망, 재무, 운영, 기술, 경쟁 및 법규 등에서의 위험도 파악을 위한 자료를 수집한 후 분석하여 종합적인 의사결정을 하여야 합니다. 또한, 현재 참여하고 있는 시장에서 점유율을 확대하기 위해서는 고객의 니즈 대비 자신과 경쟁사의 마케팅 전략, 제품, 가격, 유통, 판촉, 브랜드 등의 마케팅 자산 등에 대한 정보를 수집하여 객관적으로 비교 검토합니다. 경쟁사 대비 부족한 부분을 파악하여 시사점을 도출하면 개별 전략에 맞추어 마케팅 자원을 어디에 어떻게 투자할 것인지 우선순위를 결정하여 이를 시행하는 절차를 따릅니다. 영향력이 있는 자신만의 마케팅 자산을 구축하려면 전사적으로 꾸준히 투자하고, 지속적인 노력이 필요합니다.[62] 통합적인 시장정보의 이상적인 시스템을 그림으로 표현하면 다음과 같습니다.[63]

62　www.riverbedmarketing.com/b2b-competitive-intelligence/

63　www.vedangvats.com/fuel-the-growth-with-market-intelligence-2/

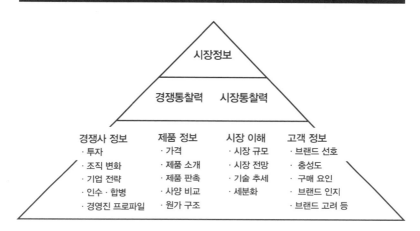

시장정보 삼각형

시장정보

경쟁통찰력   시장통찰력

경쟁사 정보	제품 정보	시장 이해	고객 정보
· 투자	· 가격	· 시장 규모	· 브랜드 선호
· 조직 변화	· 제품 소개	· 시장 전망	· 충성도
· 기업 전략	· 제품 판촉	· 기술 추세	· 구매 요인
· 인수 · 합병	· 사양 비교	· 세분화	· 브랜드 인지
· 경영진 프로파일	· 원가 구조		· 브랜드 고려 등

LG 비즈니스 인사이트에서는 종합적으로 하기의 그림을 통하여 시장정보 개념과 절차를 보여줍니다.[64]

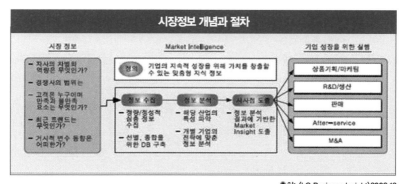

출처: 〈LG Business Insight〉2008.12

---

64 왜 Market Intelligence가 필요한가, LG Business Insight, 2008년 12월호

시장정보를 확보하는 다양한 경로

03

 IT 기술의 발달로 인하여 많은 사람이 사무실 책상에 앉아서 인터넷으로 원하는 정보의 상당 부분을 확보할 수 있습니다. 물론 공개된 자료는 많지만, 일부 자료는 심도 있는 내용을 보려면 추가적인 비용을 지급하도록 하기도 합니다. 또한, 자료의 신뢰성이 불확실하여 가능하면 교차점검을 하는 것도 필요합니다.

 시장정보의 원천 중 고객과의 인터뷰는 가장 중요한 정보 원천입니다. 기업이 고객의 가치 제고 방안을 개선하고자 한다면, 고객 대부분은 기꺼이 자신의 요구사항이나, 불만 사항, 경쟁 현황 등에 대해 많은 이야기를 들려줄 것입니다. 아울러 경쟁사 고객과의 인터뷰도 자사에 대한 인식, 경쟁사를 선택한 이유, 공급선을 변경하는 이유 등에 대해서도 들을 수가 있습니다. 또한, 경쟁사와의 인터뷰는 매우 어럽지만, 공유할 수 있는 정보를 바탕으로 경쟁사의 제품, 전략 및 기타 주제에 대한 매우 유용한 정보를 얻을 수 있습니다. 이러한 인터뷰는 전문성이 요구되기 때문에 가능하면 컨설턴트와 같은 독립적인 전문가를 활용하여 자사와 경쟁사의 고객 및 잠재 고객에게 접근하는 것을 추천합니다. [65]

또한, 시장에서 잠재 고객 및 경쟁사의 활동, 신기술 추세, 시장 규모나 전망 등에 대한 신뢰성 높은 자료를 입수하고 활용하기 위해서는 해당 산업계의 전문 연구조사 및 컨설팅 기관에서 해당 자료를 구매할 수도 있습니다. 해당 산업계의 전문가와의 교류를 통해 관련 정보를 입수할 수도 있으며, 정부 기관 연구소 등에서 제공하는 정보 등도 자료 확보의 훌륭한 원천이 될 수 있습니다. 업계의 상시적인 정보를 수집하려면 업계 전문잡지를 구독하는 것도 도움이 됩니다.

마케터가 참여하는 산업계의 관련 전시회도 훌륭한 교류의 장이며 정보 수집의 원천이 됩니다. 전시회를 최대한 활용하기 위해서는 전시회 참가뿐만 아니라, 전시회에서의 세미나나 회의의 후원자가 되어 인지도를 높이고, 대형 고객과의 서명식을 체결하고, 자사 주최 만찬에서 자사에 우호적인 저명인사가 연설하도록 하고, 잠재 고객 및 현 고객과 네트워킹을 하는 종합적인 활동이 필요합니다.

기타 공급선이나 운송업체, 대리인 등 공급망 상의 구성원을 통해

---

65   www.intotheminds.com/blog/en/how-to-market-research-b2b/

정보를 수집할 수도 있습니다. 대부분의 공급선은 한 고객에게만 공급하는 것이 아니라 경쟁사에게도 공급하기 때문에 시장 전반에 대해 잘 알고 있을 수 있습니다.

비용을 수반하는 시장정보 외에도, 인터넷에서는 무료로 유용한 자료도 찾을 수 있습니다. 이 유용한 자료는 정부 기관이나 상공회의소 등이 통계적인 목적 등을 위해 조사한 자료로, 흔히 2차 자료라고 합니다. 예를 들어 통계청의 국가통계 포털에 들어가면 다양한 통계 자료를 살펴볼 수 있습니다. 여기에는 주제별, 기관별 통계뿐만 아니라, 주제별, 국제기구별 국제통계 등도 확인할 수 있어 시장정보에 대한 가장 기초적인 자료로 활용할 수 있습니다.[66]

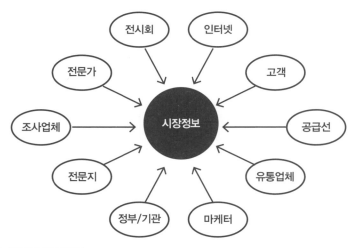

시장정보의 원천

---

66   www.kosis.kr/index/index.do

시장정보 분석과 관련되는 용어 중의 하나가 바로 마케팅 정보시스템Marketing Information System: MIS 입니다. 기업 활동의 중요한 마케팅 의사결정에 참여하는 경영진들은 필요한 시점에 정확한 시장정보를 받아 가장 효율적인 의사결정을 내리고자 합니다. 그러나, 많은 시장정보는 부서마다 분산되어 있고, 이마저 단편적으로 분리되어 있으며, 정보의 정확성을 충분히 신뢰하기가 어렵습니다.[67] 따라서 마케팅 활동을 효율적으로 관리하는 데 필요한 정보를 체계적으로 수집, 분석, 처리, 보관하여 단순한 자료를 정보로 바꾸어 적기에 정확하게 필요한 정보를 통합적으로 제공하기 위한 총괄적 시스템이 필요한데, 이를 MIS라고 합니다. 코틀러도 MIS를 마케팅 결정을 내리는데 사용할 정보를 정기적이고 계획적으로 수집하고, 분석하고 배포하기 위한 일련의 절차와 방법의 구조로 정의합니다. 필립 코틀러Philip Kotler는 MIS를 4가지 하위 요소, 즉, 내부 기록, 마케팅 첩보시스템, 마케팅 조사 및 마케팅 의사결정 지원시스템으로 구분합니다.

내부 기록은 회사가 고객 및 잠재 고객으로부터 수집한 판매 실적 및 재고 자료, 고객 인적 사항, 구매빈도, 재무상태 등 고객정보 자료, 제품 가격, 성능 및 개선에 대한 제품 자료, 기타 재무 자료, 생산 자료 등으로 구성됩니다. 경영진은 이러한 정보를 분석함으로써 중요한 문제와 기회를 찾아낼 수 있습니다.

마케팅 첩보시스템은 조직 외부의 마케팅 환경과 관련된 정보를

---

67 이지원, 마케팅정보시스템의 효과적 활용전략, 인터넷비즈니스 연구, 제6권 제2호, 2005년

제공합니다. 여기에는 변화하는 시장 동향, 경쟁사 가격 전략, 고객의 선호도 변화, 시장에 출시된 신제품, 경쟁사의 홍보 전략 등에 대한 정보가 포함됩니다. 고객과 경쟁사에 대한 정보를 얻기 위해 자사의 마케터뿐만 아니라 공급망 상의 구성원을 활용합니다.

마케팅 조사는 기업이 직면한 특정 마케팅 문제에 대한 솔루션을 찾기 위해 1차 또는 2차 자료를 체계적으로 수집, 구성, 분석 및 해석하는 것입니다. 여러 통계 도구를 활용하여 선호도, 경쟁사 전략, 신제품 출시 범위 등에 대한 시장조사를 수행하는 것입니다. 공개된 자료인 2차 자료를 이용할 수 있지만, 설문 조사, 인터뷰, 세미나 등과 같은 방법을 통해 1차 자료를 직접 수집하여야 합니다. 2차 자료는 신속하게 수집하여 사용할 수 있다는 장점이 있지만, 조사 목적에 맞는 자료의 정확성, 적합성 및 시의적절성에 대해서는 1차 자료보다는 부족합니다.

마케팅 의사결정 지원시스템은 지금까지 수집한 자료를 분석하여 더 나은 마케팅 의사결정을 내릴 수 있는 시스템을 말하며, 소프트웨어적으로 처리할 수 있습니다.

거시 환경분석

04

　환경이란 기업의 성과에 영향을 미칠 수 있는 여러 가지 요인을 말합니다. 환경 중 기업 외부의 요인인 외부 환경의 특징은 기업이 통제 불가하며, 동일 산업계에 동일하게 적용된다는 것입니다. 따라서 외부 환경분석을 통한 사업기회 포착은 한계가 있습니다. 그러나 이 외부 환경을 주시하지 못하면 세태의 흐름에 뒤처져 도태될 수 있습니다. 국내 연구에서도 고객의 욕구와 선호도가 변화하는 시장 환경에서 기업이 적절하게 대응하지 못하면 기업의 성과가 감소한다는 결과가 있습니다.[68]

　현재 기업 대부분이 성장을 위해 내수 시장의 한계를 극복하고 시장 확장을 위해 글로벌 시장 진출이 증가하기 때문에, 진출하는 해외

---

68 이성호 외, 시장지향성, 시장환경요인 및 산업특성요인과 마케팅성과측정수준과의 관계, 경영경제, 제44권 제2호, 2011년

119

국가에 대한 제반 환경분석도 당연히 중요합니다. 예를 들어 진출하고자 하는 국가가 외국 기업에게 합작 투자Joint Venture: JV 설립에 대한 제약을 둔다면 이를 모른 채 진출하려는 기업은 없을 것입니다.

외부 환경은 세부적으로 정치적Political, 경제적Economical, 기술적Technical, 사회문화적Social, 산업적Industrial 환경으로 구성되는데, 각 세부 환경의 영문 앞글자를 따서 PETSI라고 합니다. 각 세부 환경에 대한 설명은 다음과 같습니다.

정치적 환경 요인

기업과 정부의 관계가 정부 중심에서 점차 자유 시장 중심의 민간 주도로 변화하고 있으며, 이에 따라 권력 및 정책 결정의 구조도 변화하고 있습니다. 각국은 자국의 경쟁력 확보를 위한 수입규제, 수출허가 등 제반 법적 규제를 더욱 강화하고 있으며, 부패방지법, 독과점규제법 등 공정 경쟁을 위한 법적 규제도 강화하고 있습니다. 더 나아가 최근에는 기업의 사회적 책임CSR, 환경 책임 등의 요구가 더욱 강조되고 있습니다. 법인세와 관련된 세법 등의 법규 변화도 기업의 성과에 영향을 주는 요인입니다.

특히 방위산업 물자나 이중용도 품목을 생산하는 기업에게는 정부의 수출허가 통제가 직접 영향을 미치기도 합니다. 해외 국가와 대형 프로젝트를 추진하여 실무적으로는 모든 사항이 계약 서명 직전까지 완료되었지만, 이 프로젝트에 사용되는 부품에 대해 정부의 수출허가 승인이 거부되어 계약이 무산될 수도 있습니다. 따라서, 수출입 관련 통제 등의 관련 법규는 미리 확인하는 것이 필요합니다.

경제적 환경 요인

장기 경제 전망과 산업구조의 변화 추세, 수출입 수지, 환율 전망, 외환 보유고, 해외투자, 기술 이전, 면허생산, 합작 투자 등의 국제화 추세, 물가 상승률, 이자율 등의 금융정책, 소득, 가처분소득 변화 및 전망 등이 기업의 성과에 영향을 미칩니다. 특히 매출액에서 수출이 차지하는 비중이 큰 우리나라 기업에게는 환율 변동에 따라 기업의 이익과 손실이 좌우되는 일도 있습니다. 때로는 환차익이 정상적인 영업 활동을 통해 얻은 이익을 초과하는 때도 있고, 그 반대의 경우도 있습니다.

기술적 환경 요인

정보기술의 발전 및 전망, 제품과 서비스 생산을 위한 공정과 새로운 장비, 기존 기술의 수명주기, 신기술 현황 및 전망, 특허, R&D 예산 등이 기술적 환경 요인이며, 특히 최근 인공지능 등 4차 산업의 발전은 향후 기업 생존에 매우 중요한 요소로 여겨지고 있습니다.

사회문화적 환경 요인

기업이 속한 사회의 특성을 나타내는 요소로 이에는 인구통계, 노령화, 인구 감소, 인구 분포 및 이동, 소득계층 구성, 교육 수준, 가치관, 관습, 태도, 욕구 충족, 행동 양식의 변화, 이익집단, 이해관계자 등이 기업 경영에 영향을 주고 있습니다. 또한, 윤리 규범이 강화되고 있으며, 환경 관련 규범은 점차 법제화되고 있습니다. 날로 강화되는 환경 보전 관련, 국내 연구에서는 환경문제에 대한 기업의 이해와 적절한 대응이 기업의 경영성과 향상에도 도움이 된다고 합니다.[69] 또한, 많은 기업에서는 근로자의 연령 증가로 인한 조직 구조의 비대칭, 이에 따른 젊은 근로자들의 동기부여 애로, 숙련자들의 일시적 퇴직 등에 따른 노하우 단절 등이 나타나고 있습니다.

산업적 환경 요인

해당 산업의 규모 및 전망, 진입 장벽, 해당 산업의 원가 구조, 수명 주기 위치, 경쟁업체, 신규 업체 진입 가능성, 대체상품 가능성 등도 기업성과에 영향을 주는 요인입니다.

거시적 환경 시장 요인	
구분	내용
정치적 환경 요인	수입규제, 수출허가, 부패방지법, CSR, 환경 책임 등
경제적 환경 요인	산업구조 변화, 수출입 수지, 환율 전망, 이자율 등
기술적 환경 요인	정보기술의 발전, 기술의 수명주기, 새로운 기술, 특허 등
사회문화적 환경 요인	인구통계, 노령화, 이해관계자, 윤리 규범 등
산업적 환경 요인	산업 규모 및 전망, 진입 장벽, 원가 구조, 경쟁업체 등

---

69 권광현 외, 내·외부환경경영요인, 환경성과 및 경영성과간의 관계, 국제회계연구, 제59집, 2015년

거시 환경분석의 장점은 특정 사업에 대한 기회와 위협 요인들을 비교적 간단하게 평가할 수 있습니다. 단점은 요인별 평가항목이 잘못 선정되는 경우에는 정확한 환경분석이 어려울 수 있습니다. 또한, 각 요인 간의 구체적인 관련성을 파악하기 어려우며, 요인별 평가항목들이 정성적 항목과 정량적 항목을 공통적으로 포함하고 있어서 자료의 수집과 분석에 있어서 일관성이 떨어지고 복잡성이 증대됩니다.[70]

---

[70]   박주홍, 경영컨설팅의 이해, 박영사, 2017년

미시 환경분석

05

미시적 환경분석 방법으로 3C 분석이 있습니다. 여기에서 3C는 Customer(고객), Competitor(경쟁사), Company(자사)의 첫 글자입니다. 거시적 환경 요인은 기업이 통제할 수 없으며, 산업계 전체에 영향을 주기 때문에 이러한 거시적 환경 요인을 통해 자신만의 차별화를 꾀하는 것은 어렵습니다. 자신의 역량을 차별화하여 위치를 매김하는 것은 오히려 3C 분석을 통해서 가능합니다.

시장, 고객, 경쟁사는 항상 변하기 때문에 3C 분석은 지속적으로 실시하는 것이 필요합니다. 마케터에게는 고객의 관점을 이해하는 것이 중요하기 때문에 고객 분석부터 시행하는 것이 좋습니다. 고객 분석에서는 기업이 목표로 하는 고객을 대상으로 고객이 불편해하는 것, 고객이 찾는 솔루션, 고객이 어떤 솔루션에 관심을 두는지, 어떻게 구매 의사결정을 내리는지 등에 대한 통찰력이 필요합니다. 고

객의 특성, 구매 환경 변화, 구매 상황, 구매조직, 구매 절차 및 공급선 평가 등에 대한 조사는 마케팅 전략을 수립하고 마케팅 활동을 펼치는데 가장 기본적인 사항입니다. (이 책에서는 고객과 관련된 부분은 이미 2장에서 다루었습니다.)

경쟁사 분석은 주요 경쟁사를 식별하고 이들의 사업 모델, 가치 제안, 웹 활동, 마케팅 캠페인 주제, 마케팅 전략 등을 조사하는 것입니다. 경쟁사 분석은 외부 환경분석과 함께 전략적 관점에서 기회와 위협을 식별하고자 하기 때문입니다. 마이클 포터는 "전략은 경쟁사에 비교하여 독특하고 차별적인 고객가치를 발견하는 것이기 때문에, 경쟁사 분석은 전략의 중추적 요소이어야 한다."라고 강조하고 있습니다. 경쟁사 분석의 목적을 구체적으로 살펴보면, 경쟁사의 미래 전략과 계획을 파악하고, 경쟁사의 전략과 역량이 얼마나 잘 부합되는지를 판단하고, 경쟁사의 약점을 식별하여, 시장에서의 마케팅 활동에 대한 경쟁사의 반응을 예측하기 위함입니다.

그러나 고객에 대한 연구조사 업체인 컨덕터사의 조사에 따르면, 마케팅 전문가의 74%가 경쟁사 분석이 "중요하거나 매우 중요하다"라고 하지만, 마케터 10명 중 6명(57%)이 경쟁사 분석을 잘하지 못한다고 응답하였습니다. 단지 40%의 마케터만이 경쟁사 분석을 전략에 통합하고 있다고 합니다.[71]

일부 마케터는 제품이 우수하면 고객들이 선택할 것으로 생각합니다. 물론 마케터의 제품이 정말 독특할 수 있지만, 고객이 이 제품을 알 수 있을까요? 고객이 제품을 선택하는 차별적 요소를 알 수 있는 유일한 방법은 경쟁자가 갖고 있지 않은 차별적 요소를 파악하는 것입니다. 그래서 경쟁사 분석은 여러분의 주요 경쟁사가 누구인지를 파악하는 것에서부터 시작합니다. 경쟁사들이 고객에게 제공하는 고유한 가치 제안과 특성을 파악하고, 이들이 전하는 마케팅 메시지를 분석하고, 이들의 기업 문화, 가치, 사명 등을 파악하여 이들이 시장에 자신을 어떻게 드러내는지 파악합니다. 경쟁사는 직접 경쟁사와 간접 경쟁사로 나눌 수 있습니다. 직접 경쟁사는 여러분의 제품에 대한 대체품으로 바로 인식할 수 있는 제품 또는 서비스를 제공하는 경쟁사입니다. 간접 경쟁사는 제품이 아닌 동일한 고객 요구를 충족하거나 동일한 문제를 해결할 수 있는 제품이나 서비스를 제공하는

---

71 blog.goldenspiralmaeketing.com/creat-strategic-b2b-competitive-analysis

경쟁사입니다. 우리는 일반적으로 직접 경쟁사에만 집중하곤 합니다만, 간접 경쟁사도 언제든지 직접 경쟁사의 영역으로 진입할 수 있으므로 계속 관찰하여야 합니다. 바로 이것이 주기적으로 경쟁사 분석을 수행하여야 하는 이유 중의 하나입니다. 시장은 언제든지 바뀔 수 있으며 계속해서 관찰하지 않으면 이러한 변화를 인식하지 못할 수 있습니다.

경쟁사에 대한 많은 정보는 이들의 웹사이트에서 찾을 수 있습니다. 기업의 전략 방향, 사명, 진행 중인 사업, 마케팅 활동 현황, 재무제표 등을 찾을 수 있습니다. 웹사이트와 연계된 블로그, 백서, 전자책, 팟캐스트, 웨비나, 인포그래픽, 기사/보도 자료 등을 통해 이들의 마케팅 콘텐츠도 확인할 수 있습니다. 또한, 제반 산업전시회 자료에서 경쟁사의 참여, 부스 크기, 주요 활동 등을 확인할 수 있으며, 다양한 뉴스 매체를 통해 경쟁사들의 활동을 관찰할 수 있습니다. 경쟁사를 깊이 파악할수록 이들의 차별적 요소를 명확하게 파악할 수 있습니다.

경쟁사 분석의 가장 중요한 부분은 경쟁사가 고객에게 전달하는 가치에 대한 분석입니다. 자신의 제품과 경쟁하는 경쟁사의 제품에 대해 경쟁사들은 고객에게 무엇을 어떻게 전달하고 있으며, 또 고객들은 이를 어떻게 받아들이는지를 파악하여야 합니다. 경쟁사를 분석하고 관찰하면 경쟁사의 활동, 추세, 강점 및 약점을 알 수 있습니다. 경쟁사 분석에 시간과 노력을 투자하면 경쟁사와 비교한 자신의 위치를 확인할 수 있으며, 이에 따라 경쟁사 대비 취약한 부분을 우선적으로 해결하려는 마케팅 전략, 목표 및 핵심성과지표Key Performance Index: KPI를 수립하여 실행할 수 있습니다.

미국의 경쟁 정보 조사 비영리 기관인 SCIP사가 크라온사와 협력하여 2019년 1,000명 이상의 마케터에게 받은 회신을 분석한 결과에 따르면, 응답 기업의 57% 이상이 마케팅 관련 경쟁사 정보를 수집 및 분석하고 있으며, 경쟁사 정보를 얻는 최고의 원천은 경쟁사의 웹사이트라고 응답하였습니다. 그 뒤를 이어 고객, 직원, 뉴스 등에서 정보를 얻는다고 응답하였습니다. 아울러 경쟁사 정보가 사업 성공에 '중요하다'라고 응답한 비율도 89%나 되었습니다.[72] 이처럼 경쟁사 역량 분석 기능을 보유한 기업은 상당한 경쟁우위를 확보한다고 알려져 있습니다. 아울러 경쟁사 정보 확보에 유용한 정보 원천은 산업재의 경우 마케팅 인력(35%), 간행물/데이터베이스(13%), 고객(13%), 재무보고서(7%), 유통업체(4%) 순이라는 조사도 있습니다. 특히 경쟁사의 웹사이트를 통해서는 경쟁사의 마케팅 활동과 재무제표 등과 같이 공개된 부분뿐만 아니라, 웹사이트에 올려진 내용을 통하여 이들이 고객에게 전하는 메시지가 어디에 초점을 두고 차별화를 하고 있는지, 전문적인지, 일관성이 있는지 등을 파악할 수 있습니다.

경쟁사 분석 절차는 다음과 같습니다.

---

72   www.crayon.co/hubfs/Ebooks/2020-State-of-CI--Report-Crayon.pdf

1. 경쟁사 선정 기준을 정하는 것입니다. 전형적인 기준은 공급 측면의 관점에서 동일 고객기반을 갖는 업체들입니다.

2. 잠재적 경쟁사를 선정합니다. 완전히 새로운 플랫폼을 토대로 새로운 고객가치를 전달할 기업도 염두에 두어야 합니다.

3. 경쟁사 파악에 필요한 정보를 구체화합니다. 유용하다고 알려진 경쟁사에 대한 정보는 다음 장의 〈수집할 경쟁사 정보〉에 나타나 있습니다. 다만, 경쟁사 정보를 수집, 처리, 분석, 전파 및 공유하는 자사의 인프라 역량은 미리 갖추어야 합니다.

4. 수집된 경쟁사 정보에 대한 전략적 분석을 합니다. 특히 시장점유율, 수익성, 조직 성과와 관련된 경쟁사의 미래 목표, 저비용, 차별화, 집중의 3가지 본원적 전략 중 어느 것을 추구하는지에 대한 핵심 전략을 파악하고, 경쟁사에 대한 SWOT 분석을 통해 역량을 확인하는 것이 필요합니다.

5. 정보를 비교하기 쉬운 형태로 변경합니다. 두 개의 경쟁 요인(예: 시장점유율 대 연구개발 능력)에 대한 상대적 성과를 간단명료하게 표현하는 눈금 비교표, 원으로 구성되며, 상대적 경쟁 요인(예: 자산수익률, 시장점유율, 신제품, 매출, 광고, 연구개발 등)에 대한 산업 평균을 나타내는 몇 개의 점을 표시하고 이 점들에 비해 경쟁사와 자사의 성과를 비교하여 표시하는 레이더 도표, 비교 요인(예: 지명도, 제품라인 넓이, 경로 담당 넓이, 재무 자원, 비용 구조, 지리적 담당 등)에 대해 경쟁의 열등 · 동등 · 우월함을 나타내는 색채를 부여하여 경쟁사와의 상대적 경쟁우위를 효과 · 효율적으로 표시하는 채색된 강점표 등을 사용합니다.

6. 의사결정권자에게 시의적절하게 적절한 정보를 제공합니다.

7. 분석을 토대로 전략을 개발합니다.

8. 경쟁사와 잠재적 경쟁사에 대한 지속적인 관찰을 합니다.

수집할 경쟁사 정보			
현재 상태	예측 전망	비용	조직 및 운영
가격 및 결정 방법	전략 계획	제조비	기업운영 스타일
매출 구성/추세	신제품 계획	마케팅비	서비스 역량
시장점유율 변화	확장 계획	광고비	제조 공정
주요 고객	인수/합병 가능성		기업조직 구조
광고/마케팅 활동	R&D 활동		임직원 교체
기업 평판	제품 디자인		자금조달 관행
공급망구성	특허		법적 문제
			임직원 보상체계

　　MIS에서 경쟁사 정보를 데이터베이스로 구성한다면 하기와 같은 구체적인 정보들이 수집, 정리 및 축적되어야 합니다.[73] 마찬가지로 고객에 대한 정보를 구축하는 데이터베이스도 이를 참고하여 구성하고, 고객의 주요 공급선, 고객과의 면담 내용 등이 추가되면 좋습니다.

MIS에 포함될 경쟁사 정보	
구분	내용
개요	회사명, 소재지, 역사, 주요 사건, 주요 거래, 지분 구조
제품/서비스	제품/서비스 숫자, 제품라인 다양성/넓이, 제품과 제품라인의 현재 시장점유율, 추정된 시장점유율
마케팅	세분화 전략, 브랜드와 이미지, 성장 벡터, 광고/홍보, 시장조사 역량, 고객 서비스, 4P, 주요 고객

---

73 Craig S. Fleisher 및 Babette E. Bensoussan 공저, 강영철·김은경·소자영 외 역, 전략·경쟁분석, 3mecca, 2008년

인적 자원	직원들의 자질 및 스킬, 이직률, 노동비용, 훈련 수준, 유연성, 노동조합 가입 여부
운영	생산시설, 대량 생산 능력, 사이클 타임, 제조부문의 기민성 및 유연성, TQM 도입, 간접비, Lean 생산 방식
경영진 프로파일	성격, 배경, 동기, 열망, 스타일, 과거 성공 및 실패, 경영적 재능
사회 · 정치적	정부 관계, 이해관계자 평판, 이사회 구성원, 위기관리 능력
기술	공정 기술, R&D 능력, 독점 기술 · 특허 · 저작권, 정보 · 커뮤니케이션 인프라, 내부 혁신 능력, 라이센싱 · 제휴 · 조인트벤처를 통한 외부 전문지식에 대한 접근
조직 구조	조직 구조, 기능 횡단성, 기업 문화
경쟁정보 역량	공식적 경쟁 정보 역량, 프로파일, 경영진의 지원 수준, 취약성, 통합성, 자료 수집과 분석 능력
전략	사명 및 비전, 기업 포트폴리오, 미래 계획, 포지셔닝, 시너지, 자원/역량, 핵심 역량, 강 · 약점
고객가치 분석	품질 속성, 서비스 속성, 고객 목표 및 동기, 고객 유형 및 숫자, 소유권의 순가치
재무	재무제표, 증권거래소 파일링, 비율 분석, 현금흐름 분석, 지속가능 성장률 분석, 주식 성과, 비용

종합적인 마케팅 전략을 돕는 자사 분석과 SWOT 분석

06

자사 분석은 자사의 경영 자원과 기업 활동을 정성적인 측면과 정량적인 측면에서 객관적으로 파악합니다. 구체적으로는 매출액, 시장점유율, 수익성, 브랜드 이미지, 기술력, 조직력, 인적 자원 등을 분석합니다. 또 부가가치를 창출하는 기능이나 변동시키는 요소도 고려합니다.

자사 분석에서는 자사의 경쟁우위를 제공할 수 있는 자산에 대한 통찰력이 필요합니다. 아울러 사업 성공 요인과 실패 요인에 대한 분석을 통해 최종적으로는 사업 성공으로 이끌 마케팅 전략 개발이 핵심입니다. 기업의 기능 역량 및 자원을 분석하는 목적은 기업의 경쟁우위를 촉진할 수 있는 귀중한 자산인지를 판단하기 위함입니다. 잠재적 경쟁우위의 원천에는 다음이 있습니다.

- 고객가치 제공 과정에서 소모되는 유형적인 생산 요소로 공장, 토지, 재고품, 건물 등과 같은 유형자산
- 소모됨이 없이 고객가치 제공에 기여하는 눈으로 보거나 손으로 만질 수 없는 생산 요소로 브랜드, 신용, 특허, 기업 평판, 저작권 등의 무형자산
- 유형 · 무형 자산을 재화와 서비스로 전환시키는 프로세스 및 조직의 능력
- 기업의 무형 · 유형 자산을 우월한 고객가치로 전환하는 핵심적 프로세스 및 활동을 가능하게 하는 개인의 스킬과 재능, 조직의 능력, 학습 등인 핵심 역량(핵심 역량은 경쟁사가 모방하기 어렵고, 고객가치를 창출할 수 있고, 타 사업으로 전개할 수 있는 힘이 있는 것이라야 합니다.**74**)

자신의 기업이 경쟁사보다 경쟁우위가 있다고 판단하는 기준은 다음과 같습니다.

먼저 경쟁적 우월성입니다. 고객 니즈를 충족시키는 제품이나 서비스 제공에 있어서 자사가 보유한 유·무형의 자원을 조합하여 '우리가 경쟁사보다 더 잘하는 것은 무엇인가?'를 파악하는 것입니다.

다음으로 모방 불가능성입니다. 몇 가지 요소가 경쟁사의 모방을 불가능하게 합니다. ① 저작권, 특허 또는 최고의 입지 등과 같은 물리적 특이성, ② 코카콜라가 미국의 문화적 상징인 것처럼 자원이 보유하고 있는 독특한 역사적 프로세스와 조건, ③ 생산시설 확장이나 신규 시장 진입에 대한 선제공격적인 투자를 통해 진입 장벽을 만드

74 미타니 고지 저/김정환 역, 경영전략 논쟁사, 엔트리, 2013년

는 것입니다.

그다음으로 연속성입니다. 외부의 변화에 변함없는 자원의 능력이 기업의 경쟁우위를 보호하는 중요한 메커니즘입니다. 예를 들어 마이크로소프트사의 윈도우 운영체계 기술은 독보적이고 지속되고 있습니다.

마지막으로 높은 전용성과 낮은 대체성입니다. 예를 들어 포장재로 사용하던 재료가 유리에서 알루미늄으로, 다시 플라스틱으로 대체되었을 때 각각 유리 산업 및 알루미늄 산업에 미친 영향은 지대하였습니다.

자사가 보유하고 있는 자원의 경쟁우위를 분석하는 방법은 다음과 같습니다.

첫째로, 해당 산업의 핵심 성공 요소Key Success Factor; KSF를 선정합니다. 이 핵심 성공요소는 기업의 성과와 직접 연결되어야 하며, 기업의 가장 중요한 비즈니스 영역과 관련되며, 막대한 투자가 수반되거나, 고객에게 직접적인 영향을 주는 것으로 예를 들어 자동차 산업의 경우, 기술, 디자인, 강력한 유통망, 비용 통제, 배기가스 통제라고 합니다.

둘째로, 기업의 보유자원을 파악합니다. 기업이 통제하거나 소유하고 있는 유형자산, 무형자산, 능력, 역량을 파악하는 것입니다.

셋째로, 기업의 자원을 평가합니다. 식별된 자원들이 경쟁력이 있는지를 평가합니다. 기업에게 귀중한 자원 대부분은 무형자산, 능력, 역량의 형태로 존재합니다. 특히 핵심 역량은 생산과 기술의 복합적

조합이기 때문에 쉽게 모방이 곤란합니다.

넷째로, 기업의 보유자원과 1단계에서 파악한 산업의 핵심 성공요소 간의 차이를 파악합니다.

다섯째로, 현재 전략을 진단합니다. 기업의 현재 전략이 지니는 강·약점을 평가하여 현재의 전략적 차이를 진단합니다.

여섯째로, 타당한 미래 전략을 수립합니다. 이에는 경쟁력이 있는 중요한 자원에 투자하거나, 기존의 자원을 강화하거나, 자원을 추가 보완하거나, 새로운 자원을 개발하는 등의 자원을 개선하거나, 기업이 보유하고 있는 경쟁적 자원을 전략적 성공이 유사한 경쟁우위의 원천을 기반으로 하는 시장으로 확장하는 전략을 고려합니다.

스탠퍼드 연구소의 앨버트 험프리가 고안한 SWOT 분석은 기업이 처한 전반적인 상황에 대하여 포괄적인 분석을 제공합니다. SWOT 분석을 통해 기업은 직면하고 있는 주요 전략적 안건을 이해하고 이에 적극적으로 대응하는 것이 가능합니다. SWOT 분석은 전반적인 수요, 정부 정책, 경제 상황, 기술 발전 등이 포함된 거시 환경과 업계·시장 환경을 분석하고, 시장에서의 '기회'와 '위협'을 정리합니다. 이때 무엇이 사업의 핵심 성공요소인지를 파악하여야 합니다. 다음에는 자사의 자원, 문화, 시스템, 인사 관행, 경영자의 개인적 가치 등이 포함된 자사와 경쟁사를 분석하여 자사의 '강점'과 '약점'을 정리하여 핵심 역량을 파악합니다. 그리고 시장에서의 기회와 위협에 대하여 자사의 강점을 살리고 약점을 극복하기 위해 어떻게 하면 좋을지를 강구하여 자사에게 기회가 되는 것을 찾습니다.

- 강점은 기업을 시장에서 타 기업들보다 경쟁력 있게 만드는 요소로, 기업의 성과
  목표 달성을 위해서 효율적으로 이용될 수 있는 자원이나 역량을 의미합니다.
- 약점은 기업의 목표 달성을 저해하는 기업의 한계나 단점, 또는 결함으로, 기업
  이 제대로 수행해내지 못하는 부문, 또는 경쟁사보다 열등한 자원이나 역량을 의
  미합니다.
- 기회에는 제품이나 수요에 대한 수요를 진작시키고, 기업의 경쟁 위치를 제고시
  키는 기업 환경에 대한 우호적인 현재나 미래의 상황으로서, 동향·변화·미처
  포착되지 못한 니즈 등이 포함됩니다.
- 위협에는 현재나 미래의 기업 경쟁력을 침해하거나 위협하는 비우호적 상황이나
  동향, 또는 임박한 변화로, 기업에게 문제·손해·악영향·손실을 유발시킬 수
  있는 모든 것을 말합니다.

SWOT 분석틀과 전략			
		내부환경	
		강점(S)	약점(W)
외부 환경	기회 (O)	외부 기회와 매치된 내부 강점 - 내부 강점 보호 - 자원의 최적 조합 - 자원을 강화	외부 기회와 비교한 내부 약점 - 투자 - 경쟁사와 Trade-off
	위협 (T)	외부 위협에 매치된 내부 강점 - 방어 전략	외부 위협에 비교한 내부 약점 - 철수

SWOT 분석의 장점으로는 기업의 많은 환경 요인들을 4개의 개념으로 단순화할 수 있고, 다양한 부문의 분석에 사용할 수 있으며, 핵심이슈 파악이 용이합니다. SWOT 분석을 사용하여 외부 기회와 내부 강점을 결합한다면 '경쟁우위'를 창출할 수 있는 안목을 제시할 수 있습니다. 그러나 SWOT 분석은 '분석'이 아니라 단순한 정리 도구로서, 너무 일반화된 자명하고 상식화된 지침만을 제공한다는 점 외에도 국내외 경영 전반에 대한 분석가의 지식 또는 실무능력이 부족한 경우 환경 상황을 정확하게 평가하기 어렵다는 것이 단점으로 지적받고 있습니다. 최근에는 전통적인 SWOT 분석이 계획이나 전략의 각 요인의 효율성을 예측하기 위해 제기되었던 요인의 중요도와 우선순위를 정량화하지 못한다는 지적을 극복하기 위해, 계층 분석적 의사결정 방법인 AHP_{Analytical Hierarchy Process} 기법과 결합하여 더욱 정량적인 접근을 가능하게 하는 SWOT-AHP 분석 기법을 사용하고 있습니다.[75]

---

75 장도규와 천동필, 동남권 신발산업의 발전방안에 관한 연구: SWOT-AHP 방법으로, 경영교육연구, 제35원 제4호, 2020년

사업 기회를 발굴하기 위한
시장 전망과 판매 전망

07

마케터는 자사가 참여하는 시장을 정확히 이해하고 사업기회를 발굴하고 경쟁우위를 찾기 위하여 위해 시장정보를 수집하고 분석합니다. 시장정보 수집 및 분석을 위해서는 거시적 측면과 미시적 측면에서 정보 수집과 분석 활동을 하여 새로운 사업기회를 발굴합니다. 이렇게 발굴한 사업기회를 경영성과와 연결하기 위해서는 해당 시장의 규모가 얼마나 되고, 또 자사가 이 중에서 어느 위치를 점할 것인가를 검토하여야 합니다. 전망은 다가올 미래를 미리 내다본다는 뜻입니다. 이러한 용어에서 유사한 개념으로 들리는 시장 전망과 판매 전망은 어떻게 다를까요?

시장 전망은 특정 기간에 정의된 시장에서 해당 제품에 대해 모든 기업이 팔 수 있는 최대치를 말합니다. 시장 전망은 기업이 추구해야 할 사업기회의 방향을 제공하고, 기업이 집중하여야 할 각 사업에 대한 경비 규모, 성과 평가의 기준을 제공합니다. 많은 경우 시장 전망은 이상적이라 총시장수요를 초과하는 경우가 많습니다.

판매 전망은 특정 제품이나 라인에 대해 개별 기업이 판매할 수 있는 시장 전망의 최대 점유율을 말합니다. 판매 전망은 각 사업기회에 배정할 자원의 수준을 결정하고, 단기의 전술적 비용과 장기적 투자 시기를 제시합니다. 내년의 판매 전망은 생산 계획, 재고 수준, 운송 방안, 창고 인력, 촉진과 광고에 대한 단기 경비 지출 등에서, 2~5년의 판매 전망은 공장과 창고 시설, 유통망에 대한 투자 등에 대한 의사결정을 지원합니다. 판매 전망은 전체 공급망의 원활한 운영에도 중요합니다. 이는 판매 전망 자료가 재고 관리, 자재/부품/서비스를 제공하는 공급망 구성원 간 일정 조율 등에 사용되기 때문입니다.

간단히 예를 들면, 올해 항공기 엔진 및 부품에 대한 선적 금액이 90억 달러이며 내년에 민간 항공기 수요가 20% 증가 예상한다면 시장 전망은 90억 달러×1.2배 해서 108억 달러로 예상되며, 이 규모 중 GE사가 현 시장점유율, 마케팅 노력, 생산 능력 및 기타 요소에 근거하여 14%를 점유한다고 예상하면 GE사의 판매 전망은 108억 달러× 14% 해서 15.1억 달러를 차지할 것으로 예상합니다.

그렇다면 특정 시점에 특정한 시장에서 전체 수요치인 시장 전망은 어떻게 예측할까요?

먼저 통계적 방법이 있습니다. 특정 산업에서의 제품 수요와 통계적 변수 간의 밀접한 상관관계를 가정하여 산정합니다. 통계적 변수에는 부가가치, 자본 투자액, 자재 소모량, 총선적량, 총근로자 수 등 다양합니다. 우선 어떤 통계적 변수가 제품 수요와 가장 잘 관계되는지 평가할 필요가 있습니다. 예를 들어 유니폼, 사무용품 등의 수요는 근로자의 수와 밀접한 관련이 있을 것입니다. 많은 통계적 변수 자료는 정부 간행물 자료, 경제연구소 자료 등에서 파악할 수 있으나, 과거 시점의 자료는 기술 변화, 생산시스템의 변화, 최종 사용자의 수요 변화 등으로 변화가 있을 수 있다는 제약도 있습니다.

시장 연구에 의한 방법이 있습니다. 잠재 구매자의 의향에 대한 근본적 정보를 수집하기 위해 시장조사를 합니다. 세부적인 방법으로는 고객 환경과 욕구를 완전히 이해하기 위해 포커스Focus 그룹을 이용하거나 고객을 방문하는 등의 기법을 활용합니다. 시장조사 방법은 신제품에 대한 시장 전망을 예측할 때 특히 유용합니다. 즉, 시장에서 신제품을 구매할 특정 구매자가 있는지, 그 욕구는 어느 정도인지, 구매 가능성은 얼마나 되는지에 대한 정보를 확인할 수 있습니다. 시장조사 방법은 시장이 매우 집중되어 있을 때, 직접 인적 접촉이 중요하고, 주문액이 고가이고, 단위 구매량이 적을 때 적합합니다.

마지막은 고객 방문 방법입니다. 선진 기업들은 시장 전망 조사 시 고객을 방문하는 것을 필수적으로 포함합니다. 예를 들어, 미국의 HP 사는 신제품 개발 초기에 2명으로 구성된 팀이 20~40개 고객사를 방문하여 이들의 이야기를 듣습니다. 고객 방문은 고객의 욕구를 식별하고, 새로운 시장 기회를 식별하고, 고객의 운영과 전략 내에서 자사의 제품이 차지하는 역할을 인지하고, 고객 관계를 구축하는 데 도움이 됩니다.

그러나 미래가 불확실하므로 시장 전망에는 어려움이 있습니다. 고객 수요, 고객 선호도, 경제 변동, 제품의 수명주기, 법규, 심지어 이번 코로나 19 상황과 같은 글로벌 사태를 포함하여 시장 전망에 영향을 주는 여러 변동 요인이 있습니다. 그렇기에 마케터들이 직접 시간을 투자하여 통계적으로, 또 시장조사를 통해, 그리고 고객 방문을 통해 시장 전망을 할 수도 있지만, 저는 우선적으로 해당 산업계의 연구 조사 기관을 통해 자료를 구매하는 것을 추천합니다. 이러한 자료에는 전망치를 포함하여 주요한 사업에 대한 정보 외에도, 시장의 추세도 기술하고 있는 경우가 많습니다.

시장 전망을 통해 시장의 전체 규모가 예상된다면 이 중 자사의 판매 전망을 계량하기 위해 예측하는 기법으로 정성적 기법과 정량적 기법이 있습니다.

정성적 기법으로는 경영진, 마케터 또는 전문가 집단이 전망하는 델파이Delphai 법이 있습니다. 이 기법은 다양한 부서의 경영진과 마케터가 모여 경제, 시장 및 고객에 대한 지식을 활용하여 판매 전망에 집단적 전문성, 경험 및 의견을 모으는 것입니다. 비즈니스 시장에서는 구매조직과 마케터 간의 관계가 밀접하고 장기적이기 때문에 이 방법이 이점을 갖습니다. 이 방법은 시스템적이지 않고 평가하기가 어렵다는 단점이 있으나, 상대적으로 정확한 단기 전망이 가능합니다. 미래 전망에 대해 전문가의 의견을 반영하는 방법은 보통 장기적인 전망에 사용하며, 정량적 기법으로 판매 전망을 가늠하기 어려운 개략적 전망을 할 때 사용합니다.

정량적 기법은 시스템적이고 객관적인 전망으로 시계열분석 및 회귀분석을 사용합니다. 시계열분석은 판매 추세와 성장률을 전망하기 위해 과거의 판매 형태가 미래에도 적용되리라는 것을 전제로 과거 자료를 사용합니다. 판매의 시계열에는 추세, 계절적, 주기적, 불규칙적 형태를 포함할 수도 있으며, 미래가 과거와 같을 것이라는 가정으로 인해 시계열 방법은 단기적 전망에 적합합니다. 회귀분석은 과거 판매에서 영향을 미쳤던 요소를 식별하여 수학적 함수 모델에 반영하여 계산하는 것으로, 회귀분석에 따른 전망은 장기보다는 중기에 더 합리적입니다. 시장이 시장 변수 및 환경 변수의 변화에 민감하지 않을 때는 시계열분석이 유용하고, 시장이 시장 변수 및 환경 변수의 변화에 민감할 때에는 회귀분석이 더 유용합니다. 회귀분석은 유용한 관계를 찾기 위해서는 과거의 많은 자료가 필요하다는 단점이 있습니다. 조사에 따르면 17%의 기업이 정기적으로 회귀분석을 시행합니다. 마케터는 정성적 기법과 정량적 기법을 복합적으로 활용하여 판매 전망을 추정하고 이의 달성을 위해 전략을 수립하는 것이 중요합니다.

PRACTICAL BUSINESS MARKETING LECTURE

CHAPTER

4

목표시장 선정 및 포지셔닝

시장세분화는 왜 필요한가?

01

　각 산업의 선두 기업은 수익성이 있는 잠재 고객 그룹을 잘 정의하고 선정합니다. 그들은 제품 및 서비스의 차별적 가치를 개발하며, 수익성이 있는 고객의 확보, 개발, 유지에 마케팅 자원을 집중할 줄 압니다.

　고객은 모두 다르므로 고객별로 특화된 맞춤 솔루션을 제공하여 모든 고객을 확보하고 유지한다면 가장 이상적입니다. 그러나 기업은 가용자원의 한계로 인해 모든 고객의 요구를 정확히 충족하는 개별적인 제품 및 서비스를 제공하는 것은 불가능합니다. 따라서 비용효과적인 면에서 수익성이 있는 잠재 고객을 포함하는 목표시장을 선정하는 데 필요한 것이 바로 시장세분화입니다. 시장세분화에 대해서는 1956년 미국의 웬델 스미스가 '다양한 선호에 대한 응답으로, 다양한 요구에 대한 더 정확한 만족을 얻고자 하는 고객들의 욕망 때문에, 이질적인 고객의 요구를 혼합한 시장을 더 작은 동질 시장으로 보는 것'이라고 처음으로 기술했습니다. 이후 라이프스타일Life Style 등 세분화 기준에 관한 많은 연구가 이뤄졌습니다.[76] 시장세분화는 '공급선의 마케팅 자극에 대한 고객의 대응을 설명하고 예측할 수 있는 공통점을 지닌 현재 또는 잠재적 고객의 그룹'으로 정의합니다. 시장세분화가 필요한 이유는 제한된 자원을 수익성이 있는 고객에게 집중하여 성과를 얻고자 함입니다.

시장세분화의 이점은 첫째, 세분화된 고객의 독특한 욕구를 더 잘 파악할 수 있습니다. 둘째, 특정 세분 시장의 욕구를 파악하면 그 욕구를 충족할 수 있는 제품 개발을 안내하며, 수익성이 있는 가격 전략을 수립하고, 적절한 유통경로를 선정하고, 홍보 메시지를 개발하고, 마케터를 훈련시키고 배치하는 데 도움을 줍니다. 그래서 시장세분화는 효율적이고 효과적인 마케팅 전략의 기초를 제공합니다. 셋째, 시장세분화는 여러 세분 시장에서 활동하는 기업의 마케팅 자원을 배분하는 지침을 제공합니다.

경영 컨설팅 기업인 메르세르사의 연구에 따르면, 많은 기업에서 세분 시장의 약 1/3에서는 수익이 나지 않지만, 이 세분 시장의 고객을 확보하고 유지하기 위해 마케팅과 고객 서비스 비용의 30~50%를 사용하는 것으로 나타납니다. 따라서, 마케터는 각 세분 시장별 원가,

---

76 에드워드 러셀 월링 저/김영규 역, 경영의 탄생, 더난출판, 2010년

매출, 수익 등을 분석하여야 하며, 이를 통해 세분 시장별 전략을 수정할 수도 있습니다. 이처럼 시장세분화는 마케팅 기획과 통제를 위한 분석의 기초를 제공합니다.

바람직한 시장세분화에 대한 평가는 보통 측정 가능성, 접근 가능성, 지속 가능성, 대응 가능성을 기본으로 하고 일부 연구자들은 경쟁 가능성도 언급합니다. 측정 가능성Measurability은 국가, 지역 등으로 분류되는 세분 시장의 크기와 세분 시장과 관련된 성장률 등의 변수 및 특정 구매자 특성에 대한 정보가 있거나 얻을 수 있는지에 대한 평가입니다. 접근 가능성Accessibility은 선정한 세분 시장에 마케팅 활동을 효과적으로 펼칠 수 있는지에 대한 평가입니다. 진입 장벽이나 무역 제한 등이 있다면 그 시장에 대한 접근 가능성은 떨어집니다. 지속 가능성 Sustainability은 별도의 마케팅 활동을 고려할 정도로 해당 세분 시장의 규모가 크고 수익이 날 수 있는지에 대한 평가입니다. 시장 규모가 너무 작으면 규모와 범위의 경제, 표준화의 이점 및 학습곡선의 효과 등이 제대로 달성되기 어렵습니다. 대응 가능성Responsiveness은 해당 세분 시장에서 가격이나 제품 특성과 같은 마케팅 믹스 요소를 차별적으로 전개할 수 있는지에 대한 평가입니다. 경쟁 가능성Compatibility은 마케팅과 사업의 강점이 해당 시장에서 경쟁력이 있고 기술적인 상태에 견줄 수 있는지에 대한 평가입니다. 시장세분화의 기술은 서로 다른 마케팅 전략을 적용할 수 있도록 고객을 충분히 크게 그리고 충분히 서로 다르게 구분하는 것입니다.

시장세분화를 위해 사용하는 통계 분석 방법에는 군집 분석Cluster Analysis이 있습니다. 군집 분석은 독립적인 각각의 개체에서 출발하여 점차 유사한 성향을 지닌 개체를 모아 군집을 형성하여 군집 간의 특성을 관찰하거나 목표 변수와의 관계를 파악하는 데 사용합니다. 군집 분석의 활용 예를 들면, 국내의 한 연구에서는 국제산업전시회 참관자들을 대상으로 전시회 참관 동기 요인을 조사했습니다. 그리고 신뢰도 및 타당도 분석을 통하여 유의한 요인들로 추출하였습니다. 이렇게 추출한 요인들에 대하여 각 특성에 따라 유사한 집단으로 분류하는 군집 분석을 하여 유효 군집을 확정하고, 군집별로 인구통계학적 기준, 참관 행동별 특성들을 비교 분석하여 군집별로 중요하게 생각하는 속성들의 차이를 비교했습니다.[77] 이러한 군집 분석의 결과는 전시회 마케팅 담당자에게 참관자들의 속성에 따른 효율적인 마케팅 전략 수립의 기회를 줄 것입니다. 최근에는 보다 정확한 세분 시장의 욕구를 파악하기 위해 순차적 시장세분화 또는 2단계 군집 분석이라는 분석 기법도 많이 사용됩니다.

---

77 노정희, 국제산업전시회 참관동기에 따른 시장세분화와 활성화 방안, 대한경영학회지, 제23권 제1호, 2010년

시장을 세분화하는
거시적 · 미시적 기준

02

소비자 시장에서의 시장세분화는 구매자 성별, 나이, 직업, 소득 등
과 같은 개인의 특성, 지리적 특성, 행동, 관심 및 의견 등의 라이프스
타일 등을 기준으로 합니다. 반면 비즈니스 시장에서의 시장세분화
는 기업의 규모, 사용 목적 등과 구매자의 의사결정 스타일, 평가 기
준 등을 기준으로 합니다. 비즈니스 시장세분화에서도 소비자 시장
세분화와 같이 설문 조사를 통하여 구매 특성, 구매 중점 가치 등 답
변이 유사한 응답자들끼리 소수의 그룹으로 나누어 그 특성을 구분하
는 군집분석 방법을 사용할 수도 있습니다.

비즈니스 시장세분화에 효과적인 방법은 거시적 관점에서 시장세
분화를 한 후에 다시 미시적 관점에서 시장세분화를 하는 것입니다.
거시적 관점에 따른 세분화는 '누가 구매했는가'를 기저로 구분하며,

이는 구매조직의 특성, 사용, 구매 상황을 기준으로 구분할 수 있습니다.

보다 자세히 살펴보겠습니다. 구매조직의 특성에 따른 시장세분화는 ① 매출액과 종업원 수에 따라 대기업, 중견기업, 소기업과 같이 구분할 수 있는 기업 규모, ② 지리적 위치, ③ 비사용자부터 다사용자까지의 사용 빈도, ④ 통합구매 또는 분산구매하는 구매조직의 방식 등의 기준에 따라 세분화할 수 있습니다. 다사용자는 저사용자와는 다르게 기술 지원 및 납기에 더 가치를 두며, 통합구매조직은 장기적 공급 관계 구축을 희망하지만, 분산구매조직은 단기적 가격 효율성에 관심을 둡니다.

사용 특성에 따른 시장세분화는 ① 산업 분류, ② 최종 시장, ③ 사용 가치에 따라 세분화할 수 있습니다. 산업 분류는 기업이 수행하는 산업활동을 그 유사성에 따라 체계적으로 분류한 것으로, 국가마다 다른데 우리나라는 통계청의 한국표준산업분류Korean Standard Industrial Classification; KSIC 기준에서 확인할 수 있습니다. 최종 시장에 따른 분류는 각 기업의 사업 분야와 같이 구분하는 것입니다. 참고로 동일 제품이라도 최종 시장이 다를 수 있습니다. 예를 들어 스프링을 만드는 제작업체는 이 스프링을 공작 기계, 자전거, 외과수술 장비, 사무용품, 전화기, 항공기 등을 생산하는 업체에 공급할 수 있습니다. 각 사용 그룹별로 독특한 욕구를 충족시킬 수 있다면 더 많은 기회를 가질 것입니다. 사용 가치에 따른 시장세분화는 프리미엄 고객, 일반 고객, 저가형 고객으로 나누는 것입니다.

고객의 구매 상황도 시장세분화의 기준이 됩니다. 여기에는 구매 상황 형태, 구매 의사결정 단계의 세분화 기준이 있습니다. 신규 고객은 재구매 고객과는 인식이 다르고 요구하는 정보도 다를 수 있습니다. 구매 의사결정 단계도 초기인지 또는 말기 인지에 따라 마케팅 전략이 달라질 수 있습니다.

거시적 시장세분화 기준	
변수	예시
구매조직의 특성 – 기업 규모 – 지리적 위치 – 사용 빈도 – 구매 방식	– 대기업, 중견기업, 소기업 – 동부, 서부, 남부, 북구, 중부 – 다사용자, 중사용자, 비사용자 – 통합구매, 분산구매
제품/서비스 사용 – 산업 분류 – 최종 시장 – 사용 가치	– 제품과 서비스에 따라 상이 – 제품과 서비스에 따라 상이 – 프리미엄, 일반형, 저가형
구매 상황 – 구매 상황 – 의사결정 단계	– 신규 구매, 수정 재구매, 단순 재구매 – 초기, 말기

조사에 의하면, B2B 마케터의 92%가 목표시장 선정을 위해 시장세분화 활동을 하며, 시장세분화를 위해서는 마케터의 81%가 위와 같은 거시적 관점의 시장세분화 기준을 활용합니다.[78]

비즈니스 마케터에게 시장을 구매조직의 특성, 사용 특성, 구매상

---

[78] www.circle.com/blog/how-to-write-a-b2b-marketing-plan

황 등 거시적 관점으로 세분화하는 것은 일차적인 작업일 뿐입니다. 예를 들어, 시장을 대기업, 중견기업, 소기업으로 분류하는 것은 각 시장의 규모와 자신의 자원을 고려하여 집중할 목표시장을 선별하는 것에는 도움이 될 수 있어도, 각 세분 시장별 실질적인 마케팅 전략을 수립하기에는 부족합니다. 이에 따라 '왜 구매를 했는가'에 관한 행동주의적 접근법으로, 평가 기준, 구매 정책, 구매조직 구조 등을 세분화 기준으로 삼는 미시적 관점의 시장세분화가 추가로 필요합니다.

평가 기준에 의한 시장세분화는 기본적으로 QCD를 기준으로 고객을 나눌 수 있습니다. 특히 신속한 고객 대응 능력이 점차 중요하게 인식되면서 공급선 선정 시에도 납기 단축 노력을 중요하게 평가합니다. 이제 고객은 필요하면 기꺼이 추가 비용을 지급하고서라도 시간을 사려고 합니다. 미국에서 산업용 문을 생산하는 아틀라스사는 업계 평균 12~15주의 제작 기간을 4주로 단축하자 고객 주문량이 늘면서 경쟁력을 확보하게 되었습니다. 이처럼 고객을 납기를 중시하는 고객, 품질을 중시하는 고객, 가격을 중시하는 고객 등으로 분류한다면 납기를 중시하는 고객에게는 납기를 단축할 수 있는 솔루션을 제시한다면 경쟁사 대비 우월적 위치를 점할 수 있는 것입니다. 그러나 평가 기준은 경영 상황에 따라 변경될 수 있으므로, 마케터는 이를 주의하여 관찰하여야 합니다. 평소에는 납기가 최우선순위이었어도 경기 침체기에는 가격이 최우선순위로 변경될 수 있습니다.

구매 정책에 의한 시장세분화는 구매조직의 단일 공급선 선호 또는 다수 공급선 선호 정책으로 구분할 수 있습니다. 레이시온사는 항

153

공기에 사용되는 다양한 자재를 캐슬 메탈사를 통해 통합구매하기 때문에 신규 공급선의 진입이 어렵지만, 혼다사는 자사의 사업을 개선할 수 있는 창조적이고 첨단기술을 지닌 공급선을 환영하기에 신규 공급선이 접근하기가 쉽습니다. 따라서 구매조직의 정책에 따른 진입 전략을 수립하는 것이 필요합니다.

구매조직에 의한 시장세분화는 구매 의사결정에 참여하는 구성원의 참여 수준으로 구분할 수 있습니다. 예를 들면, 듀퐁사는 의료기기 시장에 대해 통합구매하는 체인 병원과 개별 구매하는 병원으로 시장을 구분하고, 시장별로 병원 관리자, 방사선과 관리자 및 기술자 등 의사결정 참여자들의 평가 기준을 조사하여, 듀퐁사의 판매원이 각 시장의 의사결정체계에 맞추어 제안하고 광고 메시지도 이에 맞추도록 대응하였습니다.

구매의 중요성에 의한 시장세분화도 있습니다. 예를 들어, 경영 컨설팅이 대형기업에는 일상적일 수도 있으나, 중소기업에는 중요한 연중행사가 될 수도 있습니다.

조직의 혁신성도 시장세분화의 변수가 됩니다. 어떤 기업은 혁신적이라 신제품에 대해 기꺼이 구매하려고 합니다. 산업용 전구를 생산하는 필립스사는 구매자들이 비용과 수명을 중시하지만, 총비용에서는 수명을 다한 전구의 폐기비용이 많이 든다는 것을 파악하고, 친환경적인 전구를 생산하여 총비용을 절감하고 환경친화적이라는 메시지를 기업의 PR 경영진에게 홍보하여 신시장 기회를 창조했습니다. 현재는 전통적 전구의 25%를 대체하고 있습니다.

미시적 시장세분화 기준	
변수	예시
핵심 평가 기준	품질, 납기, 기술 지원, 가격, 공급선 평판 등
구매 전략	다수 공급선에 배분, 단일 공급선에 집중
Buying Center 구조	주요 의사결정권자의 참여
구매의 중요성	매우 중요 ~ 중요하지 않음
공급선에 대한 태도	호의적 ~ 적대적
조직의 혁신성	혁신자 ~ 추종자
개인적 특성 – 동태적 – 의사결정 – 위험 – 자신감	– 연령, 학벌 수준 등 – 중립적, 보수적, 또는 혼합적 – 위험 감수형, 위험 회피형 – 고, 저

　효과적이고 실질적인 목표 세분 시장을 찾아 집중적인 포지셔닝 및 마케팅 전략을 수행하기 위해[79] 거시적 관점을 거쳐 미시적 관점까지 시장세분화를 진행하려면 이를 위한 조사 비용도 증가합니다. 그러나 구매조직의 평가 기준, 구매 정책 등에 대한 특성을 확인하기 위해서는 이러한 마케팅 조사가 종종 필요합니다.

　최근의 디지털 환경에서 기업은 빅데이터를 활용하여 마케팅 전략 수립에 새로운 통찰력을 얻고자 합니다. 예를 들어, 애플과 같은 기업은 시장의 현재 흐름과 요구도에 대한 자료를 추출하여 기회를 발견하고 새로운 비즈니스 및 마케팅 모델을 개발하고 있습니다. 월마트는 빅데이터를 사용하여 공급망 전략 및 가격 모델을 개선하고 있습

[79]　Robert J. Thomas, Multistage market segmentation: an exploration of B2B segment alignment, Journal of Business & Industrial Marketing, 제31권 제7호, 2016년

니다. 이처럼 기업에서 빅데이터의 사용은 자료 중심의 비즈니스 의사결정을 지원하고 있습니다. 마찬가지로, 시장과 고객의 행동에 대한 대규모의 세분화된 빅데이터 분석을 통해 보다 정교한 세분 시장 구분에도 도움을 주고 있습니다. 이를 통해 기업은 제한적이고 전문화된 제품 또는 세분 시장에 집중할 수 있으며, 특정 세분 시장의 요구에 최적화된 제품을 제공하여 효율성을 개선할 수도 있습니다.[80]

---

80 Itzhak Gnizy, Applying big data to firms' future industrial marketing strategies, Journal of Business & Industrial marketing, 제35권 제7호, 2020년

세분시장의 선정과 평가

03

　자사에게 매력적인 세분 시장을 선정하기 위해서는 앞에서도 이야기한 바와 같이 기업의 목적과 자원을 고려하여 수용 가능한 거시적 세분 시장을 선정한 후 구매조직의 특성에 따라 미시적 세분 시장을 선정합니다.

　하기의 표는 이렇게 식별한 세분 시장의 우선순위를 평가할 때 사용하는 기준입니다. 이 표에서는 크게 3가지, 규모 및 성장, 매력도·수익성, 회사 목표 및 자원의 범주로 세분 시장 대상을 계량적으로 평가합니다. 특히 세분 시장에 대한 예상 수익률을 산정할 때에는 시장 접근에 필요한 비용을 잘 살펴야 합니다. 시장 접근 비용으로는 제품 수정 및 개선, 별도 서비스 지원 제공, 홍보 전략 변경, 새로운 유통경로 구성 등이 있을 수 있습니다. 하기의 평가 기준 항목은 조정이 가능하므로 마케터가 자신의 사업에 맞추어 평가 기준을 수정할 수도 있습니다. 예를 들어, 특정 세분 시장에 대해서는 기업 이미지의 적합성도 중요할 수 있습니다.

세분 시장 평가 기준					
평가 기준		가중치	세분시장1	세분시장2	세분시장3
규모 및 성장	현재 및 미래 시장 규모				
	연평균 성장률				
	예상 수익률				
매력도 · 수익성	경쟁사의 수 / 경쟁강도				
	대체품의 존재 여부 및 가능성				
	구매자의 협상력				
	공급자의 협상력				
	시장진입 장벽				
회사 목표 및 자원	회사의 중장기 목표와 일치 정도				
	인적/물적/기술적 자원의 보유 정도				
	기존 사업과의 시너지 창출				
계		100			
우선순위					

이렇게 세분 시장에 대한 평가를 통해 마케터가 자신의 활동을 우선하여 집중할 목표시장에 진입하기 위해서는 다음과 같은 전략을 검토합니다.

첫째, 제품·시장 전문화 전략이 있습니다. 단일 구획 전문화라고도 하며, 그 시장이 다른 구획으로 확장하는 교두보가 될 수 있을 때 이 전략을 채택합니다. 강력한 시장 지위를 유지할 수 있고 생산, 유통, 촉진 비용을 절약할 수 있습니다. 하나의 제품과 기술에 국한된 대부분 중소기업이 이 전략을 사용합니다.

둘째, 제품 전문화 전략이 있습니다. 한 가지 제품으로 다양한 고객층에 판매하는 전략으로, 주어진 제품 분야에서 강력한 명성을 구축할 수 있습니다. 예를 들어 퍼시스는 사무용 가구를 사무실, 건강관리, 병원 등 기업체의 가구를 전문적으로 취급하고 있습니다.

셋째, 시장 전문화 전략이 있습니다. 특정 고객층이 지닌 서로 다른 여러 욕구의 충족에 집중하는 전략으로, 당해 고객으로부터 강력한 명성 확보가 가능합니다. 예를 들어 한 대학교가 필요로 하는 각종 설비와 기자재를 총체적으로 공급하는 것입니다.

넷째, 선택적 전문화 전략이 있습니다. 수익성이 높고 기업의 자원이나 목표와 부합되는 몇 개의 시장만을 선별해서 진출하는 전략으로, 위험을 분산할 수 있습니다. 예를 들어, 만도위니아의 경우 산업용 에어컨 생산에서 일반 소비재인 딤채를 출시하였습니다.

다섯째, 완전 포괄 전략도 있습니다. 이는 모든 제품을 제공하는 경우로, 비즈니스 시장에서는 주로 너트, 볼트 등과 같이 다양한 표준품을 취급하는 공급선이 사용하고 있습니다.

목표시장 진입 전략은 해당 시장에서의 제품 및 서비스 추진 전략도 연관됩니다. 예를 들어, 제품 전문화 전략은 자연스럽게 많은 고객에게 표준화된 제품 및 서비스를 개발하여 대량판매를 통한 수익을 창출하는 표준화 전략으로 이어집니다. 이는 주로 원재료, 기본제품, 문구류 등 주로 일상용품과 관련된 기업에서 사용하는 가격 선도형

목표시장 진입 전략

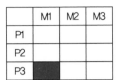

	M1	M2	M3
P1			
P2			
P3	■		

제품·시장 전문화

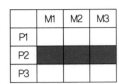

	M1	M2	M3
P1			
P2	■	■	■
P3			

제품 전문화

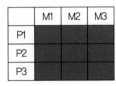

	M1	M2	M3
P1	■		
P2	■		
P3	■		

시장 전문화

	M1	M2	M3
P1			■
P2	■		
P3			

선택적 전문화

	M1	M2	M3
P1	■	■	■
P2	■	■	■
P3	■	■	■

완전 포괄

전략입니다. 반대로, 제품·시장 전문화나 선택적 전문화 전략은 소수 고객의 개별 니즈에 맞춘 주문을 받아 만드는 제품 및 서비스를 제공하여 프리미엄이 높은 가격으로 판매하는 차별화 전략으로 이어집니다. 이는 플랜트, 정보시스템 개발 등의 사업에 적용됩니다.

시장세분화에 따라 대고객 전략도 달라져야 합니다. 소수의 핵심 고객에게는 전담 마케터가 배치되어야 하고, 일반 고객에게는 해당 제품이나 시장세분화 담당 마케터가 배치되어야 합니다. 또한, 누가 어떤 특정한 고객 서비스를 제공할 것인가, 어떤 의사소통 방법으로 목표 고객에게 마케팅 메시지를 전달할 것인가 등을 고려하여야 합니다. 참고로, B2B 인터내셔널사의 조사에 따르면 소비재 기업은 보통 10~12개 정도의 세분 시장을 갖지만, B2B 기업은 보통 3~4개의 세분 시장을 보유합니다.

    BCG 매트릭스로 널리 알려진 보스턴 컨설팅 그룹에서는 B2B 마
케팅 컨설팅 시 마케팅을 위한 제1보는 '시장을 과학화'하는 것이라고
강조를 하고 있으며, '시장의 과학적 조망'의 결과는 과학적으로 조망
한 시장의 모습이 자사의 제품이나 서비스에 어떠한 의미가 있는가를
생각하여야 한다고 언급하고 있습니다. 시장을 과학화하는 방법으로
컨설턴트가 많이 사용하는 방법에는, 어느 시장에 사업기회가 있을지
를 찾으려는 방법으로 찬스 맵Chance Map, 어느 고객이 중요한지를 발견하
려는 방법으로 고객 세분화 Segmentation, 매출을 증가시키기 위한 레버리지
를 발견하는 방법인 매출 방정식, 경쟁사에 대하여 어디에서 경쟁할
지를 검토하는 방법인 경쟁사 벤치마킹 방법이 있습니다.[81]

    이 책에서는 사업기회 발견을 위한 찬스 맵을 간략히 이야기하고
자 합니다. 예를 들어, 산업기계 산업에서 각 제품 분야별로 시장 규
모, 성장률을 파악하고 회사별 점유율로 나누어 박스를 구성합니다.
이의 구성만으로도 가시적으로 어느 시장이 크고 자신의 점유율과 주
요 경쟁사가 누구인지를 바로 알 수 있습니다.

[81] 이마무라 히데야키 저/정진우 옮김, 보스턴컨설팅그룹의 B2B 마케팅, 비즈니스맵, 2007년

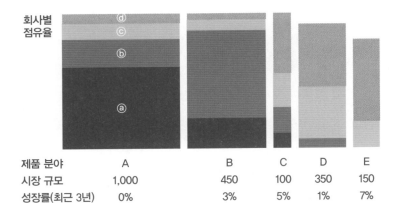

제품 분야	A	B	C	D	E
시장 규모	1,000	450	100	350	150
성장률(최근 3년)	0%	3%	5%	1%	7%

이번에는 C 시장을 고객별로 다시 구분한 후 각 세분 시장별로 해당 산업기계의 도입 시기로 재구성을 한다면 교체 시기가 도래한 '운송' 및 '일반 제조' 고객에게 갱신 필요성이 크다는 것을 파악하게 될 것입니다.

이는 산업기계 산업 중 다른 세분 시장, 예를 들어 A 시장에서 이미 활동을 하는 업체가 C 시장으로 사업을 확대하고자 할 경우, 기존 A 시장에서 관계를 맺고 있는 고객을 활용하여 C 시장에 진출하는 전략, 소위 교차 판매Cross Sales 전략을 활용할 수 있다는 것을 보여주고 있습니다.

포지셔닝이란 무엇인가?

04

마케터가 시장을 세분화하고 경쟁사를 고려하여 세분 시장을 평가하여 목표시장을 선정하였더라도 블루 오션인 시장은 없습니다. 어쩌면 점점 더 많은 경쟁사가 시장에 진입하면서 경쟁사보다 우위를 점하는 것이 점점 더 어려워지고 있는 것이 현실입니다. 따라서, 고객이 경쟁사 제품과 서비스가 아닌 자사의 제품과 서비스를 선택하게 하려면, 목표 고객의 마음속에 자사의 제공물이 경쟁사 제공물보다 더 긍정적이고 우호적으로 각인되고 명확한 특징을 가지도록 차별화시키고, 바람직한 위치에 자리잡게 만드는 것입니다. 우리는 이를 포지셔닝Positioning이라고 합니다.

포지셔닝은 결국 고객에게 특정 기업 및 제공물을 차별화하고 개성(= 이미지)을 부여하는 브랜드로 연결될 수 있습니다. 고객에게 브랜드 이미지를 각인시키고 강화하는 것이 바로 광고의 주된 목적으로,

광고는 소비자 제품의 경우 매우 중요하며, 비즈니스 제품에서도 중요합니다. 예를 들어, '아이폰'하면 여러분은 아마도 사과 모양의 로고와 '혁신'이라는 단어가 떠오를 것입니다.

그렇다고 포지셔닝은 단순한 문구의 나열이 아닙니다. 오히려 포지셔닝은 인식으로, 고객이 여러분의 기업과 브랜드에 대해 자신의 마음속에 정한 위치입니다. 포지셔닝은 마케팅 및 브랜딩에서 서비스 및 사회적 책임에 이르기까지 다양한 요소로 구성되어 있으므로 고객이 매번 자신의 요구를 충족할 수 있는 제품 및 서비스를 선택할 수 있도록 전략을 통해 총체적으로 명확하고 매력적인 인식을 만드는 것이 중요합니다. 마케터가 고객의 인식을 올바르게 파악하기 위해서는 고객들에게 자사의 제공물에 대해 무엇을 좋아하는지, 고객이 얻는 혜택은 무엇인지, 고객이 자사의 제공물을 선택한 이유는 무엇인지, 선택한 기업이 경쟁사 대비 어떤 점이 더 나은지, 경쟁사와 차별되는 요소가 무엇인지 등을 묻고 확인하여야 합니다. 이러한 질문과 확인을 통하여 고객들이 일관되게 언급하는 문구를 확인한다면 마케터는 명확하고 설득력 있는 간결한 포지셔닝 선언문을 작성할 수 있습니다.

포지셔닝 선언문은 마케팅 활동에 도움이 되며 잠재 고객과 고객에게 경쟁사보다 자사를 선택할 설득력 있는 이유를 제공합니다. 포지셔닝 선언문을 작성할 때에는 다음을 고려합니다.

1. 간결하게 작성합니다. 브랜드의 포지셔닝 선언문은 간결하고 명확해야 합니다. 가능하면 3~5개의 문장 이하로 작성합니다.

2. 독특하고 기억에 남아야 합니다. 이 선언문에는 자신의 기업과 해결하려는 문제에 대한 자사만의 독특한 특성이 담겨야 합니다.

3. 비즈니스의 핵심 가치에 충실해야 합니다. 포지셔닝 선언문은 비즈니스의 핵심 가치를 정확하게 반영해야 합니다.

4. 고객에게 제공하는 것에 대한 약속을 포함합니다. 여러분의 기업은 누구에게 제공합니까? 여러분의 기업은 이 고객에게 어떻게 제공합니까? 포지셔닝 선언문에는 고객이 누구이며 어떻게 고객을 지원할지를 명확하게 설명합니다.

5. 여러분의 기업이 경쟁사와 다른 점을 전달합니다. 효과적인 포지셔닝 선언문에는 경쟁사와 무엇이 다른지를 명확히 보여줍니다. 기업의 고유한 특성과 이러한 특성이 고객에게 어떻게 도움이 되는지를 강조합니다.

6. 비즈니스 의사결정이 포지셔닝 선언문에 일치하는지를 평가하기 위한 명확한 지침으로 사용할 수 있도록 유지합니다. 주요 비즈니스 결정은 포지셔닝 선언문과 일치하여야 합니다. 포지셔닝 선언문은 비즈니스가 발전하고 제품이 변경됨에 따라 함께 변화할 수 있어야 합니다.

여러분도 각자 목표시장, 여러분의 기업, 여러분의 제품 및 서비스가 경쟁사와 차별적으로 만드는 요점을 "[특정한 욕구를 지닌 고객이 있는] [목표시장]에 대해, [여러분의 브랜드 이름]은 [목표시장이 여러분의 차별화 선언문을 믿어야 하는 이유] 때문에 [경쟁사와 차별화되는 주요 혜택]을 제공합니다."라는 포지셔닝 선언문 틀에 넣어 작성해

보십시오.

모든 사업이 이러한 선언문의 틀에 반드시 적합하지 않을 수도 있지만, 최소한 ① 목표시장, ② 목표시장 욕구, ③ 욕구 충족 방법, ④ 경쟁사의 제품 및 서비스와 차별적인 요소, ⑤ 목표시장의 고객이 여러분의 브랜드에 관한 주장을 믿어야 하는 이유와 같은 핵심 요점을 포함하여야 합니다.

예를 들어, 아마존의 포지셔닝 선언문은 다음과 같습니다. "For consumers who want to purchase a wide range of products online with quick delivery, Amazon provides a one-stop online shopping site. Amazon sets itself apart from other online retailers with its customer obsession, passion for innovation, and commitment to operational excellence." (빠른 배송으로 온라인에서 다양한 제품을 구매하려는 소비자를 위해 아마존은 원스톱 온라인 쇼핑 사이트를 제공합니다. 아마존은 고객에 대한 집착, 혁신에 대한 열정, 탁월한 운영에 대한 헌신으로 다른 온라인 소매업체와 차별화됩니다.)[82]

포지셔닝 및 브랜드에 대한 의사결정은 경쟁의 특징을 확인 후 유사성Point of Parity: POP과 차별성Point of Difference: POD를 인식하고 '브랜드 만트라Brand Mantras'를 구성하는 절차로 진행됩니다. 브랜드 만트라란 특정 브랜드가 가지고 있는 고유의 핵심 가치를 뜻합니다. 이는 기업이 추구하는 핵심

---

82 blog.hubspot.com/sales/positioning-statement

가치를 2, 3개의 단어로 압축해 놓은 것으로, 기업이 어떤 종류의 제품과 서비스를 만들어내고 어떻게 행동할지를 규정해 주는 유용한 지침입니다. 위에서 이야기한 '아이폰' 브랜드에서 '혁신'의 가치를 느끼는 것입니다. 포지셔닝 및 브랜드에 대한 의사결정 과정을 보다 구체적으로 살펴보면 다음과 같습니다.

경쟁의 특징을 확인하는 것으로, '나는 지금 어떤 브랜드와 경쟁하는가?'를 파악하는 것입니다. 경쟁의 특징은 경쟁을 바라보는 관점에 따라 산업 측면과 시장 측면으로 구분합니다. 산업 측면에서는 자사의 제품과 경쟁사의 제품이 밀접한 대체재가 되면 경쟁사로 보는 것입니다. 시장 측면에서는 경쟁사가 고객의 니즈를 충족시키는 제품을 만들면 경쟁사로 보는 것입니다. 예를 들어 서울에서 부산까지의 이동에 대하여 항공 운송사인 대한항공의 입장에서 산업 측면의 경쟁사는 대체재인 항공편을 제공하는 아시아나 항공사가 되고, 시장 측면에서의 경쟁사는 부산까지의 이동 니즈를 충족하는 KTX가 될 수 있습니다. 아울러 경쟁사가 무엇을 추구하는지도 확인하여야 합니다.

다음 단계에서는 유사성과 차별성을 확인합니다. 유사성은 경쟁사와도 공유할 수 있는 속성 또는 혜택으로 이는 필수적입니다. 예를 들어, 명품 가방의 경우에는 유럽산이고, 제품 보증서가 동봉되어 있고, 백화점에서만 판매하는 등의 속성을 지니고 있는데, 이것이 유사성입니다. 그리고 차별성은 차별적 요소로, 경쟁사와 차별화시키는 해당 브랜드가 차별성의 속성입니다.

경쟁사를 확인하고 유사성과 차별성을 확인한 후에는 브랜드의 마음과 영혼을 2~3개의 핵심 단어로 압축하여 표현하는 브랜드 만트라를 구성하는 것입니다. 대표적인 사례로는 나이키가 있습니다. 나이키는 여러분이 모두 아는 'Just Do it'이라는 브랜드 슬로건을 통해 '일반인도 나이키를 통해 스포츠맨과 같은 성능'을 경험해 보라는 것입니다. 나이키는 운동화라는 기능성 제품에 다른 경쟁사의 제품과 차별화되도록 일반인들도 향유할 수 있는 가치를 창출하고 부여하여 소비자들에게 정서적인 감동을 주는 강력한 브랜드가 되었습니다.

포지셔닝과 직결되는 브랜드란 기업의 제품과 서비스에 대하여 경쟁사와 차별화시키는 이름, 용어, 디자인, 심볼, 로고 및 기타 특징을 말합니다.[83] 브랜드는 단순히 제품이나 서비스에 붙는 이름이나 로고가 아니라, 특정 기업, 제품이나 서비스 및 브랜드와 연관되어 고객의 마음속에 떠오르는 모든 것, 심지어 감정 및 사용 경험까지도 포함한다고 할 수 있습니다. 따라서 기업의 정체성도 기업이 제공하는 제품, 서비스와 그 브랜드를 통해 고객의 마음속에 형성된다고 할 수 있습니다. 대부분의 B2B 브랜드는 회사 자체의 이름이며, 회사명은 고객이 생각하는 브랜드입니다. 미국에서 브랜드에 대한 최고 전문가인 던, 데이비스, 크냅 등과 같은 학자들은 브랜드를 '고객에 대한 약속',

---

[83]   www.ama.org/the-definition-of-marketing-what-is-marketing/

'고객의 총체적 인식'. '고객의 마음속에 있는 차별적 위치', '고객의 구매 의사결정을 단순화하는 가치' 등으로 표현하고 있습니다.

요즘처럼 인터넷 클릭만으로 수많은 상품을 구매할 수 있는 환경에서 브랜드는 고객의 구매 의사결정에 매우 중요합니다. 브랜드라고 하면 보통은 코카콜라, 스타벅스, 삼성 등과 같이 소비자 상품과 많이 연관되어 있습니다. 브랜드는 해당 기업의 자산으로 고객이 그 기업의 제품과 서비스에 대해 기꺼이 프리미엄을 지급하면서도 구매하는 충성도를 지니고 있습니다. 당연히 매출 증가 등의 성과와도 연관이 됩니다.

이처럼 브랜드 자산은 고객이 평가하는 제품, 서비스 및 그 브랜드와 관련된 가치의 총합이라고 할 수 있습니다. 비즈니스에서도 브랜드 자산이란 구매조직이 선호하는 특정 브랜드를 위해 기꺼이 지급할 수 있는 가격 프리미엄이라고 할 수 있습니다. 나아가 동료에게 그 브랜드를 추천하고, 같은 브랜드명을 가진 다른 제품을 특별히 고려하는 것을 말합니다. 기업이 브랜드를 올바르게 확보하면 시장에서 마케팅 활동을 수행하기가 훨씬 수월합니다. 그러나, 아직도 많은 비즈니스 기업, 특히 중소기업들은 브랜드 관리에 대한 인식이 부족하여 브랜드를 통해 기업과 제품에 대한 정보가 전달되지 못하며, 고객의 위험 감소 및 해소 역할로서의 브랜드 활용도 떨어지고, 마케팅 의사소통에서도 지속성과 전략적 운용이 부족하며, 브랜드 활용에 있어서 사업 방향과 전략적 연계성이 부족하다는 평가를 받고 있습니다.[84]

---

84 백승복과 김형석, B2B기업 시장변화에 따른 브랜드개발 및 관리: 국내 자동차산업 B2B기업을 중심으로, 한국디자인학회 국제학술대회 논문집, 2007년

2017년 맥킨지사의 분석에 따르면 강력한 브랜드를 지닌 비즈니스 기업은 그렇지 않은 기업에 비해 경영성과가 20% 더 우수합니다.[85] 코틀러도 강력한 브랜드를 가진 기업들은 취약한 브랜드 기업들에 비해 9.11 테러로 인한 주식 시장의 슬럼프에서 상당히 빨리 회복하였다고 하였습니다.[86] 국내 연구에서도 지각된 품질, 지각된 가치 및 브랜드 이미지로 구성된 브랜드 자산이 구매조직의 만족에 긍정적인 영향을 미치고, 구매조직의 만족이 충성도에 긍정적인 영향을 미치는 것으로 나타났습니다.[87] 잘 만들어진 브랜드는 기업에 대한 신뢰도 확보의 근원이 되며, 성공 브랜드를 통해 핵심사업 등의 제품 차별화를 유도함으로써 기업의 성장을 적극적으로 주도하는 수단이 됩니다.[88] 강력한 브랜드를 구축하고 고객 만족도를 높이는 활동은 브랜드 자산을 강화하고 이가 전환비용을 높이는 효과가 있습니다.[89] 또한, 2016년 B2B 인터내셔널사가 북미와 유럽 지역에서 매출액 60억 달러 이상의 대기업 마케팅 전문가를 대상으로 조사한 결과에 따르면, 이들이 가장 중점을 두는 마케팅 전략 분야는 브랜딩, 가치 마케팅, 고객 만족이라고 할 정도로 브랜드는 비즈니스 마케팅에서도 매우 중요합니다. 비즈니스 브랜드는 다른 많은 구매 의사결정 요인들보다 확실한 구매 의사결정 대안일 수도 있습니다.[90]

---

85 www.mckinsey.com/business-functions/marketing-and-sales/our-innsights/b2b-business-branding
86 필립 코틀러와 발데마 푀르치 저/김민주와 김성희 역, B2B 브랜드 마케팅, 비즈니스맵, 2007년
87 정갑연 외, B2B 시장에서 구매기업 만족의 선행요인과 결과요인에 관한 연구: 브랜드자산, 관계의 질, 전환비용, 그리고 충성도의 관계를 중심으로, 연세경영연구, 제51권 제1호, 2014년
88 신윤천, B2B도 브랜딩은 중요하다, 마케팅, 제47권 제9호, 2013년
89 Gallina Biedenbach 외, Brand equity, satisfaction, and switching cost: An examination of effects in the business-to-business setting, Marketing Intelligence & Planning, 제33권 제2호, 2015년
90 홍정석, 고객가치 창조와 B2B 마케팅, 마케팅, 제42권 제5호, 2008년

이처럼 중요한 비즈니스 브랜드 전략에는 기업브랜드 중심 전략, 패밀리브랜드 중심 전략, 개별브랜드 중심 전략이 있으며, 각각의 장단점은 다음과 같이 정리할 수 있습니다.[91]

비즈니스 브랜드 전략		
구분	장점	단점
기업브랜드 중심 전략	· 브랜드 관리의 효율성 제고 · 마케팅 비용이 상대적으로 저렴 · 역사성이 있는 전문기업에게 유리 · 고객과의 광범위한 신뢰감을 형성 · 신규 개별브랜드 런칭 시 보증 효과	· 개별상품 실패 시 전체로 부정적 영향 · 사업확장 시 불리
패밀리브랜드 중심 전략	· 마케팅 효율성 제고 · 신규 브랜드 출시 시 비용 절감	· 개별상품 실패 시 부정적 영향 · 브랜드 관리 애로
개별브랜드 중심 전략	· 강력한 브랜드 자산 구축에 유리 · 시장 환경에 탄력적 대응 유리 · 개별상품 실패 시 부정적 전이 차단	· 브랜드 관리의 효율성 저하 · 신규상품 런칭 시 비용 과다 및 위험 존재 · 각 브랜드 간 시너지 창출에 불리 · 시장규모가 작은 시장에서는 투자 대비 수익성 불리

앞부분에서 언급하였던 인텔사는 1989년부터 'Intel Inside'라는 광고를 통해 최종 소비자에 대한 기업브랜드 마케팅을 시도하여 파생수요를 유발했고 궁극적으로 비즈니스 제품의 수요를 증가시켰습니다.

이처럼 고객 충성도를 증진하고 나아가 경영성과도 높이는 이 브랜드 자산은 얼마나 빨리 고객의 마음에 자리를 잡을 수 있을까요? 애

---

91 박항기, B2B 브랜딩 전술, 마케팅, 제42권 제5호, 2008년

플사의 브랜딩 활동은 1984년 슈퍼볼 광고에서 시작하였다고 합니다. 오랜 세월 동안 브랜드 가치를 유지하고 높이는 노력이 필요한 것입니다. 단순히 로고 디자인을 바꾼다고 하여 고객이 생각하는 브랜드 가치가 바로 변화하지 않습니다. 멋진 배우가 나오는 TV 광고를 한다고 하여 브랜드 가치가 금방 변화되지는 않을 것입니다.

이처럼 소비자 시장이 아닌 비즈니스 시장에서도 브랜드의 중요성은 매우 큽니다. 비즈니스 시장에서 가장 중요한 브랜드의 기능은 정보 효율성 증가, 위험 감소, 부가가치 및 이미지 혜택 창출에 있습니다. 브랜드를 구축하는 단계는 다음과 같습니다.

첫째 단계는 고객이 특정 브랜드를 기억하거나 인식할 수 있도록 브랜드 인지도 또는 브랜드 정체성을 개발합니다.

둘째 단계는 기업에 고유한 브랜드 차별성을 통해 브랜드 의미를 수립하는 단계입니다. 브랜드 의미를 수립하는 방법에는 제품이나 서비스의 품질, 가격, 형태, 서비스 효율성 등으로 고객의 기능적 욕구를 충족하는 방법과 제품이나 서비스를 통해 고객의 추상적인 심리적 또는 사회적 욕구를 충족하려는 방법이 있습니다. 이를 통해 고객에게 강력하고 호의적인 연상을 수립하는 것입니다.

셋째 단계는 마케팅 프로그램을 통해 고객으로부터 긍정적 브랜드 평가를 얻는 것입니다. 이를 위해서는 브랜드를 통해 인지된 품질에 대한 태도와 만족에서, 전문성, 신뢰성, 호감성 측면에서, 고객이 고려할만한 적절한 대안이라는 기준에서, 그 브랜드가 경쟁사보다 더

```
브랜드 정체성        강력하고         긍정적 평가
   개발     →   호의적인 연상  →      확보      →    공감 형성
```

많은 이점을 제공한다고 믿는 정도에서 고객의 긍정적인 판단을 얻어야 합니다. 아울러 브랜드에 대해서도 고객의 감정적 느낌도 중요합니다. 여기에는 따스함, 흥미, 흥분, 안전 등을 포함하는데, 애플은 흥분, IBM은 안전의 브랜드 느낌이 있다고 합니다.

넷째 단계는 고객 충성도로 연결되는 브랜드 관계를 수립하는 것으로, 고객이 그 브랜드에 대해 충성도, 애착, 적극적 참여 등의 심리적 연대감을 형성하는 것입니다.

브랜드는 기업의 정체성을 나타내는 것입니다. 이는 고객의 기대치를 충족하겠다는 약속을 전달하는 것이기 때문에, 고객이 그 기업의 제품과 서비스에 대해 기꺼이 구매하고자 하는 확신을 강화시킵니다. 연구에 따르면, 브랜드 가치를 강화하기 위해서는 고객과 적극적으로 의사소통을 하여야 합니다. 고객이 공급선의 브랜드 가치를 더 잘 이해하게 되면, 관계에도 가치를 두기 때문입니다.[92]

강력한 브랜드는 글로벌 시장에서도 경쟁우위를 확보하게 합니다. 이는 그 기업과 그 기업에 공급하는 제품이나 서비스를 차별화하고

---

92 Yu Chang 외, Enhancing firm performance: The role of brand orientation in business-to-business marketing, Industrial Marketing Management, 제72권, 2018년

강화할 기회를 제공하여 구매조직과 관계를 강화시켜줍니다. 성과를 얻기 위한 글로벌 시장에서의 전략적 브랜드 관리는 비용이 많이 드는 노력으로 상당한 투자가 필요합니다.[93]

저도 대형 해외 프로젝트에 대한 마케팅 활동을 할 때 브랜드의 중요성을 체감한 적이 있습니다. 마케팅 활동을 하면서 오랜 기간 접촉하여 나름 친숙해진 평가단의 일부 요원과의 별도 면담 시, 이 요원이 제게 평가단 내부의 이야기를 솔직하게 전해주었습니다. 당사 제안이 기술적인 측면에서는 경쟁사보다 더 높은 평가를 받을 수 있어도 실무자들이 종합적인 의사결정을 하여 상부에 보고할 때에는 잠재적인 위험을 회피하기 위해 이미 시장에서 오랫동안 입증된 경쟁사의 브랜드를 더 높이 평가할 것이라고 귀띔해 주었고, 최종 결과도 그렇게 나타났습니다. "누구도 IBM을 구매하였다고 해고되지는 않는다 Nobody ever got fired for buying IBM"라는 문구가 떠올랐습니다. 맥킨지사의 조사에서도 구매조직이 B2B 브랜드를 선택하는 첫째 이유가 위험 절감(45%)이라고 했는데 제가 이것을 체감한 것이었습니다.

참조로, 2017년 서울시가 비영리조직의 브랜드 마케팅에 관해 연구한 결과, 고객의 브랜드에 대한 만족이 재구매 또는 재방문 의도와 연계된다는 연구 결과가 나왔습니다. 아울러 차별화된 브랜드에 대한 인식이 긍정적인 태도를 향상시키고 이것이 가치에 큰 영향을 미친다는 점이 확인되어, 비영리조직에서도 브랜드 마케팅 활동과 브랜

---

93 Keith Pyper 외, Investigating international strategic brand management and export performance outcomes in the B2B context, International Marketing Review, 제37권 제1호, 2019년

드를 인지하는 것이 얼마나 중요한지를 일깨워 주었습니다.[94]

　브랜드 가치 평가 및 컨설팅 회사인 브랜드 파이낸스사가 2020년 1월에 발표한 전 세계 브랜드 순위를 살펴보면, 아마존이 2,208억 달러로 세계 1위, 구글이 1,597억 달러로 세계 2위, 애플이 1,405억 달러로 세계 3위, 마이크로소프트가 1,171억 달러로 세계 4위, 삼성그룹이 945억 달러로 세계 5위로 평가하고 있습니다.[95] 이 사이트에서는 산업별로도 브랜드 가치를 평가하여 순위를 매겨 놓았으니 여러분도 참조하시면 자신의 분야에서 누가 상위에 포진하고 있는지 알 수 있을 것입니다.

　브랜드 가치를 어떻게 산정하는지 궁금하시죠? 브랜드 파이낸스사는 균형성과표를 이용하여 해당 기업의 브랜드 강화 지수를 측정하고, 구매에서 브랜드의 중요성에 대한 브랜드 충성도를 측정하고, 브랜드 매출액을 측정하고 미래의 예상 매출액도 측정한 후, 브랜드 충성도와 예상 매출액을 계산하여 브랜드 가치를 산정한다고 하니 참조하시기 바랍니다. 마케터 여러분도 자사의 제품과 서비스에 대한 브랜드와 그 가치에 대해 진지하게 고민을 하고 브랜드 가치를 높일 수 있는 방안을 연구해 보시기를 바랍니다.

94 정원희와 김민주, 비영리조직문화의 브랜드 마케팅이 이용자 재방문과 브랜드 태도에 미치는 영향: 꿈꾸는 복지관 사업참여 기관을 중심으로, 문화산업연구, 제20권 제2호, 2020년

95 www.brandfiance.com/knowledge-centre/reports/brand-fiance-global-500-2020

마케팅 전략 수립

마케팅 전략의 시작과 끝이 '고객'인 시대

01

기업의 경영 환경은 이제 '제품이 부족한 시대'에서 '고객이 부족한 시대'로 전환되었습니다. 시장 지배력이 기업이 아닌 고객으로 이동한 것입니다. 그럼에도 불구하고, 고객가치를 파악하고 실현하는 데 있어 기업은 여전히 기업 우선의 관점에 머물러 있습니다.[96] 이제 고객가치를 창출하고 전달하는 마케팅 전략이라면 생각하는 관점도 변해야 합니다. 즉, 우리가 이런 제품과 서비스를 생산하고, 이 제품과 서비스가 우수하여 고객에게 이러한 혜택을 제공하니 고객이 이를 구매해야 한다고 주장하는 '자사 출발 관점'에서, 우리가 누구이며, 우리가 고객의 욕구와 문제를 인식하여 이를 해결할 수 있는 솔루션을 제시할 수 있고, 이 솔루션은 결국 고객의 성공에 기여하는 차별화된 제

---

96 홍정석, 고객가치 창조, 시각부터 교정하자, LG Business Insight, 2009년 4월,

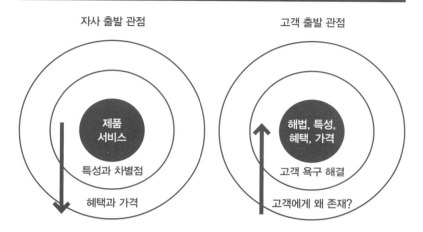

전략적 관점의 변화

자사 출발 관점

제품
서비스

특성과 차별점

혜택과 가격

고객 출발 관점

해법, 특성,
혜택, 가격

고객 욕구 해결

고객에게 왜 존재?

품과 서비스이어야 고객이 구매한다는 '고객 출발 관점'에서 생각하여
야 합니다.

이러한 접근법은 기존의 제품 중심적 관점이 아닌 솔루션 중심적
관점으로 변환하여야 한다는 것을 의미하는 것입니다.

제품 관점 대 솔루션 관점 비교		
구분	제품 관점	솔루션 관점
가치 제안	혁신적 제품 개발 및 기존 제품의 특성을 강화하여 계약	특화되고 뛰어난 고객 솔루션을 창출하고 전달하여 계약
가치 창출	공급선이 가치 창출	고객과 공급선이 함께 가치 창출
제안 설계	제품 또는 서비스로 목표 세분시장 고객에게 접근	고객 문제에서 출발하여 문제를 해결하기 위한 제품과 서비스를 조합
고객 관계	거래관계	솔루션의 공동 창출에 중점을 둔 상호 관계
품질	공급선 중심의 내부 절차	고객과 공급선의 상호작용

솔루션 관점의 접근법 핵심은 고객 문제에서 출발하여 문제를 해결하기 위해 제품과 서비스를 조합하여 솔루션을 창출하여 제공한다는 것입니다. 예를 들면, 미국의 우체국United Parcel Services: UPS은 단순 배달 시스템을 솔루션 중심으로 개선하여, 포드 자동차 공장에서 판매 대리점까지의 납품 시간을 40% 단축하는 운송 네트워크를 설계하였습니다. UPS는 이러한 솔루션으로 내셔널 세미콘덕터사의 반도체 운송 및 재고 비용을 15% 절감하는 이동 관리 솔루션을 제공하였고, 나이키와 협력하여 주문 관리에서 납품 및 고객지원까지 절차 관리 솔루션을 제공하였습니다.

제품에서 솔루션 중심의 마케팅으로 전환 시 가장 큰 이점은 매출액 증대입니다. 서비스는 핵심 제품 시장보다 더 큰 시장 기회를 제공합니다. 예를 들어, 어떤 기업에게 후속지원 사업은 수명주기 비용 구조상 획득비의 2배 규모가 됩니다. 또한 차별화 및 고객 충성도 유지에도 도움이 됩니다. 제품 중심의 경쟁사와 차별화되고 고객과의 협업/관계 증가로 충성도도 강화됩니다. 이것이 경쟁사에게는 진입 장벽이 됩니다.

기업의 전략 수립 과정

02

기업의 전략은 그 수준에 따라 가장 상위의 기업 전략, 그 중간 부분의 사업 전략, 그리고 이를 수행하기 위한 하부의 기능 전략으로 나눌 수 있습니다. 기업 전략은 어디에서 경쟁할 것인가에 대한 것이고, 사업 전략은 어떻게 경쟁할 것인가에 대한 것이며, 기능 전략은 사업 전략을 지원하기 위해 기능부서별 자원 배분에 대한 것입니다.

일반적으로 '전략'과 관련하여 혼용하는 용어가 '전술'입니다. 군사 용어인 전략은 전쟁을 승리로 이끌기 위한 목표를 정하고 이를 달성하기 위해 방향을 잡는 것입니다. 이에 비해 전술은 전략보다 하위의 개념으로 전략을 실행하는 각각의 전투 상황에 대처하기 위한 구체적인 행동을 의미합니다. 전략은 무엇을 할 것인가What To Do이고, 전술은 어떻게 할 것인가How To Do입니다. 이렇게 보면 기업 전략은 목표이며, 사업 전략은 전략, 기능 전략은 전술로 이해하여도 될 것입니다.

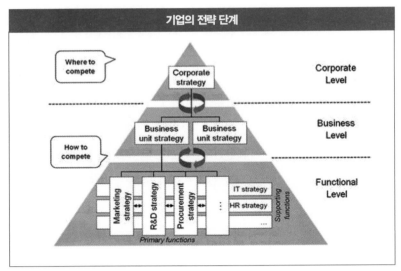

출처: Reserchgate.net

　기업 전략은 차별적 역량을 경쟁 이점으로 전환하기 위해 자원을 활용하는 방법으로, 기업이 경쟁할 사업을 정의하는 것입니다. 이를 위해 일반적으로 경영진은 우리의 핵심 역량은 무엇인가? 우리는 어떤 사업을 하고 있는가? 우리는 어떤 사업을 하여야 하는가? 우리 조직의 전체적인 목표를 달성하기 위해 자원을 어떻게 배분하여야 하는가? 하는 질문에 답해야 합니다. 기업 전략의 수립을 지원하기 위해 마케터는 시장 매력도와 기업의 경쟁 효과성을 평가하고, 경영진의 의사결정이 고객 지향을 추구토록 하며, 기업의 전반적인 가치 제안을 구성하는 역할을 담당하여야 합니다.

　사업 전략은 해당 산업에서 어떻게 경쟁할 것이며, 경쟁사와 대비하여 자신을 어떻게 포지셔닝 할 것인가에 중점을 둡니다. 이를 위해 우리는 해당 사업에서 어떻게 효과적으로 경쟁할 수 있는가? 어떤 차별화된 숙련Skill이 해당 사업에 경쟁 이점을 줄 것인가? 라는 질문에 답을 하여야 합니다. 여러분도 이미 알고 있는 마이클 포터 교수의 본원적 경쟁전략에서 원가 우위, 차별화 및 집중화 전략 등이 이에 해당합니다. 마케터는 고객과 경쟁사에 대한 자세한 분석과 특정 세분 시장에서 경쟁을 위한 기업의 차별적인 숙련과 자원을 제시하여 사업 전략 수립을 지원하여야 합니다.

기능 전략은 사업 전략을 지원하기 위해 다양한 기능부서 자원을 어떻게 가장 효율적이고 효과적으로 배분할 것인가에 중점을 둡니다. 기능 전략 중 마케팅 전략은 제품 차원의 관점에서 누구에게 얼마에 판매할지, 그것을 어떻게 인식시키고 공급할지에 대해서 종합적으로 고려합니다. 하지만 자사가 다양한 제품을 판매하고 있을 때, 제품별로 최적의 마케팅 전략을 세운다고 하더라고 기업 전체에서 봤을 때 기능이 중복되거나 제품 혹은 사업 간의 시너지를 창출할 수 없을 수도 있습니다. 이 때문에 마케팅 부문은 전사적인 관점에서 방침을 결정하거나 시너지 효과 등을 고려하여 각 사업 부문을 조정하는 역할을 하여야 합니다.

마케터의 주된 활동은 특정 제품 시장에서 기업의 목표를 달성하기 위해 마케팅 자원과 활동을 배분하고 조정하는 것입니다. 기능 전략의 중요한 가치는 기업 목표 및 사업 전략의 목표 달성을 위해 사내적으로 부서 간, 직급 간 장애를 없애고 공동의 목표를 달성하도록 협업하게 하는 것입니다. 마케팅의 4P 믹스에 대한 결정도 결국 타 기능부서의 영향을 받고, 타 기능부서 또한 마케팅 환경에 영향을 받습니다. 따라서 마케팅 부서는 사내의 생산, 연구개발, 물류, 후속지원 등 관련 기능부서와 협력적이어야 합니다. 예를 들어, 마케팅이 세분 시장에서의 고객의 니즈에 대한 정보와 고객의 기대, 경쟁사 상황 및 미래의 추세 등에 대한 시장정보를 제공하지 않으면, 연구개발 인력은 신제품 개발 방향 결정에 있어서 불확실한 상황에 놓이게 될 것입니다. 기능 전략 수립과 관련하여, 다양한 기능부서와 마케팅 부서와의 상호 관계의 예시는 다음과 같습니다.

전략 수립 관련 마케팅과 사내 조직 간의 관계		
사내 조직	전략에 공헌	마케팅의 지원
생산	· 제품 수량, 종류, 품질의 결정 · 시장이나 경쟁력 변화에 대응할 수 있는 속도	· 적기에 정확한 시장전망 자료
연구개발	· 신제품 개발 절차에서 중요한 기술적 방향 제시 · 경쟁력 있는 기술의 확보 및 유지	· 시장과 경쟁력 추세에 대한 자료 · 목표 세분 시장이 바라는 제품 특성에 대한 마케팅 조사
물류	· 고객에게 적기에 정확한 선적 · 적기 주문 추적 및 현황 보고	· 적기에 정확한 시장전망 자료 · 고객이 요구하는 납기 요구도
후속지원	· 장착 및 훈련과 같은 판매 후 활동의 수행 · 고객 문제에 대한 문제 해결	· 고객별 목표 및 계획 · 계약 과정 중 고객에게 한 약속

마케팅 전략의 수립과 관련하여, 우선 자사에 명확하게 정의된 마케팅 전략과 계획이 있는지를 확인할 필요가 있습니다. 많은 기업이 명확한 마케팅 계획 없이 바로 마케팅 활동을 함으로써 마케팅 비용

을 낭비하고 있습니다.

우수한 마케팅 전략을 수립하기 위한 첫 번째는 자사의 명확한 경쟁우위를 확인하는 것입니다. 최고의 선도 기업들은 경쟁우위를 가지고 있습니다. 기업이 창출할 수 있는 경쟁우위는 원가 우위와 차별화 우위가 있습니다. 이는 동일한 제품을 경쟁사보다 저렴한 가격에 제공하거나, 경쟁사가 제공하지 못하는 독특한 제품과 서비스를 제공하는 것을 말합니다.[97] 자사의 경쟁우위를 명확히 정의하지 않으면 마케터의 마케팅 활동은 평범하게 인식되어 시장에서 묻히게 될 것입니다. 고객이 자사의 경쟁우위를 인식하게 하려면 고객이 관심을 두는 것에 대하여 구체적이고 객관적이며 설득력 있는 메시지를 개발하여 전달하여야 합니다. 이는 고객에게 경쟁사가 아닌 자신의 기업과 거래하여야 하는 이유를 제공합니다.

마케팅 전략 수립 방법의 두 번째는 시장세분화와 마케팅 대상 구매조직의 특성을 파악하는 것입니다. 잠재 고객과 고객이 구매할 대상에 초점을 맞춘 마케팅 활동이 중요합니다. 고객이 구매 의사결정을 내리는 방법을 파악함으로써 마케터는 올바른 메시지를 작성하여 적기에 잠재 고객을 확보할 수 있습니다. 이것은 또한 자신의 제품을 잘 모르지만 유사한 것을 구매하고자 하는 욕구를 지닌 다른 구매조직에도 영향을 미칠 수 있습니다. 이들에게 적절한 메시지를 전달하면 이들이 자신을 찾도록 이끌 수 있습니다.

---

97   정기한 외, 경영학개론, 시그마프레스, 2016년

세 번째는 가능한 모든 기회를 식별하고 평가하는 것입니다. 신제품 또는 부가된 서비스를 제공할 기회를 모색하며, 자신의 기업에 긍정적인 영향을 미치도록 법률 및 규정을 개정하고, 제품의 특성을 강화하고, 네트워크를 넓히고 이름을 알리기 위해 인증을 취득하는 방법 등이 있습니다. 그리고 이러한 기회에 영향을 미칠 수 있는 요인, 예를 들어 시기가 적절한지, 제품이나 서비스가 제시간에 준비되는지, 그리고 자신에게 주어진 자원과 현재 비즈니스 상황을 고려할 때 이러한 기회를 추구하는 것이 가능할지를 평가합니다. 그다음에는 이러한 기회에 대한 시장 잠재력 대비 추구할 가치가 있는지를 평가합니다. 단기간에 잡을 기회가 있는지, 또는 이러한 기회 추구가 경쟁사의 대응을 촉발하게 시켜 오히려 자신이 치명적 손상을 입을지도 평가합니다.

우수한 마케팅 전략 수립을 위한 네 번째 방법은 우선순위 설정입니다. 많은 영역에서 많은 세분 고객 및 기회가 존재하여 어떤 기업도 모든 것을 추구할 수 없습니다. 넓은 그물을 던져 아무것도 잡지 못하는 것보다는 특정 분야에 집중할 때 경쟁사를 능가할 수 있습니다. 팀을 구성하여 가장 성공할 수 있는 곳에 우선순위를 두고 실행합니다. 이는 단기 목표를 달성하고 장기 목표를 가시적으로 유지하기 위해 특히 중요합니다. **98**

---

98 www.info.mezzaniegrowth.com/blog/receipe-for-a-good-marketing-strategy

전략 수립에 필요한
전략 자원의 종류

03

전략 수립과 관련하여 핵심 전략과 전략 자원에 대해 조금 더 살펴보도록 하겠습니다. 기업이 경쟁하기 위해 어떻게 할 것인가를 선택하게 하는 것이 핵심 전략입니다. 핵심 전략 수립에는 3가지 요소가 있습니다.

첫째, 사업 임무는 전략의 전반적 목적을 기술하고, 방향을 설정하고, 진행을 평가하기 위한 성과 기준을 정의하는 것입니다. 사업 임무는 충분히 광범위하여야 하며 경쟁사의 임무와는 차별되어야 합니다.

둘째, 제품/시장 영역은 어디에서 경쟁할 것인가를 결정합니다. 사업 영역으로 인식되는 제품 시장은 제공하는 고객 혜택, 적용된 기술, 대상으로 하는 세분 고객, 사용하는 경로의 관점으로 정의가 필요합니다. 마케터는 새로운 솔루션을 반기는 고객이 있는지 또는 경쟁사가 간과한 세분 시장은 없는지를 확인하여야 합니다.

셋째, 차별화를 위한 기준은 경쟁사와 어떻게 차별적으로 경쟁할 것인가에 대한 핵심을 제시합니다. 기업이 차별화하는 방법으로는 우수한 서비스 또는 빠른 기술 지원, 우수한 품질, 신기술이 적용된 제품 등의 다양한 방법이 있습니다.

기업이 경쟁우위를 확보하기 위해서는 제품의 가격, 고객 서비스, 원가 효율성, 제품의 질, 기업 특유의 기술, 탁월한 경영능력 등을 확보하여야 합니다. 이는 기업의 전략 자원을 통해 확보할 수 있는 데, 기업의 전략 자원은 핵심 역량, 전략 자산 및 핵심 절차를 포함합니다.

핵심 역량은 기업이 고객을 위해 높은 가치를 독특하게 창조하게 하는 숙련, 시스템, 기술의 종합체입니다. 마케터는 우리의 역량이 고객에게 제공하는 중요한 혜택은 무엇인가, 고객에게 귀중한 가치를 전달하기 위해 우리는 무엇을 알아야 하고 무엇을 잘하여야 하는가에 대해 답을 하여야 합니다.

전략 자산은 기업이 그 능력을 펼칠 수 있도록 하는 유형적 요건으로, 브랜드, 고객 자료, 유통망, 특허 등을 포함합니다. 마케터는 기존 고객이나 잠재 고객에게 새로운 가치를 제공하기 위해 이러한 전략적 자산을 다른 방법으로 사용할 수 없는가를 고려하여야 합니다.

핵심 절차는 기업이 역량 및 자산, 다른 투입물을 고객을 위한 가치로 변환시키기 위해 사용하는 방법입니다. 마케터는 어떤 절차가 고객가치를 경쟁력 있고 독특하게 창출할 수 있는가, 다른 시장에 진입하기 위해 우리가 절차적 전문성을 활용할 수 있는가를 고려하여야 합니다.

2013년 구글의 조사에 따르면, B2B 구매자의 86%는 공급선 간에 차이점을 찾을 수 없다고 합니다. 따라서 핵심 역량은 자사를 경쟁사와 차별화하여 지속가능한 경쟁우위를 창출하고 다양한 관련 시장으로 진출하는 데 도움을 줍니다. 핵심 역량은 기업이 보유한 유무형의 경영 자원을 결합하여 세계적 수준으로 만드는 독창적인 방법과 축적된 시장 지식을 포함합니다. 핵심 역량은 다양한 시장에 잠재적인 접근을 제공하며, 핵심 역량은 고객이 인지하는 혜택에 중요한 기여를 하며, 핵심 역량은 숙련과 기술의 복합적 조합이기 때문에 경쟁사가 모방하기 곤란하다는 특징이 있습니다.

컨설팅 회사인 베인앤컴퍼니사는 기업이 핵심 역량을 개발하기 위해서는 주요 능력을 구분하고, 경쟁사와 비교하여 독특한 기능을 개발하고 있는지를 확인하고, 고객에게 진정으로 가치를 두는 능력을 파악하고 이를 개발하고 유지하기 위한 투자를 해야 한다고 합니다. 또한 역량 구축을 위한 로드맵을 작성하며, 핵심 영역에서 조직의 강점을 더욱 강화하기 위해 제휴, 인수 및 면허 등을 고려하고, 조직 전체에 핵심 역량 개발에 대한 의사소통 및 참여를 장려해야 합니다. 비핵심역량은 아웃소싱Outsourcing을 하거나 분리하여 핵심 역량을 더욱 심

화하는데 사용할 자원을 확보할 것을 조언하고 있습니다.[99]

아웃소싱은 기업 업무의 일부 부분이나 효율의 극대화를 위한 방안으로 제3자에게 위탁하여 처리하는 것입니다. 기업은 일반적으로 단순한 업무를 아웃소싱을 하는데, 그 기본적인 이유는 비용 절감입니다. 기업은 아웃소싱을 통해 핵심사업에만 더 집중할 수 있으며, 내부 자원을 더 유용한 곳에 투입할 수 있으며, 협력업체의 전문성을 활용하여 서비스를 개선할 수 있습니다. 환경 변화에 따라 수요에 대한 긴밀한 대응, 신속한 시장진출 또는 철수 등도 이점이 되며, 한국 기업의 특성상 고정비 성격인 인건비도 변동비로 전환하여 통제할 수 있는 유연성이 확보됩니다. 아웃소싱 업무를 받는 협력업체는 특정 분야에서 전문성을 배양할 수 있으며 규모의 경제를 통해 이윤을 창출할 수 있기도 합니다.[100]

자사가 경쟁사 대비 선도적인 핵심 역량을 지속적으로 유지하기 위해서 마케터는 스스로 다음과 같은 3가지 질문을 항상 염두에 두어야 합니다. 우리의 핵심 역량은 얼마나 독특한가? 경쟁사가 이 핵심 역량을 개발하려면 얼마나 걸릴까? 우리의 핵심 역량 원천을 경쟁사가 쉽게 이해할 수 있는가?

99　www.bain.com/ insights/management-tools-core-competencies
100　Supply Chain Management, 2011년 11월호

균형성과표란 무엇인가

    기업의 전략 수립은 전략 수립 자체가 중요한 것이 아니라 전략의 수행 결과에 따른 경영성과를 평가하여 평가 결과를 다시 전략 수립에 반영하고 보완하도록 하는 것이 더 중요합니다. 따라서 전략 수립은 경영성과 평가와 불가분의 관계가 있다고 할 수 있습니다. 전략 수행에 따른 경영성과를 평가하는 많은 방법 중에 가장 최근 기법으로는 균형성과표Balanced Score Card: BSC가 있습니다.

    기존의 기업 경영성과 평가는 재무 분야에만 치우쳐 기업 활동을 균형 있게 평가하는 것은 한계가 있었습니다. 이에 따라 1992년 미국 하버드대 로버트 카플란 교수와 데이비드 노턴 컨설턴트가 200개 기업을 대상으로 이 기업들의 전략과 이의 달성을 위한 관리 지표를 조사하여, 비재무 지표를 포함하는 기업 경영성과 평가 기법을 공동 개발하였는데 이것이 바로 균형성과표입니다. 국내에서 다양한 업종에

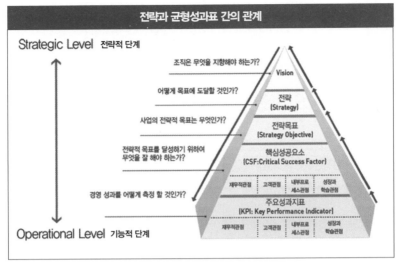

출처: 한국민간위탁경영연구소

서 일반기업뿐만 아니라 공기업, 사회적 기업, 비영리기업 등에서도 BSC를 적용하고자 하는 노력이 확대되고 있습니다. BSC 도입을 통하여 목표지향성 향상 및 전사적인 전략의 이해 등과 같은 효과가 나타나 BSC 도입 운영에 만족할 뿐만 아니라 경영성과에도 긍정적인 영향을 미친다고 조사되었습니다.[101]

BSC는 재무(과거), 고객(외부), 내부 업무 절차(내부), 학습과 성장(미래)이라는 관점에서 기업의 경영 목표를 수립하고, 사업성과를 관리할 수 있는 핵심성과지표Key Performance Index; KPI를 기준으로 하여 목표의 달성

---

[101] 김미정, 우리나라 기업에 적합한 균형성과표 적용방안 개발, 전산회계연구, 제8권 제1호, 2010년

을 평가합니다.

재무 관점은 기업의 전략 및 이의 이행이 수익 개선에 공헌하는 정도를 평가하는 것입니다. 재무적 전략의 2가지 기본적 요소는 매출 증가와 생산성 향상입니다. 매출 증가 전략은 신규 시장 및 신제품으로부터 매출 창출 또는 기존 고객과의 관계 강화 및 확대에 중점을 둡니다. 생산성 향상 전략은 비용 절감에 의한 비용 구조 개선 및 자산 축소에 의한 효율적인 자산의 활용을 평가합니다.

고객 관점에서는 세분 시장에서 경쟁력 있고 우수한 가치 제안을 목표 고객에게 어떻게 전달할 것인가를 고려하여야 합니다. 사업 전략의 핵심 요소는 기업이 제공하는 독특한 제품과 서비스 특성, 고객 관계 관리 및 기업의 명성을 기술하는 가치 제안입니다. 기업은 가치 제안 개발에 있어서 전형적으로 운영의 우수성, 고객 친화, 제품 선도력 중에서 선택합니다. 운영의 우수성은 기업의 경쟁력 있는 가격, 품질 및 납기 등에서 탁월한 것입니다. 고객 친화는 고객과 솔루션의 완벽성 간의 관계품질을 강조하는 것입니다. 제품 선도력은 제품이나 서비스의 기능, 특성 및 우수한 성능을 강조합니다. 이러한 전략의 선택에 따라 각 세분 시장에서의 성과를 평가하기 위해 사용되는 핵심 평가치는 시장점유율, 고객 확보율, 고객 유지율, 고객 만족도, 고객 수익성이 됩니다.

내부 업무 절차 관점에서 고객가치 창조에 중요한 절차는 고객 관계 관리 절차, 공급망 관리, 혁신 절차, 제품과 서비스를 납품하는 운용 절차, 그리고 판매 후 후속지원 절차를 포함합니다. 시장 지향적

조직은 시장정보를 수집하고, 해석하고 활용하는 절차인 마켓 센싱 능력과 고객과의 협력적인 관계를 달성하기 위해 사용하는 잘 정의된 절차와 시스템을 개발하는 데 우수합니다.

학습 및 성장 관점의 핵심 요인은 ① 전략 수행에 필요한 숙련, 재능, 노하우를 보유한 인적 자산, ② 전략 수행 지원을 위한 정보기술 인프라와 관련한 정보시스템 자산, ③ 전략 수행을 가능하게 할 문화, 리더십, 팀워크와 관련한 조직 자산이 있습니다.

위에서 이야기한 BSC의 KPI를 반영한 전략 수립과 관련하여, 이를 도식화한 것이 BSC 전략 맵으로, 하기는 전략 맵의 예를 보여줍니다.

BSC 전략 맵은 기업이 달성하고자 하는 목표와 활동, 이를 평가하기 위한 KPI를 직원과 고객 및 이해관계자에게 명확히 보여줍니다.

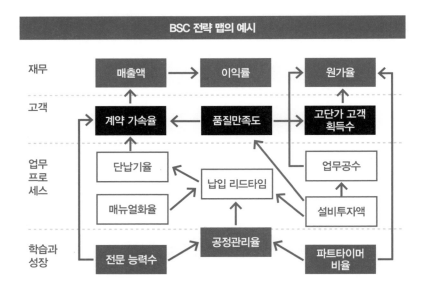

이 도표에서는 시장에 약속한 가치를 전달하기 위해(고객 관점), 혁신하고, 고객 관계를 관리하고, 올바른 전략 능력과 효율을 구축하기 위해(내부 업무 프로세스 관점) 직원에게 어떤 지식, 숙련 및 시스템이 필요하고(학습 및 성장), 이에 따라 이해관계자에게 더 높은 가치와 수익성을 전달하도록 이끄는 것(재무적 관점)입니다. BSC 전략 맵은 재무, 고객, 업무 절차, 학습과 성장의 4가지 관점에서의 목표를 수립하고, 이를 서로 연관되도록 구성합니다. 각 목표는 KPI로 변환하여 진행을 관리하며 향후 성과평가의 기준이 됩니다. 국내에서 B2B 네트워크 구축사업에 참여한 기업을 대상으로 한 BSC 성과평가 요인의 중요도에서 신규 고객 창출, 협업 프로세스 개선 등을 포함하는 고객 관점의 요인이 가장 중요한 것으로 평가되었으며, 다음이 업무 프로세스, 재무의 순으로 조사되었습니다.[102] 한편, B2B 전자상거래 보증 중계 서비스 성과평가에 대한 중요도 조사에서는 재무, 고객, 업무 프로세스, 학습과 성장의 순으로 조사되어[103], 자신의 사업에 대한 성과지표 간의 가중치를 평가하기 위해서는 관련 자료 및 전문가들을 통해 확인할 필요가 있습니다.

하기 표는 BSC의 고객 전략에서 선택한 가치 제안 전략에 따라 내부 부서의 업무 프로세스를 연결하는 예입니다. 가치는 내부 업무 프

---

102 정준화와 이준호, 업종별 B2B e-마켓플레이스 BSC 성과평가 모형 연구, e-비즈니스연구, 제9권 제1호, 2008년
103 한창희 외, B2B 전자상거래 보증 중계 서비스의 성과관리를 위한 KPI 가중치 설계에 대한 연구, 경영과학, 제28권 제1호, 2011년

로세스를 통해 창출되기 때문에 내부 업무 프로세스가 고객 전략과 차별적 가치 제안을 지원합니다.

고객전략＼내부절차	운용 관리	고객 관계 관리	혁신 관리
운영의 우수성	· 효율적 생산 공정 · 효율적 적기 유통	· 고객을 위한 접근 용이성 · 우수한 사후 서비스	· 공정 혁신 · 규모의 경제 확보
제품 선도력 전략	· 유연 생산 공정 · 신제품의 조기 도입	· 고객 아이디어 수집 · 복잡한 신규 제품에 대한 고객 교육	· 고성능 제품 개발 · 최초 출시
고객 친화	· 다양한 제품라인 제공 · 확대된 공급선 네트워크 구축	· 고객화된 솔루션 제공 · 긴밀한 고객 관계 구축 · 고객 지식 개발	· 고객에 대한 새로운 기회 발굴 · 고객의 미래 요구 예상

표 제목: BSC 고객 전략과 내부 절차 간의 관계

예를 들어, 제품 선도력으로 고객에게 제안하기 위해서는, 마케팅 부서가 고객의 아이디어를 수집하고, 개발부서가 경쟁사보다 빨리 고성능의 혁신 제품을 개발하고, 생산 부서에서 유연한 공정을 통해 경쟁사보다 빨리 출시하고, 마케팅 부서는 다시 고객에 대한 교육을 실시한다는 것입니다.

마케팅 전략의 목표는 기업이 가용한 최상의 결과를 얻기 위하여 스마트SMART하게 수립하여야 합니다. 이는 달성하려는 목표를 명확히 하여야 하며Specific, 진행 상황과 달성을 추적할 수 있어야 합니다Measurable. 목표 달성은 현실적으로 가능하여야 하며Achievable, 마케팅 목표가 기업의 성공과 직접 관련되어야 하며Relevant, 특정 기한이 설정되어야 합니다

　　마케팅 전략 수립 시에는 목표 달성을 위한 개별적 전략 요소와 이의 평가 기준을 고려하여야 합니다. 평가 기준에는 매출액과 마케팅 경비, 이익 공헌도, 시장점유율, 신규 고객의 숫자 등 전형적인 평가 기준 외에도, 수주 성공률, 각 마케팅 믹스에 자원 할당, 수익성 있는 세분 시장/제품 선정 등을 함께 고려하여야 합니다.**105** 마케팅 전략 수립에는 전기 실적에 대한 분석을 통해 전략을 구성하고 조정할 필요가 있습니다. 예를 들어 특정 시장에서 20%의 시장점유율을 목표로 했는데 12%의 결과를 얻었다면 인적 자원 증가 및 광고비 증가 등 전략의 변화가 필요한 것입니다. 마케터가 효과적이고 효율적인 마케팅 전략을 수립하기 위해서는 각 마케팅 전략 요소와 배정된 자원 간의 최적화에 중점을 두어야 합니다. 이를 통하여 마케팅 전략의 평가는 마케팅 노력의 효율적인 배분에 대한 평가와 계획 대 실적의 평가로 이루어집니다.

104 류쉬안 저, 임보미 역, 지금 나에게 필요한 긍정 심리학, 다연, 2019년
105 www.driveyoursuccess.com/2011/04/small-business-marketing-5-simple-key-performance-indicators-kpi.html

기업의 전략 수립과 관련하여, 저명한 경영 전략 도구로 앤소프Ansoff 매트릭스가 있습니다. 1965년 앤소프는 기업에게 성장의 방향성을 제시하기 위해 하기의 표를 제시하였습니다.

기업 성장 전략		
제품 시장	현재	신규
현재	시장 확대	제품 개발
신규	시장 개척	다각화

현재 제품으로 현재 시장에서 성장하기 위해서는 시장 확대 전략을 추진합니다. 이는 시장점유율 확대 전략을 말하는 것으로, 성장 잠재력이 낮으나 위험도 낮습니다. 세부적인 방안으로는 시장 내 활동 지역 및 판매망의 확대, 판촉 활동 강화, 고객 재확보를 위한 고객 유

지 및 고객 충성도 확보 프로그램 실시, 추가 제품 제공 등이 있습니다.

현재 제품으로 신규 시장에서 성장하기 위해서는 시장 개척을 추진합니다. 이는 새로운 시장을 찾거나 수출을 하는 것입니다. 아울러 제품의 새로운 활용 분야를 찾는 것도 방안이 되겠습니다. 예를 들어 국내에서의 제품 판매를 전 세계로 확대하는 마케팅을 펼치는 것을 말합니다.

신규 제품으로 현재 시장에서 성장하기 위해서는 제품 개발이 필요합니다. 이는 개량형을 개발하거나 혁신적인 제품이나 서비스를 개발하는 것입니다. 예를 들어 기존 제품에 추가적인 성능을 보완한 제품으로 개량하여 시장 성장을 유도하는 것입니다.

신규 제품으로 신규 시장에서 성장하기 위해서는 새로운 제품과 새로운 시장을 찾는 것입니다. 여기에는 인수합병Mearge and Acquisition; M&A 및 사업 다각화도 포함됩니다. 이는 삼성전자의 반도체 사업 시작과 같이 'High Risk High Return'의 특징이 있습니다.

앤소프 매트릭스는 시장과 제품의 관점에서 개념적으로 이해하기 쉬운 전략적 대안을 제시한 것이 가장 큰 장점입니다. 그러나 이 매트릭스는 기업 간의 경쟁을 고려하지 않고 있으며, 포화된 시장에 있어서 어떤 강력한 경쟁압력을 받는 기업의 입장을 거의 도외시합니다. 또한 심각한 재무적 위기에 처하여 계속적인 자원개발을 할 수 없는 기업을 고려하지 않아 전략적 사고모델로서의 의미만 있다는 비판을

받고 있습니다.[106]

    여러 사업을 운영하는 기업에서 사업별 또는 제품별 전략적 우선
순위를 정하고자 할 때는 미국의 보스턴 컨설팅 그룹이 개발한 BCG
매트릭스를 사용합니다. BCG의 연구에 의하면, 높은 시장점유율은
학습곡선 효과와 높은 투자 수익률 및 저원가와 매우 밀접한 상관관
계를 가지고 있다는 것을 전제로 합니다. 이에 따라 BCG 매트릭스는
상대적 시장점유율과 사업의 성장률이라는 두 가지 요소를 기준으로,
기업의 사업군을 스타 사업, 현금 젖소 사업, 물음표 사업, 개 사업으
로 나눈 것입니다.

    스타 사업은 성장률과 시장점유율이 높아서 계속 투자를 하여 육
성하여야 하는 유망한 사업입니다. 현금 젖소 사업은 시장점유율이
높아서 이윤이나 현금흐름은 양호하지만 앞으로 성장하기 어려운 사
업입니다. 물음표 사업은 상대적으로 낮은 시장점유율과 높은 성장
률을 가진 사업으로 기업의 활동에 따라 향후 스타 사업이 되거나, 개
사업으로 전락할 수 있는 위치에 있습니다. 일단 투자하기로 결정한
다면 상대적 시장점유율을 높이기 위해 많은 투자금액이 필요합니
다. 개 사업은 더 이상 성장하기 어렵고 이윤과 현금흐름이 좋지 못한
사업으로 사업 철수의 대상이 됩니다.

---

[106] 박주홍, 경영컨설팅의 이해, 박영사, 2017년

이 BCG 매트릭스는 사업의 다각화 전략을 단순하게 보여준다는 점이 장점입니다. 이를 통하여 심도 있는 분석이 필요한 분야를 쉽고 빠르게 찾아낼 수 있습니다. 또한, 이 BCG 매트릭스는 시간의 축을 연장하면 사업별 시장에서의 변화를 쉽게 탐지할 수 있습니다. 마찬가지로 경쟁사의 전략 변화도 확인할 수 있습니다. 그러나 BCG 매트릭스에는 몇 가지 한계점도 있습니다. 모든 산업에서 이 분석의 전제가 되는 시장점유율과 수익성 간에 분명하거나 일관된 관계가 존재하지 않기 때문입니다. 높은 시장점유율이 항상 높은 수익성을 보장하는 것도 아니고, 낮은 시장점유율을 가진 사업이 수익성이 있을 수 있기 때문입니다. 예를 들어, 성공적인 틈새시장을 확보한 기업은 비록 그 시장점유율이 미비할지라도 높은 수익성을 창출할 수 있습니다. 아울러 전략에 영향을 주는 다른 요인을 배제하고 단지 시장점유율과

성장률로만 결정하는 것은 잘못된 판단을 내릴 수도 있으며, 사업 간의 시너지 효과도 간과할 수 있습니다.[107]

기업의 성장 방향이 아닌 각 사업 전략을 설정할 때는 자사의 경영자원과 사업특성에 바탕을 두어 경쟁사 대비 경쟁우위를 어떻게 확보할 수 있느냐가 초점이 됩니다. 경쟁전략을 포지셔닝의 선택이라고 주장한 마이클 포터 교수의 본원적 경쟁전략은 해당 사업에서 효과적으로 경쟁할 수 있는 전략을 말합니다.

본원적 경쟁전략		
	경쟁우위	
전체 시장	원가 우위	차별화
특정 시장	집중화	

(표 왼쪽에 세로로: 경쟁 범위)

원가 우위 전략은 광범위한 시장에서 경쟁사보다 원가 우위를 바탕으로 경쟁하는 전략으로 규모의 경제와 학습 및 연구개발을 통한 원가 절감을 강조합니다. 이를 위해서는 기업이 높은 시장점유율을 갖고 공급선에 대한 협상력 우위를 통해 경쟁우위를 확보하거나, 생산에 용이한 형태로 제품을 설계하여야 합니다. 일반적으로는 대량 생산 체제를 바탕으로 조기에 시장점유율을 확보하기 위해 시장 침투가격 전략을 취합니다. 어느 정도 높은 시장점유율을 확보하면 규모

---

107 방용성 외, 컨설팅 실무, 학현사, 2016년

의 경제와 경험 곡선의 기능으로 더 낮은 비용을 실현할 수 있어서 높은 수익도 확보할 수 있습니다. 그러나 재정적 어려움에 처할 수 있으며, R&D 자금의 축소로 신제품이 출시될 수 없으며, 이로 인해 경쟁사들이 쉽게 모방할 수 있으며, 품질이 저하될 수도 있다는 단점도 있습니다.[108]

차별화 전략은 경쟁사들이 모방하기 어려운 차별성으로 경쟁하는 전략으로, 고객이 가치가 있다고 생각하는 요소를 제품이나 서비스에 반영하는 것입니다. 이때 중요한 것은 고객이 그 기업만의 고유 가치로 인식하여 경쟁사가 쉽게 모방할 수 없어야 합니다. 제품을 차별화하기 위해서는 특화된 기술을 갖거나, 제품에 새로운 기능을 넣거나, 제품을 개선하여야 한다는 것입니다. 아울러 브랜드도 중요한 차별적 요소가 됩니다. 서비스를 차별화하기 위해서는 고객 만족과 감동을 주어야 합니다. 차별화에 성공하면 상대적으로 높은 가격을 실현할 수 있습니다. 그러나 차별화 전략은 연구개발, 제품 설계, 고품질 자재 및 부품의 이용, 고도의 서비스 등이 필요하므로 일반적으로 비용도 많이 듭니다.

차별화 전략은 시장 잠재력, 점유율 구조, 기본가치의 제공 수준, 제공 순서의 상황을 고려하여 전개합니다. 시장 잠재력은 미개척 시장을 노리는 경우와 성장 시장에 진입하는 경우로 나누는데, 미개척 시장을 노린다면 제품을 구매하지 않는 고객에게 그 이유를 파악하도

---

108   www.marketing91.com/cost-leadership

록 하며, 성장 시장에 진입하는 경우라면 기존 시장과 성장 시장 간에 니즈의 일치성이 있는지를 파악합니다. 점유율 구조에서는 선도 기업은 굳이 차별화를 취할 필요가 없으나, 도전 기업들은 선도 기업의 고객이 가지고 있는 불만사항을 파악하여 이를 해결할 수 있는 차별화 전략을 구사하여야 할 것입니다. 물론 도전 기업의 차별화 전략도 선도 기업이 모방하기 어려운 지속성을 지녀야 합니다. 기본가치의 제공수준과 관련하여, 기업이 제공하는 수준이 고객이 요구하는 수준을 상회할 때는 차별화 전략을 적용할 수 없습니다. 이 경우에는 원가 우위 전략이 유일한 대안입니다. 제공 순서는 시간을 기준으로 고객에게 제공하는 가치의 순서를 안배하는 일입니다.[109]

집중화 전략은 경쟁사와 전면적 경쟁을 하기에는 불리하고 기업이 가지고 있는 자원과 역량이 부족한 경우, 시장세분화를 통해 특정 고객이나 한정된 시장에 자원과 역량을 집중적으로 투자하여 원가 우위와 차별성을 확보하는 것으로, 중소기업에 적절한 전략입니다. 그러나 전략적으로 압축한 특정 시장과 전체 시장에서 요구하는 제품 니즈 간에 차이가 없으면 집중 효과가 사라질 수도 있습니다. 또한, 목표시장 자체가 축소되거나 아예 없어질 우려도 있습니다.[110]

그러나, 기업은 더 이상 완전한 원가 우위 또는 완전한 차별화 전략을 취할 필요가 없으며, 두 전략 모두를 균형 있게 취할 수 있는데, 이때 기업의 마케팅 능력이 매우 중요한 역할을 합니다.[111]

109 방용태, 컨설팅 전공을 위한 마케팅 관리론, 초아출판사, 2017년
110 그로비스 매니지먼트 인스티튜트 저/김영환 역, 경영전략, 21세기북스, 2005년
111 이현정과 박정은, 시장기반 조직 학습이 기업 성과와 마케팅 능력에 미치는 영향, 한국경영학회 통합학술 발표논문집, 2008년

글로벌 시장 진출 전략

06

'글로벌화'는 전 세계 시장을 하나의 시장으로 보고 동일한 전략을 수행하는 것을 말합니다. 글로벌화의 근본적인 배경에는 생산, 정보 통신 및 물류 분야 등에서 기술의 발달과 무역 장벽의 철폐가 있습니다. 많은 선진 기업들은 내수 시장의 성장 한계를 극복하고 더 큰 성장을 견인하기 위해 사업 영역을 이미 글로벌 시장으로 확대하여 세계 시장에서 많은 매출과 수익을 창출하고 있습니다.

기업들의 글로벌화 촉진 배경을 4가지 요인으로 나누어 보면 다음과 같습니다.

첫째, 시장적 요인입니다. 가장 중요한 요소는 고객 욕구가 점차 전 세계적으로 동질화되면서 서로 다른 국가에서도 동일한 형태의 제품과 서비스를 요구합니다. 연구에 따르면 소비재, 예를 들어 컴퓨터 서버 및 공작 기계 등의 산업재 및 첨단 기술 제품이 글로벌 브랜드 전략에 더 적합합니다.

둘째, 경제적 요인입니다. 고객의 새로운 욕구를 충족하기 위해 개발 비용은 증가하나, 자국 시장만으로는 기업이 연구개발 및 생산 장비 투자를 할 만큼 '규모의 경제' 달성에는 미흡합니다. 따라서 글로벌 시장으로 확대할 경우 '규모의 경제'를 달성할 수 있으므로, 제품 표준화를 통해 생산량을 증가시키고, 이에 따라 학습효과가 배가되며, 아울러 단위당 상각하는 개발 비용도 감소하게 됩니다. 전 세계에서 부품 및 자재를 조달하는 것도 비용 이점을 제공합니다. 또한, 인건비가 저렴한 국가에서 생산하는 것도 가능합니다만, 향후 경쟁사가 될 소지는 있습니다.

셋째, 환경적 요인입니다. 자국 정부의 무역 정책, 수출입 제한 및 촉진 등이 글로벌화에 영향을 주는데, 정책 중 자유 무역주의는 글로벌 시장으로의 확장을 지원합니다. 정보통신과 물류 시스템의 향상으로 세계적 규모의 생산 운영이 관리 가능하며, 국가 간의 무역 정책 합의로 상품 흐름이 원활하여 결국 물류비용이 감소하게 됩니다. 아울러 정부와 소비자들의 친환경적 제품 요구가 강화되는 것도 글로벌화 촉진의 요인이 됩니다.

넷째, 경쟁적 요인입니다. 경쟁사들 역시 자신들의 경쟁력을 바탕으로 글로벌 시장으로 진출하고 있으므로 이에 대응하기 위해서라도 글로벌화가 촉진되고 있습니다.

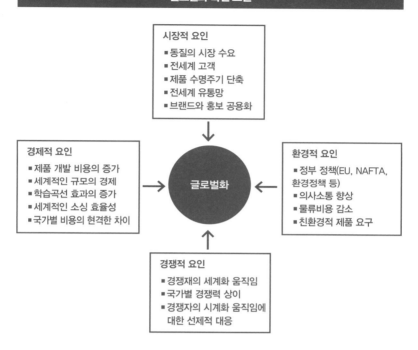

글로벌화 촉진 요인

시장적 요인
- 동질의 시장 수요
- 전세계 고객
- 제품 수명주기 단축
- 전세계 유통망
- 브랜드와 홍보 공용화

경제적 요인
- 제품 개발 비용의 증가
- 세계적인 규모의 경제
- 학습곡선 효과의 증가
- 세계적인 소싱 효율성
- 국가별 비용의 현격한 차이

글로벌화

환경적 요인
- 정부 정책(EU, NAFTA, 환경정책 등)
- 의사소통 향상
- 물류비용 감소
- 친환경적 제품 요구

경쟁적 요인
- 경쟁재의 세계화 움직임
- 국가별 경쟁력 상이
- 경쟁자의 시계화 움직임에 대한 선제적 대응

기업들이 글로벌 시장에 진입하는 방법에는 복잡성과 책임에 따라 다음과 같이 나눌 수 있습니다.

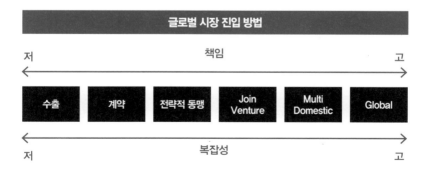

글로벌 시장 진입 방법

저   책임   고

| 수출 | 계약 | 전략적 동맹 | Join Venture | Multi Domestic | Global |

저   복잡성   고

해외시장 진출의 첫 번째는 대부분 위험이 제일 적은 방법인 수출로 시작합니다. 이는 자국에서 생산하여 해외에 현지 수입상 또는 대리인을 통해 판매하는 방법입니다. 이 방법은 기업의 자원이 제한적일 때, 정치적·경제적 위험을 최소화하고자 할 때, 시장 요구도와 문화에 친숙하지 않을 때 사용하는 전략으로, 특히 중소기업에게 가장 보편적인 진입 전략입니다. 그러나 유연성에 제약이 있어 미래의 성장을 담보하기가 곤란한 단점도 있습니다. 또한, 마케팅 활동에 대한 직접적인 통제가 불가하여 활동을 조정하고, 전략을 수행하고, 고객과 경로 구성원 간의 갈등을 해결하기가 어렵습니다.

계약에는 3가지 방법이 있습니다. 첫째, 면허 허가Licensing는 상대에게 지적 재산권 사용을 허여하고 면허료 등 대가를 취득하는 방법으로, 자산에는 상표, 특허, 기술, 노하우, 기업명도 포함됩니다. 기업에게 자본 투자나 마케팅 노력이 투자되지 않기에 해외시장 점검의 기회를 제공하며, 수출이나 해외 직접투자가 불가한 해외 국가에 진입하는 방법으로 활용됩니다. 물론 면허권을 받은 업체는 미래의 경쟁사가 될 수도 있습니다. 둘째, 프랜차이징은 모기업이 다른 기업에게 특정한 방법으로 사업을 영위하도록 하는 권리를 허여하는 면허 허가의 한 방법입니다. 이 권리에는 모기업의 제품 판매, 이름 사용, 마케팅 방법 또는 다른 일반적 사업적 방법의 사용을 포함합니다. 특히 서비스 기업이 적은 비용으로 해외시장 진출에 유용한 방법이기도 하나 해외 정부의 개입이 문제가 될 수도 있습니다. 최근에는 한 국가나 다른 국가에 판매하기 위해 그 국가의 생산자로부터 제품을 공급받는 방법인 계약 생산 방식도 있습니다. 셋째, 관리 계약은 고객에게 통합된 서비스를 제공하는 패키지를 제공하는 계약으로, 해외 정부가 투자나 합작 투자JV 등의 협력을 승인하지 않을 때 사용합니다. 관리 계약의 특수한 형태가 턴키Turn-key 운용 계약으로 고객이 전체 운용 시스템 획득과 정비 및 운용에 필요한 기술 획득이 가능토록 제공합니다. 예를 들어, 호텔 관리, 컴퓨터 서비스 등 서비스 분야에서 효율적인 진출 방법이 됩니다.

전략적 동맹은 경쟁력 강화를 목적으로 참여자들 간에 자본과 관리 자원의 책임을 공유하는 것으로, 글로벌화 전략에서 역할이 점차 증가하고 있습니다. 이점은 시장 또는 기술 접근, 생산과 마케팅 활동에서의 규모의 경제, 참여자 간 위험 분산 등이 있지만, 장애는 참여자 간 마케팅 및 제품 설계에 대한 서로 다른 의사결정으로 인해 협력과 신뢰의 문제 발생, 한 국가에서는 최고의 기술을 지닌 참여자가 다른 국가에서 그렇지 못할 때 세계적 규모의 동맹 수행에 문제 발생, 기술의 빠른 변화로 인해 오늘은 최고 기술을 지닌 참여자가 내일은 그렇지 못할 때 시간이 지남에 따라 동맹의 유지에 대한 문제가 발생하는 것입니다. 잠재적 협력선 선정은 자원, 고객 및 경로와의 관계, 평판, 마케팅 및 R&D 역량, 문화 등의 분야에서 평가합니다.

JV는 해외시장에서 제품을 생산하거나 마케팅하기 위해 소유권을 공동으로 갖는 계약을 체결하여 신규 회사를 설립하는 것으로, 신규 회사 설립이 전략적 동맹과 차이점입니다. 참여자의 지분 투자는 자금, 기술, 영업 조직, 노하우, 장비 등 다양합니다. 장점은 해외 정부의 규제 시 해외시장에 진입하기 위한 유일한 방법으로 JV가 해당 지역의 정부 및 고객과 더 좋은 관계를 유지할 수도 있습니다. 단점으로는 JV 관계 유지에 애로가 있는데, 연구에 따르면, 50% 이상의 JV가 정보 공개, 이익 배분, 관리 스타일의 충돌 등의 문제로 파탄을 맞는다고 합니다. 물론 제록스사와 같이 일본 후지 포토사와 JV를 설립하여 일본에 진출하고, 품질관리 기법을 배워 제품을 개선하면서 30년 이상 JV 운영하고 있는 사례도 있습니다.

멀티 도메스틱Multi Domestic 전략은 다국적 기업들이 자국 외의 국가에서는 각 자회사가 해당 국가의 시장에서 독립적으로 경쟁하는 것을 허용하는 것으로, 다국적 기업의 본사는 마케팅 정책과 재무를 통제하고 조정하며 연구개발에 집중합니다. 멀티 도메스틱 사례는 소매, 건설, 금속 가공 및 많은 서비스 기업 등에서 찾을 수 있습니다.

글로벌 전략은 전 세계에 걸쳐 통합된 전략 선택으로 경쟁력을 확보하는 전략으로, 핵심 제품은 표준화하고 일부만 국가별로 최소한으로 허용하는 전략입니다. 대표적인 예로는 민간 여객기, 소비자 전자 제품, 산업용 기계 등에서 찾아볼 수 있습니다.

이처럼 다양한 방법의 글로벌 시장 진입 방법은 시장의 규모와 성장 잠재력에 따라 결정합니다. 진입 장벽이 있는 제한된 규모의 시장에서는 면허나 계약생산이 비용 효과적입니다. 규모의 경제가 되는 시장에는 수출이 효과적입니다. 현지 시장이 구축되면 현지 생산이나 마케팅 자회사를 설립하는 것이 효과적입니다. 아울러 위험성이 큰 시장에서는 면허 허가, 계약생산, 지분이 적은 JV 등의 방법으로 자산 노출을 줄일 수 있습니다.

경쟁력의 원천을 진단하기 위해 가치사슬을 제시한 마이클 포터 교수는 글로벌화 전략을 다음과 같이 제시하고 있습니다.

1 기업은 가장 높은 경쟁력을 지닌 사업이나 제품 분야를 우선 글로벌화 합니다. 이는 경쟁사보다 낮은 비용으로 활동을 수행하거나, 차별적으로 고객에게 부가 적인 가치를 제공하는 것을 의미합니다.

2 국가별로 제품이나 서비스를 변경하기보다는 기업의 독특한 전략적 포지셔닝을 유지하고 활용하면서 중요한 시장에 진입하기 위해 끈기 있고 장기적인 캠페인 활동을 펼쳐야 합니다. 모든 세분 고객에게 접근하기 위해 모든 제품 구색을 갖 추어야 한다는 것은 잘못된 생각입니다.

3 사업에 대한 명확한 본부Home Base 전략을 수립합니다. 본부는 전략이 수립되고, 핵 심 제품 및 공정 기술이 개발되고 유지되며, 제품이나 서비스의 상당 부분이 존 재하는 장소로 정의합니다. 예를 들어, Honda의 본부는 일본으로, 연구개발 인 력의 95%가 근무하고 엔진에 관한 핵심 연구를 수행하고 있습니다. 휴렛–패커 드사는 미국에 생산, 연구개발, 관리의 77%가 모여 있지만, 마케팅은 단지 43% 에 불과합니다. 또한, 본부는 필요한 자원과 지원 산업, 예를 들면 전문화된 공급 선이 쉽게 접근할 수 있는 곳에 있어야 합니다.

4 제품라인이 확장되고 다양화됨에 따라 다른 국가로 본부를 확대합니다. 특정 제 품라인에 대한 본부는 최상의 지리적 이점을 제공하는 국가에 배치하여야 합니

다. 예를 들어 휴렛-패커드사는 미국 외에 많은 제품라인을 갖고 있는데, 싱가포르에서는 잉크젯 프린터를 생산합니다.

5 본부의 확대에 따라 이점이 분산될 수 있으므로 구매 경쟁력 확보, 시장 접근성 개선, 해외의 경쟁력 활용 분야에서 잠재적 기회를 검토하여야 합니다. 구매 경쟁력 확보를 위해서는 원자재나 일상용품은 가장 비용 효과적인 곳에서 구매하여야 합니다. 시장 접근성을 개선하기 위해서는 시장 근처에 활동을 펼쳐 해외 고객과 정부에 대응하고 현지 요구도에 맞춘 제안을 제공하여야 합니다. 자국에서 중요한 기술에 대한 능력을 개선하기 위해 해외국가에 있는 혁신 센터에서 확보한 경쟁력을 활용할 수 있어야 합니다. 아울러, 지리적으로 분산된 위치 특성을 고려하여 모든 국가의 구성원이 이해하는 명확한 글로벌 전략 수립, 전 세계적으로 일관된 정보와 회계 시스템 개발, 전 세계적으로 퍼져 있는 관리자들 간에 인적 관계와 학습 공유, 자회사 성과 외에도 기업 전체에 대한 보상에 중점을 두는 잘 설계된 보상 시스템 등의 활동을 조정/통합하여야 합니다.[112]

기업의 글로벌화를 추진하기 위해서는 우선 사고 방식을 글로벌하게 확대하고, 시장조사를 통하여 고객의 니즈를 파악하고 이를 효과적으로 충족시키기 위한 역량 개발이 필수적입니다. 특히 글로벌 시장은 시장 환경 및 수요의 변화, 법적 불확실성 등에 대한 위험이 있으므로 마케터는 자국 정부의 중앙은행, 무역협회, 수출진흥기관, 외교부, 무역부 등과의 네트워크 구축이 필요하며, 또한 국제 산업전시

---

112 Micheal D. Hutt와 Thomas W. Speh, Business Marketing Management 11th edition, South-Western, 2013년

회, 협회 행사 등에 적극적으로 참여하고 관계를 구축하는 것이 중요합니다. 정부 역시 기업의 글로벌 시장 진출을 지원하기 위해 체계적인 계획을 수립하여 수출 및 국제 협력사업을 지원하는데, 이에는 글로벌 시장에서의 홍보 지원, 글로벌 브랜드 개발, 해외 구매자 소개, 컨설팅 서비스 제공, 수출 인센티브 제공 및 해외기업과의 합작투자 장려 등이 있습니다.[113]

글로벌화 추세에 따라 중소기업들도 글로벌화를 위한 전략을 수립하여 추진하고 있습니다. 중소기업은 시장 변화에 신속하게 대응할 수 있는 유연성으로 시장에서 경쟁력을 확보할 수 있습니다. 반면, 중소기업의 특성상 기술 수준이 낮고 글로벌화 역량이 부족하며, 시장에 대한 충분한 연구 없이 글로벌 시장에 진출하는 경우도 있습니다. 포르투갈에서 335개의 중소기업을 대상으로 연구한 결과에 따르면, 중소기업의 글로벌화 추진을 위한 역량으로 제품 개발관리와 공급망 관리 능력이, 그리고 시장조사 및 이해관계자와의 네트워크 구축 능력이 글로벌 마케팅 성과에 영향을 미치는 것으로 나타났습니다.[114] 한국에서도 70개 수출기업을 대상으로 조사한 결과에 따르면, 수출 경쟁력은 가격과 유통이 원가 우위의 전략에 영향을 미치며, 현지 고객의 니즈를 충족하는 신제품 개발 능력이 브랜드 우위 전략에 영향을 미치는 것으로 나타났습니다.[115]

113 Md Imtiaz Mostafiz 외, Antecedents and consequences of market orientation in international B2B market: role of export assistance as a moderator, Journal of Business & Industrial marketing, Article in Press, 2021년
114 Caroline Reimann 외, The Influence of dynamic and adaptive marketing capabilities on the performance smes in the b2b international market, Sustainability(Switzerland), 제13권 제2호, 2021년
115 김용규, 한국 기업의 해외마케팅 역량 결정 요인에 대한 실증 연구, 인터넷비즈니스 연구, 제7권 제2호, 2006년

CHAPTER
6

마케팅 세부 계획 - 제품과 서비스

비즈니스 제공물의 종류

01

우리는 앞에서 고객의 니즈를 충족시키기 위해 제공되는 모든 것을 제공물이라고 하였습니다. 제공물에는 제품처럼 유형적인 것도 있고, 서비스, 장소, 사람과 같은 무형적인 것도 있습니다. 제품은 교환하거나 사용할 수 있는 특징, 기능 및 용도 등으로 정의하며, 제품은 아이디어, 물리적 실체나 서비스일 수 있으며 또한 이 3가지의 조합일 수도 있습니다. 제품은 개인과 조직의 목표를 만족시키는 측면에서 교환의 목적으로 존재합니다. '제품 및 서비스'라는 용어가 사용되기도 하지만, 일반적으로 '제품'은 제품과 서비스 모두를 통칭하는 용어입니다.[116]

비즈니스 제품은 대량의 소비자 제품에 비해 제품이 소량이고, 고

---

116   www.ama.org/the-definition-of-marketing-what-is-marketing

가이며, 기술적으로 복잡하고, 고객의 요구에 맞추는 고객화가 필요합니다. 비즈니스 제공물은 원가 기준으로 또는 제품 생산 라인을 기준으로 구분하여 그 특징을 살펴볼 수 있습니다.

　원가 항목을 기준으로 하여 비즈니스 제공물은 다음과 같이 구분하며, 각 분류별 구매조직과 마케터의 활동은 다음과 같습니다.

　투입 상품Entering Goods은 최종 제품을 구성하는 원자재 및 부품으로, 원가 계산상 재료비로 처리합니다. 구매조직에게 원자재는 적기에 안정적 수급이 중요하며, 대량 구매하는 표준품의 경우 경쟁력 있는 가격, 신뢰할만한 납기 및 후속 지원이 중요합니다. 소량의 표준품 주문은 주로 유통업체Distributor를 통해 구매하기도 합니다. 원자재 및 부품을 공급하는 마케터는 고객의 다양한 요구를 식별하고, 구매에 영향을 미치는 요소를 핵심 요인을 파악하여 대응하여야 합니다.

　기초 상품Foundation Goods은 건물, 고정자산, 기계설비, 컴퓨터 서버 등의 자본재로, 원가 계산상 감가상각비로 처리합니다. 기초 상품은 주로 경기 및 판매 전망에 따라 투자가 이루어집니다. 구매조직은 고가품은 주로 원제작업체와 직거래하며, 공구 등과 같은 저가품은 주로 대리점을 활용합니다. 대부분은 고가품으로 협상 및 계약에 오랜 시간이 소요되며, 의사결정에 임원진이 참여합니다. 따라서 고객과의 밀접한 인적 네트워킹이 중요합니다. 구매 의사결정에서는 장비의 성능, 업계 선도력, 지원 능력, 경쟁사보다 우수한 투자 수익률Return On Investment: ROI 제공 능력 등이 가격이나 광고보다도 더 중요한 요인입니다.

편의 상품Facilitating Goods은 사무용품, 페인트와 같은 부자재, 컨설팅 등의 서비스로 원가 계산상 경비로 처리합니다. 최근에는 급여 지급, 세금 계산 등 사내에서 처리하던 업무를 비즈니스 서비스 아웃소싱으로 이전하는 추세가 증가하고 있습니다. 일례로 미국의 ADP사는 급여 지급, 복지, 연금, 의료보험 등 경리 업무 및 인력 채용, 교육, 은퇴 등 다양한 인사 업무도 처리하고 있습니다. 다양한 종류의 사무용품 등 소모품은 주로 해당 기업이 이미 선정한 유통업체를 통해 구매합니다. 최근에는 구매 행정을 줄이기 위해 인터넷 시스템을 도입하는 곳이 늘고 있는데 구매자가 책상에서 인터넷 전자 카탈로그를 통해 주문하면 공급선이 이를 확인하여 바로 공급하는 시스템입니다. 따라서 이러한 상품을 공급하고자 하는 기업은 입찰에 참여하기 전에 공급업체로 등록이 되어있어야 합니다. 등록된 공급업체의 마케터는 카탈로그 및 홍보 활동에 집중하여야 하며 가격과 납기에서 경쟁력을 제공하여야 합니다.

비즈니스 제공물을 기업이 생산하는 제품 라인을 기준으로 분류하

면 다음과 같습니다.

① 카탈로그 제품_{Catalogue Products}

특정 형상으로만 제공하는 제품으로 미리 주문량을 예상하여 생산합니다. 제품라인에 대한 의사결정은 제품라인에서 제품의 추가, 삭제 또는 재포지셔닝과 관련된 것입니다.

② 고객 맞춤 제품_{Custom-built Products}

고객의 다양한 요구도 충족을 위해 기본제품과 함께 다양한 부속과 옵션을 제공하는 제품입니다. 제품라인에 대한 의사결정은 적절한 옵션과 부속을 혼합하여 제공하는 것에 중점을 둡니다. 예를 들어 판매 단말기 시스템에 스캐너, 카드 리더기 등을 함께 공급할 수 있도록 확장하는 것입니다.

③ 고객 설계 제품_{Custom-designed Products}

하나의 고객 또는 소수 고객의 요구도를 충족하기 위해 만드는 제품입니다. 제품라인은 공급선의 능력에 따라 구성됩니다. 예를 들면 발전소, 여객기 등입니다.

④ 산업 서비스_{Industrial Service}

실제 유형 제품이 아닌 정비, 기술 서비스, 경영 컨설팅 등과 같은 업체의 능력을 구매하는 것입니다.

참고로, 제품Product은 원자재를 이용하여 직접 제조과정을 거친 완성품을 말합니다. 상품Goods은 제조과정을 거치지 않고 외부로부터 물품을 구매하여 고객에 판매하는 상품을 말합니다. 즉, 자신이 제조하지 않은 제품을 말합니다. 소비자가 전자제품 전문 매장에서 핸드폰을 구매한다면 이는 '상품'을 구매하는 것이며, 항공 운항사가 대형 여객기를 보잉사에서 구매한다면 이는 '제품'을 구매하는 것입니다.

기업의 정체성은 시장에 제공하는 제공물을 통해 형성되기 때문에, 제공물에 대한 관리와 통제가 가장 기본적입니다. 마케터는 제품을 공급할 것인지, 서비스를 공급할 것인지, 아니면 제품과 서비스를 조합하여 공급할 것인지를 결정할 필요가 있습니다.

비즈니스 고객에게
제공해야 할 가치들

02

　글로벌 경쟁이 심화하고 고객의 기대치가 증가함에 따라 제품 품질과 고객가치가 중요한 전략적 우선순위가 되고 있습니다. 미국에서 700명 이상의 구매자에게 확인한 결과, 구매자의 75% 이상이 공급선에게 제품 품질 향상을 요구한다고 조사되었습니다. 구매조직들도 공급선 선정의 기본적인 자격 조건으로 ISO9001 품질 인증을 요구하는 것이 당연시되고 있습니다. 정부의 획득절차에서도 전례 없이 품질 수준을 강조하고 있으며, 미국 국방성은 계약 지침에 ISO 기준을 반영할 것을 요구하고 있습니다. 이러한 구매조직의 품질 요구는 공급선에게도 영향을 주어 다시 2차 공급선들에게도 품질 수준의 향상을 요구하고 있습니다. 글로벌 비즈니스에 있어서도 ISO9001 등 국제 표준인증 획득 여부는 고객 만족도를 향상시켜 기업의 성과 향상에도

긍정적 영향을 미친다고 합니다.[117]

품질은 간단하게는 사용하기에 적합하다, 요구대로 만들어졌다, 일관성이 있다 등으로 정의합니다. 또한, 품질은 명시적 또는 암묵적으로 고객의 욕구를 만족시킬 수 있는 능력과 관련되는 제품이나 서비스의 기능 또는 특성의 총합으로 정의합니다. 6 시그마로 유명한 GE사는 전 조직과 공급선에게 6 시그마 품질 목표 달성을 요구하기도 하였습니다. 6 시그마 수준이란 제품 백만 개당 3, 4개의 결함 발생 수준으로 GE사는 이 활동을 통해 수십억 달러의 비용을 절감하고 제품과 서비스의 품질을 향상하였다고 합니다.

가치는 고객이 선택하고 결정하는 것입니다. 고객은 같은 가격이면 제품과 서비스가 다른 경쟁사보다 우수한 것을 공급선을 선택합니다. 따라서 마케터는 고객에게 기대치 이상의 서비스를 제공하여 제품에 가치를 부가하여야 합니다.

고객가치는 이미 1장에서도 이야기한 바와 같이 고객이 구매할 때 받는 혜택에서 비용을 제외한 차이입니다. 고객이 받는 혜택에는 제품의 물리적, 성능적 특성 외에도, 판매 전 제공한 기술지원, 훈련, 정비, 판매 후 수리 서비스, 신뢰성, 적기 납품 지원 등이 포함되며, 구매조직과 마케터 간의 관계도 포함됩니다. 특히 사후 서비스는 구매조직에게 매우 중요합니다. 따라서 마케터는 고객가치를 최대화하기

---

[117] 김창봉 외, B2B거래에서 국제표준인증 실행과 CRM 민족도가 사업성과에 미치는 영향에 대한 실증적 연구, 무역학회지, 제42권 제2호, 2017년

위해 제품, 판매, 서비스 간의 연결을 신중하게 관리해야 합니다.

높은 수준의 제품·서비스 품질은 높은 수준의 고객 만족으로 이어지고, 만족한 고객은 프리미엄 가격을 기꺼이 지급하고 재구매합니다. 기업으로서는 매출이 증가하고 판촉비용의 감소로 원가가 낮아져 수익성이 증대한다는 선순환구조를 이룰 수 있는 것입니다.

그럼 비즈니스 고객의 가치에는 어떤 것들이 있을까요? 〈하버드 비즈니스 리뷰〉는 2018년 3~4월호에서 지난 30년 이상의 연구를 통해 구매조직에게 가장 중요한 가치가 무엇인지를 조사하여 이를 5단계, 40가지의 가치로 나누어 구성한 피라미드 그림을 게재하였습니다.

다음 페이지에 나온 피라미드 1단계는 구매조직의 기본적인 요건입니다. 고객이 수용가능한 가격으로, 고객의 요구 규격을 충족하고, 절차를 준수하면서, 윤리적 기준에 부합하는 것입니다. 2단계는 비용 절감, 확장성 등 회사의 경제적 혹은 제품 성능 니즈를 해결해 주는 기능적 요소가 놓입니다. 이는 제조업 등 전통적 산업에서 오래전부터 중요하게 여겨졌던 요소들입니다. 구매조직이든 마케터든 간에 비즈니스 기업은 여전히 기능적 요소에 대부분의 에너지를 집중하고 있습니다. 3단계는 비즈니스 환경을 개선해 주는 가치요소입니다. 이 중 어떤 것은 고객의 생산성 개선, 운영성과의 개선 등과 같이 완전히 객관적 요소입니다. 그러나 이 단계에서는 당사자들 간의 관계를 개선해 주는 문화적 적합성, 고객을 위한 마케터의 노력 등 구매조직의 주관적 판단이 포함되는 요소도 나타납니다. 4단계는 개인적 요소로,

비즈니스 고객가치 피라미드

영감을 주는 가치

목적

비전

희망 제공

사회적 책임

개인적 가치

커리어 관련

네트워크 확대　시장성　평판 보증

개인 관련

디자인/심미적 기준　성장 및 발전 기회　불안감 감소　즐거움 및 혜택

비즈니스환경 개선 가치

생산성	접근성	관계

시간 절약　수고 절감　가용성　응대 속도　전문성

번거로움 해소　정보　투명성　다양성　고객을 위한 노력과 헌신　안정성　문화적 적합성

조직　단순화　연결　통합　적응성　리스크 감소　사용가능 범위　유연성　부품의 품질

운영적 가치　전략적 요소

기능적 요소

경제적 요소　성과 관련

매출 개선　비용 절감　제품 품질　확장성　혁신

기본 요건

규격 부합　수용 가능한 가격　규정 준수　윤리적 기준

불안감 감소와 디자인 및 심미적 요소와 같은 구매자의 사적인 기준, 그리고 시장성 강화, 네트워크 확대 등과 같은 커리어 관련 요소가 들어갑니다. 기업의 경영성과에 영향을 끼치는 의사결정을 해야 하는 구매조직은 구매 실패에 대한 부담감을 가질 수밖에 없습니다. 피라미드의 가장 꼭대기에는 영감을 주는 가치요소가 있습니다. 고객의 미래 비전을 개선해 주거나, 조직이나 개별 구매자의 미래에 희망을 주거나, 회사의 사회적 책임을 강화해 주는 요소입니다.

이러한 피라미드의 구성은 마치 소비자 마케팅에서 언급되는 매슬로우의 욕구 5단계와 형태가 같습니다. 1943년에 발표된 매슬로우의 욕구 5단계설은 가장 기저에 인간으로서 가장 기본적인 의식주, 수면, 성욕 등의 생리적 욕구가 있고, 그 위에 신체적, 감정적 위험이나 위협으로부터 회피하고 보호하려는 안전적 욕구, 그 위에 집단에 소속되어 소속감을 느끼고 타인과의 관계에서의 자신의 위치를 확인하려는 사회적 욕구, 그 위에 타인으로부터 인정과 존경을 받고 명예, 권력, 성취 등을 추구하려는 자기존중의 욕구, 그리고 정점에 자아실현 및 자아완성의 욕구가 있다는 것입니다.

고객에게 중요한 가치를 파악하기 위해서 가치 피라미드를 구성한 하버드 비즈니스 리뷰에서는 다음과 같이 권고합니다.

1. 벤치마킹하라. 기본적 가치 외의 요소를 경쟁사와 비교하고 벤치마킹하라. 설문 조사를 하면 많은 시사점을 찾을 수 있다.
2. 고객들과 대화하라. 고객의 니즈, 고객의 만족과 불만의 원인, 고객이 제품 및 서

비스를 사용할 때 어떤 부분을 감수해야 하는지 등을 파악하고, 구매조직의 참여

자가 누구인지, 누가 구매 의사결정에 영향을 미치는지, 그리고 참여자들의 우선

순위와 가치의 원천이 어떻게 다른지 파악하도록 고객들과 대화하라. 필요하면

중립적 제3자를 통해 인터뷰하는 것도 고려하라.

3. 고객의 가치를 높이는 방안을 생각해보라. 어떤 핵심 가치에 먼저 집중할지에 대

한 아이디어를 수집하라. 자사보다 경쟁사에 더 높은 충성도를 보이는 고객과 인

터뷰를 하는 것도 좋은 방법이다.

4. 다듬고, 테스트하고, 학습하라. 회의에서 나온 아이디어가 고객에게 어필하는지,

회사가 이를 실행할 만한 역량이 있는지 등을 논의하고 평가하라. 테스트하라.

개선한 후 경쟁사 대비 현황을 재분석하라.

하버드 비즈니스 리뷰가 IT 산업을 대상으로 비즈니스 고객의 충

성도에 영향을 주는 요소를 조사하였더니, 기본적 가치를 제외하고

는 '제품 품질, 전문성, 응대성'으로 나타났습니다. (하단은 순서대로 제품

품질, 전문성, 응대 속도, 희망 제공, 통합, 비전, 리스크 감소, 문화적 적합성, 단순

화, 시간 절약)[118] 산업별로는 다를 수 있다고 하더라도, '규격 부합, 수

용 가능한 가격, 규정 준수, 윤리적 기준'이라는 기본적 가치 외에 '제

품 품질, 전문성, 응대성'이 고객의 충성도에 영향을 준다는 것이 시사

점을 준다고 생각합니다.

---

118   B2B 시장의 고객가치를 해부하다, 하버드비즈니스리뷰, 2018년 3-4월호

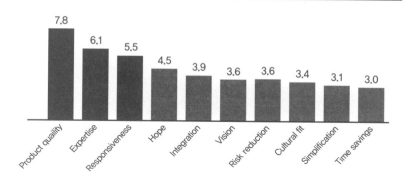

IT 산업에서 고객충성도에 영향을 주는 요소

- Product quality: 7.8
- Expertise: 6.1
- Responsiveness: 5.5
- Hope: 4.5
- Integration: 3.9
- Vision: 3.6
- Risk reduction: 3.6
- Cultural fit: 3.4
- Simplification: 3.1
- Time savings: 3.0

글로벌 시장의 제품 전략

03

우리는 4장에서 목표 고객의 마음속에 자사의 제공물이 경쟁사 제공물보다 더 긍정적이고 우호적으로 각인되도록 자리잡게 만드는 것이 포지셔닝이라고 하였습니다. 포지셔닝은 고객에게 특정 기업 및 제공물을 차별화하고 개성(= 이미지)을 부여하는 브랜드로 연결됩니다. 브랜드 포지셔닝이 고객과 기업 간의 연결에 대한 포괄적인 개념이라면, 제품 포지셔닝은 '특정 제품이 특정 고객에게 잘 인지되도록 제품 특성을 전달하는 데 사용하는 프로세스'로 표현할 수 있습니다.

일반적으로는 제품에 대한 전략적 포지셔닝을 구축하는 것이 마케팅 기획에서 가장 중요한 부분이라고 합니다. 제품 포지셔닝 전략으로는, 첫째, 구매조직에게 자사가 보유한 특성의 중요성을 강조하여 경쟁사 제품과의 차이를 극대화하거나, 둘째, 자사의 제품 성능이 경쟁사보다 우월하나 구매조직이 다른 특성이 우위를 갖는다고 인지하면, 그 구매조직의 인식이 전환되도록 마케팅 의사소통을 개발하거나, 셋째, 구매조직이 강조하는 차별적 특성에 대한 자사의 성능 수준을 향상함으로써 제품의 경쟁적 위치를 상승시키는 것입니다. 가격은 구매조직에게 항상 가장 중요한 요소는 아닙니다. 경쟁사 대비 자사가 강점을 지닌 차별적 특성을 강화하여 업계의 새로운 기준으로 만들면 자사의 장점이 더욱 부각될 수 있습니다.

구매조직은 제품을 품질, 서비스 등의 특성으로 인지하기 때문에 마케터가 제품 경쟁력 확보를 위해서는 고객의 구매 의사결정에 중요한 역할을 하는 특성을 파악하고 이 특성에 대해 경쟁사와 비교하여 포지셔닝 전략을 구상하는 것이 중요합니다. 고객의 구매 의사결정에 중요한 역할을 하는 특성을 확인하는 방법은 경쟁사 제품 대비 자사 제품에 대한 고객의 인지도 및 선호도로 측정합니다. 이처럼 제품의 고객이 중시하는 핵심적 특성들과 이에 대한 고객의 인식을 가시적으로 파악할 수 있도록 한 것이 바로 포지셔닝 맵입니다. 이 포지셔닝 맵은 고객의 인식을 기반으로 하므로 지각도라고도 합니다.

포지셔닝 맵은 마케터에게 자사의 제품이 어떤 제품과 경쟁 관계에 있는지를 가시적으로 인지하게 해줍니다. 고객은 포지셔닝 맵 상에서 가까운 거리에 있는 제품들은 유사하고 대체 가능한 것으로 지각하므로, 이들은 다른 제품들보다 더 경쟁 관계에 있다고 할 것입니다.

다음의 그림에서는 가격과 품질 면에서는 포드와 토요타 및 혼다가 서로 치열한 경쟁 관계에 있다고 보입니다. 마케터는 포지셔닝 맵

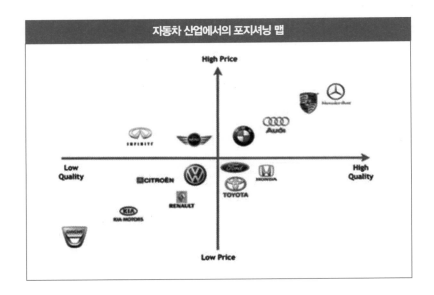

자동차 산업에서의 포지셔닝 맵

상에서 이상적 제품의 위치를 조사함으로써 고객이 원하는 제품 특성이 무엇인지를 알 수 있으며, 이를 통해 고객 욕구를 파악하여 이를 충족시킬 수 있는 신제품 개발의 기회도 찾게 됩니다. 또한, 고객들의 이상적 제품들의 분포를 이용하여 전체 시장을 몇 개의 세분 시장으로 나누고, 각 세분 시장에 맞는 마케팅 전략을 수립할 수도 있습니다.[119]

통계 분석을 이용하여 포지셔닝 맵을 작성하는 방법에는 고객이 제품 구매시 고객이 중요하게 생각하는 제품 속성들을 축으로 하여 고객의 속성 평가자료를 근거로 각 제품의 상대적 위치를 나타내거

---

119 안광호와 임병훈, 마케팅조사원론, 제6판, 창명, 2017년

나, 각 제품에 대한 다양한 유형의 평가자료를 토대로 고객에 의해 지각된 제품 간 경쟁 정도를 간접적으로 찾아내는 다차원척도법을 사용하기도 합니다. 국내 B2B 연구에서도 와인 수입상 업체에 대하여 다차원척도법을 이용한 포지셔닝 분석을 통해 경쟁 관계, 속성별 경쟁우위, 이상적인 브랜드 인식 등을 알려주고 있지만[120], 현장에서는 아직 제한적으로 활용되는 실정입니다.

마케팅 전략에서 이야기한 것처럼 기업 성장을 위하여 글로벌 시장으로의 진출은 이제 필수입니다. 글로벌 시장으로의 진출을 위한 제품 전략은 시장의 니즈와 제품 형상에 따라 구분합니다.

글로벌 제품 전략은 조직 구매자의 요구가 전 국가에서 동일하다는 전제로 동일 형상의 제품을 전 세계에 공급하는 것입니다. 주로 여객기, 컴퓨터 하드웨어, 광학 장비, 기계 공구 등 산업재와 첨단 기술 제품이 해당합니다. 다국적 기업들이 특히 전 세계적으로 같은 요구도를 갖습니다. 마케터는 전 세계 고객을 대상으로 유사성과 차이점을 조사하고, 핵심 요구도를 최대화하는 것이 중요합니다. 예를 들면, 캐논사는 복사기의 용지 크기를 일본 규격에 맞추기보다는 처음부터 전 세계 시장의 규격에 맞춘 복사기를 생산하고 공급하였습니다.

제품 세분화 전략은 시장 니즈는 전 세계에서 동일하나, 제품은 각 국가에 맞추어야 할 때 사용합니다.

---

120   이유양 외, 와인수입사의 브랜드 포지셔닝 분석 : B2B를 중심으로, 관광레져연구, 제24권 제1호, 2012년

시장세분화 전략은 고객의 니즈는 국가마다 다르나 제품은 표준화하는 경우입니다. 예를 들어 애플 컴퓨터는 표준화된 제품 라인을 판매하나, 국가마다 서로 다른 포지셔닝 전략, 홍보 전략, 유통 전략 등을 사용합니다.

국가별 제품 차별화 전략은 나라마다 맞춤 제품을 개발하여 공급하는 것입니다.

제품의 글로벌 시장 진출 전략		
제품 형상	시장 니즈	
	동일	상이
동일	글로벌 제품	시장세분화
상이	제품 세분화	국가별 제품 차별화

제품 수명주기를 고려한 마케팅 전략

04

제품 수명주기는 이미 소비자 마케팅 관리에서도 많이 다루었을 것입니다. 제품의 수명주기는 한 제품이 개발되고 시장에 출시되어 판매되다가 결국 사라지는 주기를 말합니다. 보통 단계를 구분하여 마케팅 전략과 연계하는데, 도입기-성장기-성숙기-쇠퇴기로 나눕니다. 특히 많은 초기 투자가 수반되는 비즈니스 시장에서는 제품의 개발 결정 전에 시장조사, 경쟁자 분석, 특허 및 소유권 등을 미리 검토하여야 합니다. 제품의 개발기에는 시제품 개발 및 검증, 제품 홍보, 생산 능력, 품질 등을 함께 검토하여야 합니다. 매출액과 이익의 관점에서 본다면 제품 개발기에서는 시장에 출시되지 않았기 때문에 당연히 매출액은 없고, 개발 비용만 투입됩니다. 아울러 초기 도입기에서도 홍보 등 마케팅 비용을 고려하면 그 적자 폭은 증가할 것이고, 제품이 본격적으로 팔리기 시작하는 성장기에 매출이 증가하며 이익도 발생하게 될 것입니다.

제품 수명주기에 영향을 미치는 몇 가지 요소가 있습니다. 조엘 딘은 제품 수명주기의 길이는 한 국가에서 발생하는 기술변화율, 신제품에 대한 고객의 시장수용률, 경쟁자의 시장 진입 용이성, 기업의 위험 부담 능력, 기업의 경제력 및 관리력, 특허에 의한 보호에 따라 달라진다고 합니다.[121]

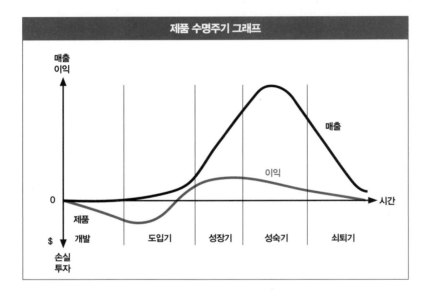

특히 기술변화는 제품 수명주기에 커다란 영향을 미칩니다. 혁신은 본질적으로 모든 산업 및 환경에서 기업에게 경쟁우위를 제공해

121　www.economicsdiscussion.net/marketing-management/product-life-cycle/what-is-product-life-cycle/32115

주는 중요한 원천이며, 다양한 요구 충족을 위하여 효율성, 생산성 향상 및 차별화를 촉진합니다. 특히 기술은 혁신 역량을 강화하는 원동력이기 때문에 기업은 기술을 활용하여 새로운 혁신을 창출하도록 노력합니다. 한 제품이 이미 시장을 지배하고 있더라도, 기술 혁신적인 제품이 더 우수한 생산성과 낮은 가격으로 시장에 진출할 경우에는 기존의 시장 지배적인 제품보다 더 빨리 시장을 지배할 수 있어 제품 수명주기에 큰 변화를 줄 수 있습니다. 따라서 마케터는 경쟁우위를 유지하기 위해서는 새로운 기술의 발전과 진화하는 기술 추세를 주목하고 이를 마케팅 전략 수립에 반영하여야 합니다.

일반적으로 제품 수명주기에 따른 특징과 마케팅 전략은 다음과 같이 요약할 수 있습니다.

제품 수명주기별 특징과 마케팅 전략					
구 분		도입기	성장기	성숙기	쇠퇴기
특징	매출	적다	급성장	저성장	저하
	이익	적자	정점	저하로 전환	저하
	현금흐름	마이너스	플러스로 전환	플러스	마이너스로 전환
	경쟁 기업	거의 없다	증가	많다	감소
마케팅 전략	목표	시장 확대	시장 침투	점유율 유지	생산성 확보
	중점	제품 인지	브랜드	브랜드 충성도	선택적
	목표 고객	선도자	대중	대중	보수적 고객
	제품 계획	기본품 개발	라인 확대	차별화	라인 축소
	경로 계획	제한적	확대	핵심 경로화	선택/한정
	가격 계획	높다	약간 낮다	최저	상승
	의사소통 계획	교육 계몽적	특징 강조	실리적 수단	효과 감퇴

그러나 제품 수명주기 분석은 주관적이며 산업 전개의 대체적인 방향만 설명합니다. 특정 산업의 수명주기가 언제 시작해서 언제 다음 단계로 넘어간다는 설명을 하지 못하는 결점이 있습니다. 더구나 제품 수명주기 형태는 기업의 마케팅 전략이나 당초 예상하지 못한 요인에 의해 달라질 수 있으므로 제품의 판매 실적이 제품의 수명주기에 의해서 이루어지지 않는 측면도 있다는 것을 염두에 두어야 합니다.[122]

비지니스 제품의 경우 도입기를 거쳐 성장기에는 초도 고객의 운용 경험이 중요합니다. 이는 보잉 737 Max 사례로 확인할 수 있습니다. 세계적인 여객기인 보잉 737 항공기는 보잉사의 캐시카우 역할을 맡고 있습니다. 보잉 737은 1968년 첫 운항을 시작한 이후 현재까지 계속 생산 중인 모델로 가장 많이 팔린 기종으로, 최근까지 월 40대 이상을 생산하였습니다. 대당 가격은 1억 달러가 넘는 것으로 알려져 있습니다. 최초의 보잉 737은 인력 100명 내외의 단거리 여객기이었으나, 현재는 보잉 757까지 대체하여 200명의 승객으로 중거리까지 운행할 수 있습니다.

보잉사가 기존 737 여객기 운영 비용을 7%나 절감한 B737 Max 8 초도기를 2015년 12월에 초도 생산하여 고객에게 인도하기 시작한 지 얼마 안 되어 2018년 10월 29일 인도네시아의 라이언에어 소속 737 Max 8이 추락하여 189명이 사망하였습니다. 이어 2019년 3월 14일에

---

[122] 방용성 외, 컨설팅 실무, 학현사, 2016년

는 에티오피아에서 이륙 직후 추락하여 157명이 사망하였습니다. 사고 원인은 여객기 조종 기수 통제와 관련된 조종 특성 증강 시스템의 소프트웨어 결함으로 알려졌습니다. 소프트웨어 결함을 손보아 생산을 재개하려던 보잉사는 전 세계적인 코로나 19 상황으로 항공 운항사들의 항공기 주문 취소까지 겹쳐 결국 보잉사는 2020년 1월 737 Max 생산 중단을 결정할 수밖에 없었습니다. 보잉사의 주가는 이러한 상황을 반영하듯 2020년 초 주당 350불 가까이 상승세를 이어가던 주가가 2020년 3월 95불까지 하락하였다가 2021년 8월 현재는 220불대로 회복하였습니다. 보잉사는 경영 악화로 미국 정부에 600억 달러 규모의 구제 금융도 신청한 상황입니다. 2020년 11월 보잉사는 결함 소프트웨어를 수정하여 공식적으로 737 Max 비행 재개를 위한 승인을 받았지만 이미 잃어버린 명성은 어떻게 회복될지 귀추가 궁금합니다.

신제품 개발과 신성장 사업 창출하기

05

기업은 일반적으로 백지에서 신제품을 개발하지 않습니다. 일부 개발 사업은 생산 공정 개선에 중점을 두고, 일부는 제품 개선에 중점을 두며, 일부는 공정과 제품 모두에서 개선을 추구합니다. 다음은 4가지 제품 개발 사업의 형태입니다.

1. 파생형 사업

신기능 추가와 같은 점진적 제품 개선, 낮은 원가로 생산하게 하는 점진적 공정 개선, 또는 성능이 개선되면서도 가격이 낮아진 복합기처럼 양쪽의 점진적 변화에 중점을 둡니다.

2. 플랫폼 사업

제품군에서 사용되는 설계와 부품을 공유합니다. 이러한 사업은 종종 제품과 생산 공정 모두에서 다수의 변화를 포함합니다. 대표적인 예로서는 현대 및 기아자동차의 플랫폼 공유가 있습니다.

3. 획기적 사업

이전 세대와는 근본적으로 다른 새로운 핵심 제품과 새로운 핵심 공정을 수립하는 것입니다. 컴퓨터 SSD 기억장치와 광통신 케이블은 새로운 제품 범주를 만들었습니다.

4. 연구개발

궁극적으로 상용 개발을 이끄는 새로운 소재와 기술과 관련된 지식을 창조합니다. 은행이나 호텔 등의 통신 시설에 사용되는 루센트 테크놀로지사의 통신기술이 그 예입니다.

신제품 개발을 넘어 신성장 사업을 창출하기 위해서는 다음과 같은 전략을 고민합니다.

신성장 사업 창출 전략		
지속적 혁신	파괴적 혁신	
	저가형 파괴	신시장 파괴
목표 성능 고객이 가치를 두는 특성에 대한 점진적 또는 혁신적 개선	저가형 고객의 요구를 충분히 충족할 수 있는 성능	단순 및 편리 특성을 강화
목표 고객 개선된 성능에 추가 비용을 기꺼이 지불하고자 하는 주류 고객	저가 선호 고객	제품을 사거나 사용할 수 있는 돈이나 기술이 부족한 고객
수익성 현 경쟁력을 바탕으로 수익 개선 및 유지	저가로도 수익을 창출할 수 있는 신공정또는 재무적 접근 필요	낮은 가격과 적은 수량에서도 수익을 낼 수 있는 사업 모델 필요

지속적 혁신은 전에 사용한 제품보다 더 우수한 성능을 지닌 제품을 요구하는 고객을 대상으로 합니다. 이에 비해 파괴적 혁신은 단순하거나, 더 편리하거나 더 저렴한 제품으로 새로운 고객 또는 중저가 고객에게 제안합니다. 예를 들어 제록스가 선도하던 대형 복사기 시장에 1980년대 캐논이 저가의 단순한 책상용 복사기를 내놓자 시장이 바뀌었습니다.

파괴적 혁신 모델에는 저가형 시장 파괴 및 신시장 파괴의 2가지 전략이 있습니다. 저가형 파괴 전략이 성공하기 위해서는 저가형 시장의 고객이 존재하여야 하고, 저가 시장에 고객을 유인하기에 충분할 만큼의 낮은 가격으로도 어느 정도의 수익을 창출할 수 있는 비즈니스 모델의 개발이 필요합니다.

신시장 파괴 전략은 다음 중 최소 1개 조건을 충족하여야 합니다. 제품이나 서비스를 구매하기 위한 돈, 장비 또는 기술이 부족한 많은 인구나, 제품이나 서비스를 사용하기 위해 불편한 장소로 가야 하는 고객입니다.

BCG는 매년 세계적인 혁신기업의 순위를 발표합니다. '2019년 세계 혁신기업 상위 10위'에는 구글, 아마존, 애플, 마이크로소프트, 삼성, 넷플릭스, IBM, 페이스북, 테슬라, 아디다스사가 포함되어 있습니다. 이처럼 첨단산업 시장에서 성공하는 혁신기업의 특징은 빠른 속도의 변화에 대응하는 능력으로, 조사에 따르면 혁신기업은 고객의 요구를 충족시키는 제품을 일정에 맞추어 출시하는 데에 목표를 두고 있습니다. 이러한 혁신 업체들의 특성 4가지는 다음과 같습니다.

1. 우선순위에 집중합니다. 변화하는 고객 욕구 충족을 위한 성공적인 제품의 창조에는 유연성이 필요하나, 신제품 개발에 대한 우선순위 설정 후에는 이와 연계한 자원 배분을 하고, 핵심 일정에 대한 기한을 설정하고, 주요 성과에 대한 책임을 명시합니다.

2. 실시간 의사소통과 유연성입니다. 개발팀과 제품팀 전반에 걸쳐 공식적/비공식적 의사소통을 강조하며, 개발자에게 우선순위와 책임에 대한 유연성을 허여하는데 이는 변화하는 시장과 기술에 적응하는 동시에 제품을 개발하는 것을 의미합니다.

3. 실험입니다. 미래에 대한 다양한 대안을 창조하기 위한 저비용의 탐사를 수행하는데, 저비용 탐사의 예는 신시장을 위한 시제품을 개발하고, 미래의 요구를 더 잘 알기 위해 첨단 기술을 지닌 고객과 전략적 동맹을 체결하고, 미래를 전망하는 정기적 회의체를 구성하여 활동합니다.

4. 시간 준수입니다. 예측 가능한 시간대에 신제품을 개발함으로써 빠르게 변화하는 시장에서 경쟁을 위한 전략을 수행합니다.

국내에서 중소기업을 대상으로 혁신과 재무와 수출을 포함하는 경영성과 간의 관계를 조사한 연구에 따르면, 신제품 개발을 위한 제품 혁신 활동은 경영성과에 긍정적 영향을 미쳤으며, 아울러 가격 혁신에 대한 활동이 경영성과에 중요한 요인임을 보여주었습니다.[123] 또

123 정병철과 최순권, 중소기업의 혁신역량 유형이 경영성과(재무/수출)에 미치는 영향, 국제경영리뷰, 제23권 제3호, 2019년

한, 창업 7년 이하의 기업을 대상으로 혁신 역량을 조사한 결과, 시장 지향적인 기업은 고객의 니즈를 파악하고 시장의 요구를 신제품 개발에 반영하는 마케팅 역량이 독자적이고 선도적인 기술을 보유하고 활용하는 기술 역량보다 사업성과에 더 큰 영향을 미치는 것으로 나타났습니다.[124] 해외 연구에서도 반도체와 같은 첨단 기술 사업에서는 기술 혁신이 필요한 초기 단계에 마케팅이 기술 부서와 함께 고객과의 관계를 구축하고 공동으로 가치를 창출하기 위한 전략을 수립하도록 선도하여야 하며, 필요할 경우 자신의 공급망 상의 구성원들과도 협업해야 한다고 권고합니다.[125]

많은 연구자는 첨단 기술을 이용한 제품의 개발 전략 의사결정 과정에서 중요하게 다루어야 할 요소로 비용, 품질, 유연성, 공급 능력을 들고 있습니다. 해당 업계에서 가장 효율적인 제작업체의 위치를 점하기 위해서는 저비용으로 가격 선도력이 있어야 하며, 이를 위한 전략으로는 자동화, 적합한 품질, 작업자 유연성의 증진을 들 수 있습니다. 품질은 제품과 서비스의 우수한 성능, 엄격한 허용오차 및 높은 내구성을 의미하는 고성능설계와 설계된 사양에 일치하도록 하는 일관된 품질로 구성됩니다. 유연성은 변화하는 시장 수요에 대응할 수 있는 능력으로, 고객의 요구도 충족을 위해 필요한 유연성은 제품 유

---

124 조대식과 최경현, 창업기업의 혁신역량 영향요인 진단 연구, 벤처창업연구, 제15권 제5호, 2020년

125 Changhyun Park과 Heesang Lee, Early stage value co-creation network - business relationships connecting high-tech B2B actors and resources: Taiwan semiconductior business network case, Journal of Business & Industrial Marketing, 제33권 제4호, 2018년

연성, 수량 유연성, 제품 믹스 유연성, 목표시장에 대한 반응 등으로 특징지을 수 있습니다. 공급 능력은 자원의 원활한 배분과 더불어 적기에 공급할 수 있는 능력에 관한 것으로, 평균 납기, 납품 신뢰성 등으로 설명할 수 있습니다.[126] 공급 능력과 함께, 신제품 경쟁력을 강화하기 위해서는 신시장 접근성도 함께 확보하여야 합니다.[127]

126 양한수와 이상복, 첨단산업의 마케팅지향적 기술개발 내재화 전략, 지역산업연구, 제24권 제1호, 2002년
127 유관수와 임수빈, 지식 형태와 채널 관계 특성이 신제품 개발과 채널 관리에 미치는 영향: 한국의 하이테크 B2B 기업을 중심으로, 마케팅연구, 제32권 제2호, 2017년

차별성을 제공하는 제품
-서비스 연계 전략

기업에 제공하는 제공물에는 유형적인 제품 외에도 무형적인 서비스가 있습니다. 서비스 시장의 규모는 세계 교역에서 서비스가 차지하는 비중이 25%가 되며, 미국의 경우 서비스가 GDP의 76%를 차지하며, 고용인력의 80%가 서비스 부문에서 일하고 있습니다. 비즈니스 서비스의 증가 요인으로는 공급망 관리와 같은 IT 서비스와 관련한 전자 비즈니스e-business, 기업의 핵심 기능이 아닌 기능과 서비스의 아웃소싱, 인터넷을 통한 컴퓨터 보안, 사무실의 환경 통제 시스템, 근로자 교육훈련 등 새로운 서비스 활성화, 제조업의 성장으로 근로자의 숫자는 줄어도, 물류, 광고, 정보처리 등의 서비스 수요 증가 등을 손꼽습니다.

무형적인 서비스는 유형적인 제품에 대해서 다음과 같은 차이점이 있습니다. 서비스의 특징에 따른 마케팅의 시사점도 함께 살펴봅니다.

제품과 서비스의 차이점		
구분	제품	서비스
형태	유형	무형
소비 시점	생산과 소비 간에 시간 차이	생산과 동시에 소비
표준화	대부분 매우 표준화	매우 다양
저장	저장 가능	저장 불가
소유권	有	無

첫째, 무형성입니다. 마케터는 서비스를 유형적인 제품과 결합하여 총체적인 제안을 하며, 서비스도 될 수 있으면 유형적 요소로 가시화시켜야 합니다. 제품과 서비스를 결합한 것이 하이브리드Hybrid 제안입니다.

둘째, 생산과 동시에 소비됩니다. 서비스는 생산과 동시에 소모되기 때문에 서비스를 전달하는 인력이 중요합니다. 따라서 서비스가 올바르게 제공될 수 있도록 역량 있는 인력을 채용하여 높은 수준으로 훈련시키는 것이 필요합니다. 예를 들어, 일반적으로 경영 컨설턴트가 되기 위해서는 높은 수준의 훈련을 받습니다.

셋째, 산출물의 비표준화입니다. 서비스가 제공되기 전에 품질을 평가하기가 곤란하며 서비스를 제공할 때마다 서비스 결과물이 다를 수가 있으므로 엄격한 품질관리가 강조됩니다. 편차와 인적 오류를 최소화하는 시스템 개발이 필요하며, 자동화된 방법을 찾는 것도 중요합니다. 예를 들어 각 경영 컨설턴트마다 서로 다른 솔루션을 제시한다면 고객은 이상하게 생각할 것입니다.

넷째, 저장 불능입니다. 제공 시점에 사용하지 않으면 저장할 수 없고 손실 보상도 불가합니다. 이는 서비스 수요가 예측 불가하고 변동이 심하다는 특성과 연계됩니다. 따라서, 최대 수요에 대한 여력 계획을 수립하고, 고점과 저점을 균등하게 하도록 가격을 차별화합니다. 예를 들어, 출발 며칠 전 공개되는 여행사의 땡처리상품이 여기에 해당한다고 할 수 있습니다.

다섯째, 소유권 부재입니다. 상품의 구매와 달리 예를 들어 컨설턴트의 자문 서비스를 구매한다고 하여 소유권을 가질 수는 없습니다. 따라서 마케터는 비소유권의 이점을 홍보하는데 이는 인력 감소, 관리 감소 및 유연성 증대 등입니다.

위에서도 이야기한 것과 같이 이제 선진 기업들은 매출 증진을 위한 핵심 전략으로서 제품에 서비스와 지원을 연계합니다. 또한, 정보를 통하여 고객에게 부가가치를 창출하는 네트워크로 연결된 제품과 자료 기반의 서비스 결합으로 정의하는 스마트 제품-서비스 시스템을 점점 더 많이 제공하고 있습니다.[128] 유형적 제품에 부가되는 무형적인 서비스 활동이 구매자에게 차별적 이점을 제공하기 때문입니다. 우리는 이를 하이브리드 제안이라고 합니다. 하이브리드 제안은

---

128 Eva Kropp 외, How institutional pressures and systems characteristics shape customer acceptance of smart product-service systems, Industrial Marketing Management, 제91권, 2020년

공급선에게 제품과 서비스 2가지를 판매할 수 있어서 매출과 수익의
향상을 주며, 공급선에 대한 고객의 의존도를 높여 경쟁사로 쉽게 변
경하지 못하게 합니다. 다양한 결합을 통하여 고객의 모든 요구 사항
을 충족할 기회를 제공하며, 고객과 상호작용할 수 있는 많은 접점을
제공하여 고객과의 관계를 심화시킬 기회를 제공합니다.

하이브리드 제안에 성공적인 기업은 5가지 중요한 능력을 갖추어
야 하는데, 이는 서비스 관련 자료 처리 및 해석 능력, 실행 위험 평가
및 완화 능력, 설계-서비스 능력, 하이브리드 제공물 판매 능력, 하이
브리드 제공물 배포 능력입니다. 이러한 능력들은 차별화와 원가 우
위라는 두 가지 측면에서 공급선의 경쟁우위에 영향을 미칩니다.[129]

고객에게 납품한 제품에 대해 공급선이 정비와 수리 서비스를 제
공한다면, 공급선에게는 납품한 제품의 사용 자료를 시스템적으로 수
집·분석하여 선제적으로 고객화된 서비스 제공이 가능하게 됩니다.
예를 들어, 상업용 건물에 전기 발전기를 설치한 산업 장비 제작업체
가 발전기를 설치한 건물의 에너지 사용량에 대한 자료를 수집하고
분석하면서 시설관리 분야에 대한 전문기술을 개발하여, 에너지 효율
개선에 대한 컨설팅 분야를 창출한다면 새로운 매출 원천을 창출할
수 있습니다.

마케터는 고객의 원가 절감, 생산성 향상 등 고객의 요구를 충족할

---

129 Wolfgang Ulaga와 Wemer J. Reinartz, Hybrid Offerings: How Manufacturing Firms Combine Goods
     and Service Successfully, Journal of Marketing, 제75권 제6호, 2011년

수 있는 차별화된 제안을 개발하여야 합니다. 이를 위해 제안 개발 초기부터 제품 및 서비스 요소를 통합하는 능력을 개발하여야 합니다. 예를 들어, 대형 인쇄기에 대한 리엔지니어링을 통하면 서비스 기술자가 원격으로 1차 정비를 수행할 수 있게 하여 비용을 줄이면서도 고객 대응성을 향상할 수 있습니다. 하이브리드 제공 업체는 서비스 맞춤화 전략을 구현하는 동시에 제품 및 서비스 구성 요소의 혁신 성과를 추구하기 위해 고객과의 상호작용을 강화하여야 합니다.[130]

무형적인 서비스에 대한 품질도 중요합니다. 부품을 구매하는 구매조직에게 잠재적 공급선을 선정하는 요소로 서비스, 가격, 품질, 납기의 중요도를 조사한 결과 평가 기준 1위가 품질, 2위가 가격, 3위가 신뢰성 있는 납기 등의 순으로 나타났습니다.[131] 서비스 품질은 고객 만족에 긍정적인 영향을 주고, 고객 만족은 고객 충성도에 긍정적인 영향을 줍니다.[132] 국내 연구에서도 서비스 품질이 브랜드 이미지에 긍정적인 영향을 미치고, 이것이 관계성과로 이어진다는 연구 결과가 있습니다.[133][134] 국내 철강업체를 대상으로 한 서비스 품질에 대한 연구에서는 공급선과 구매조직 간 단순한 제품 및 서비스의 교환

130 Mario Schaarschmidt 외, Customer Interaction and Innovation in Hybrid Offerings: Investigating Moderation and Mediation Effects for Goods and Service Innovation, Journal of Service Research, 제21권 제1호, 2018년
131 www.b2binternational.com/publications/price-quality-marketing-mix/
132 Ping-Lung Huang 외, The influence of service quality on cistomer satisfaction and loyalty in B2B technology service industry, Total Quality Management & Business Excellence, 제30권 제13-14호, 2019년
133 이상준 외, B2B 서비스 품질이 브랜드이미지와 관계성과에 미치는 영향, 산업경제연구, 제31권 제4호, 2018년
134 Dr. Kun-Hsi Liao, Service Quality, and Customer Satisfaction: Direct and Indirect Effects in a B2B Customer Loyalty Framework, The Journal of Global Business management, 제8권 제1호, 2012년

이나 정보 교환 활동은 장기적인 관계에 영향을 주지 않으나, 공급선과 구매조직 간의 신뢰와 신용은 장기적인 관계에 영향을 미치는 것으로 나타났습니다.[135] 또한, 공급선의 제품 및 서비스 교환, 제품 개발 협력, 적응성, 대응성, 신뢰성은 관계 만족 및 관계의 질에 긍정적인 영향을 주어 구매조직의 지속 구매 의도에도 긍정적인 영향을 미치는 것으로 조사되었습니다.[136]

품질의 기준은 고객이 정의하는데, 하기 표는 고객들이 평가하는 서비스 품질의 5가지 차원을 보여줍니다.

서비스 품질의 5가지 차원		
차원	설명	예시
신뢰성	약속대로 납품	납기 준수 (* 가장 중요)
대응성	지원 의향	고객의 요구에 즉각적으로 대응
보증성	신뢰성 향상	전문적이고 지식이 있는 직원
공감성	고객을 개별적으로 관리	고객의 특별한 요구를 적용
가시성	서비스의 가시화	브로셔나 문서로 작성

국내 비즈니스 서비스 품질과 관련된 연구에서 고객들이 인식하는 관계 만족에 영향을 주는 비즈니스 서비스 품질 차원으로는 A/S의 편의성을 포함하는 편의성 품질, 적절한 가격과 비용 절감에 대한 기여와 관련된 경제적 품질, 납기 준수, 신속한 응답 및 문제 해결, 절차의

---

135 안병훈 외, 공급사와 구매사 간의 B2B 상호작용 서비스 품질이 거래성과에 미치는 영향: 철강 구매사를 중심으로, 한국SCM학회지, 제20권 제1호, 2020년
136 황문성 외, 화학 산업재 B2B 거래시장에서의 서비스품질이 지속구매의도에 미치는 영향, 디지털융복합연구, 제16권 제5호, 2018년

표준화 등을 포함하는 과정 품질, 고객 지향성, 원활한 커뮤니케이션을 포함하는 공감 품질, 직원의 전문성, 숙련도, 신뢰성, 최신 기술 등을 포함하는 기술적 품질이 있는 것으로 나타났습니다.[137] 기술집약적 제품에 대한 거래 관계에서도 기술적 서비스는 경쟁우위의 원천이 됩니다. 고객 니즈 파악을 위한 노력, 제품에 대한 충분한 정보 제공 및 하자 보증기간 제공 외에도 고객의 구매 사용 후 방문을 통한 현장 지원, 제품 성능개량, 컨설팅 서비스와 같은 판매 후 부가적인 기술 서비스가 기업의 경쟁우위를 확보하는 전략적 도구가 될 수 있습니다.[138]

구매조직은 제품을 평가하는 것보다 무형의 비표준화된 서비스를 평가하는 데 더 어려움을 겪습니다. 이에 따라 구매조직은 위험 감소를 위해 구매 전에 다양한 정보를 수집합니다. 이때 현재 고객으로부터의 운용 경험 정보가 매우 중요합니다. 그래서 일부 선진 기업들은 자사의 광고에 고객의 경험을 활용하기도 합니다. 우리는 이처럼 기존 고객과의 관계 및 추천 사례 등을 통하여 잠재 고객에 대한 마케팅 활동을 강화하는 것을 고객추천 마케팅이라고 합니다. 국내에서도 220개 비즈니스 공급선을 대상으로 한 연구에서도 명성이 높은 기존 고객의 추천 사례를 토대로 잠재 고객들에게 자사의 역량을 소구함으

---

137 한상린과 이성호, B-SERVQUAL: B2B시장에서의 서비스품질 척도 개발, 마케팅연구, 제27권 제4호, 2012년

138 서창적과 남현정, 고객지향성과 관계품질의 관계에서 기술서비스의 매개효과에 대한 연구: B2B 시장을 중심으로, 서비스경영학회지, 제15권 제2호, 2014년

로써 고객 관계 역량을 증대시켜 기업 성과에 긍정적 영향을 미칠 수 있습니다.[139] 이는 타 고객과의 거래 사례를 통하여 공급선의 역량을 인식한 구매조직이 공급선의 제품 및 서비스에 대한 구매 위험을 낮게 인식하기 때문입니다.[140] 이 때문에 많은 공급선들이 일류 기업과 거래한다는 것을 향후 다른 고객에 대한 마케팅 도구로 활용하기 위해 치열한 경쟁을 통해 사업기회를 확보하는 것입니다. 심지어 전략적 결정에 따라 해당 사업을 수주하기 위해 때로는 원가 이하로도 입찰에 참여하는 경우도 있습니다.

기업이 항상 완벽한 서비스를 제공할 수 없으므로, 고객의 서비스 문제에 대처하는 방법이 고객 유지와 충성도에 매우 중요합니다. 서비스 회복은 고객의 서비스 문제를 즉각 효과적으로 해결하기 위해 기업이 사용하는 정책 및 절차를 포함합니다. IBM은 고객의 문제 발생 시 해당 고객 전담자를 지정하여 48시간 이내에 고객을 접촉하고 해결합니다. 서비스 문제를 긍정적으로 경험한 고객은 서비스 문제를 경험하지 않은 고객보다 더 충성도가 높다는 조사 결과도 있습니다. 따라서, 마케터는 고객의 서비스 문제에 대한 사려 깊고 즉각적인 회사 전체의 시스템적 대응 절차를 개발할 필요가 있습니다.

비즈니스 제품 판매 후 후속지원 사업에서 구매조직이 느끼는 서비스 불만은 빈번한 고장 발생, 고장 시 수리 기간이 장기간 소요, 수

---

139 이한근, B2B 고객추천 마케팅의 포트폴리오 전략이 마케팅 역량에 미치는 영향, 마케팅연구, 제34권 제2호, 2019년
140 정창모 외, B2B 고객추천콘텐츠가 지각된 구매위험에 미치는 영향: 트랜스포테이션과 콘텐츠 신뢰성의 매개효과를 중심으로, 유통연구, 제24권 제4호, 2019년

리 능력 부재, 수리 비용의 고가 등이었습니다. 위에서도 이야기한 바와 같이 이러한 서비스 불만에 더 잘 대응하여야만 고객의 만족과 신뢰를 높일 수가 있고 결국 이가 추가 사업의 기회를 제공할 것입니다.

선도 기업들은 장기적인 수익성에 영향을 미치는 고객 충성도와 고객 만족도를 세밀히 평가하고 감독합니다. 제록스에 따르면 서비스 품질에 매우 만족한 고객은 만족한 고객보다 재구매율이 6배나 높다고 합니다. 불만족한 고객은 25%나 이 중 단지 5%만이 불만을 표시하며, 불만족한 고객 1명이 11명에게 부정적 메시지를 전달한다는 조사 결과도 있습니다.

마케터가 고객에게 제공하는 제품 및 서비스에서 경쟁사와 차별화가 되지 않으면 구매조직은 가격에 근거하여 저가 제품을 구매할 수밖에 없습니다. 차별화 요소는 고객의 가치 증진을 위해 제공할 수 있는 것을 고려하여야 하며, 아울러 해당 증거를 제시하여야 고객으로부터 신뢰를 확보할 수 있습니다. 제품은 형상, 특성, 맞춤화, 성능, 품질관리, 내구성, 신뢰성, 정비성, 스타일 등으로 차별화하며, 서비스는 주문 편리성, 배송, 설치, 고객 훈련, 고객 컨설팅, 유지보수, 교환 및 환불 등으로 차별화합니다.

PRACTICAL BUSINESS MARKETING LECTURE

CHAPTER

7

마케팅 세부 계획 - 가격

가격 이해하기

01

가격은 특정 수량의 상품이나 서비스를 획득하는데 필요한 금액, 상품 또는 서비스의 수량을 나타내는 공식 비율로, 고객이 제품을 얻기 위해 지급하여야 하는 금액으로 가치의 척도를 나타냅니다. 앞에서도 이야기를 한 바와 같이, 구매조직은 자신이 지급하는 가격보다 기대하는 가치가 더 크다고 인식하여야 구매를 합니다. 가격이 낮을수록 기대하는 가치와의 간격이 커지기 때문에, 저렴한 가격은 구매조직의 관심을 잡는 요인이 됩니다. 글로벌화가 확대되고 저비용국가를 끊임없이 탐색하는 상황에서 공급선의 저렴한 가격은 비즈니스 시장에서 경쟁력의 더욱 큰 원천이 됩니다. 가격이 높으면 시장에서의 경쟁력을 얻지 못하고, 가격이 낮으면 공급선이 충분한 수익을 창출하지 못하여 발전을 위한 자금을 확보하지 못하기 때문에 가격과 관련된 사안은 까다로운 문제인 것입니다. 키어니사의 조사에 따르면, 이제 기업들은 시장점유율의 극대화보다는 고객 관계 강화를 통해 수익을 극대화하는데 더 중점을 둔다고 합니다.

제품 가격은 고정적인 것이 아니라 제품의 특성, 고객의 특성, 시장의 특성, 업계의 특성 등 여러 요인에 의해 영향을 받습니다. 소모품과 같이 일상적인 제품은 가격에 매우 민감하지만, 고객 맞춤형 제품은 가격에 덜 민감합니다. 대량으로 자주 구매하는 고객은 소규모로 구매하는 고객보다 가격에 더 민감합니다. 또한, 제품 지원이나 빠른 납품 등에 높은 가치를 두는 고객은 가격의 민감도가 떨어집니다. 수요가 증가하는 성장기의 시장에서는 충분한 공급 능력을 갖춘 성숙기의 시장에서보다 가격 민감도가 떨어집니다. 또한, 독과점 시장에서의 가격 역시 대안이 부족한 탓으로 가격 민감도가 떨어집니다. 특정업계에서 시장 지배력이 큰 선두 기업이 가격을 조정하면 다른 기업들의 가격도 영향을 받습니다.

비즈니스 시장에서 가격의 특징은 다음과 같습니다.

1. 비즈니스 고객이 지급하는 가격은 카탈로그에 표시된 목록가격보다 큽니다. 전체 원가의 측면에서 구매비는 단지 일부일 뿐입니다.

2. 다른 마케팅 믹스와 조화를 이루어야 합니다. 가격 외에도 제품, 유통 전략, 의사소통 등을 고려하여야 합니다.

3. 보완제품이나 대체품을 고려하여야 합니다. 한 품목의 가격이 다른 품목의 매출액에 영향을 미치는 교차탄력성을 고려하여야 합니다. 예를 들면 프린터와 카트리지 관계입니다.

4. 금액, 시기, 방법, 납지 조건 등 지급에 관한 모든 결정을 포함합니다.

5. 입찰 시에는 경쟁사의 가격을 모른 채 결정합니다.

6. 공정성이 강조됩니다. 가격 인상 시 근거 제시가 필요합니다.

7. 통제할 수 없는 경제적 요인들로부터 많은 영향을 받습니다. 즉, 환율, 금리, 유가 등의 영향을 받습니다.

비즈니스 가격과 연관되어 함께 언급되는 용어가 바로 1장에서 소개한 TCO(Total Cost of Ownership, 총소유비용)입니다.

구매조직이 TCO를 분석하는 이유는 비용에 가장 영향을 미치는 요소를 파악하여, 가장 효율적인 구매 전략을 선택하여 경쟁력 있는 공급선을 선정하고, 향후 예산 필요성을 예측하고, 노후 장비의 교체

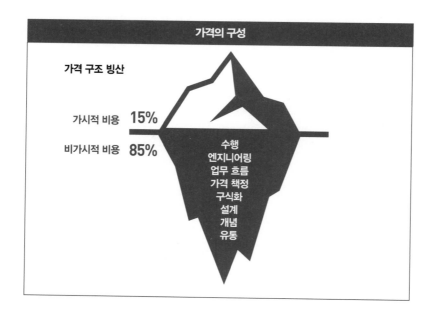

를 결정하고자 하기 때문입니다. 아울러 제품 개발 시 다양한 설계 대안에 대한 비교를 통하여 신기술 적용을 평가할 수 있으며, 이를 기초로 비용 효과적인 지원 개념을 평가하는 등 전략적 의사결정에도 도움이 되기 때문입니다. 조사에 따르면 구매조직의 60% 이상이 구매 의사결정에 TCO를 고려합니다.[141]

최근에는 기업의 구매조직뿐만 아니라, 국방 획득사업에서도 TCO 주요 결정 요소에 대한 민감도 분석을 통하여 TCO 절감 방안을 제시하고 있습니다.[142] 기타 상용차 R&D 프로젝트에 대한 최적화 의사결정에서도 재판매비용을 포함하는 TCO를 고려하며[143], 획득비용, 운영비용 및 세금뿐만 아니라 환경비용을 포함한 TCO로 내연 자동차와의 비교를 통하여 전기차 도입의 방향성을 제시하며[144], 소프트웨어 개발 분야에서도 개발/획득, 관련 장비 및 네크워크 구축비용, IT 관리 비용 등을 포함하는 TCO의 개념에서 비용 절감을 검토하는[145] 등 TCO를 적용하는 사례가 증가하고 있습니다.

따라서, 마케터는 자신이 제공하는 제품과 서비스에 대하여 전체 수명주기에 걸쳐 경쟁사 대비 낮은 TCO를 제시하기 위한 전략을 고민하여야 하며, 이를 위해서는 마케팅 부서 외에도 개발부서, 구매 부서 및 생산부서 등 전사적으로 긴밀한 협력이 필요합니다. 선도 기업

---

141 www.marketingcharts.com/industries/business-to-business-38385
142 변형균 외, KHP 총소유비용의 민감도 분석 사례 연구, 신뢰성공용연구, 제11권 제2호, 2011년
143 백재승 외, Total Cost of Ownership을 고려한 불확실한 정보에 대한 상용차 R&D 프로젝트 의사결정 최적화 모형, 대한산업공학회추계학술대회논문집, 2015년
144 김영환과 이재승, 총소유비용 분석을 이용한 전기차의 V2G 도입에 대한 연구, 에너지공학, 제24권 제2호, 2015년
145 윤승정, 오픈소스 소프트웨어 총소유비용 절감 성과와 미래 비용 산정 요인에 관한 연구, 정보과학회지, 제35권 제9호, 2017년

들은 제품과 서비스를 패키지로 제안하고, 전자적 주문 시스템을 도입하고, JIT 서비스를 제공하고, 효율적 폐기 처리 등을 포함하여 차별화하고 있습니다.

구매조직이 특정 공급선의 제품을 구매한다는 것은 구매조직이 선정한 제품의 품질, 기술서비스, 납품 신뢰성 등을 구매하는 것이며, 또한, 공급선의 신뢰, 안전성, 고객-공급선 관계를 포함한 종합적 혜택의 대가로 금액을 지급하는 것입니다. 이와 관련하여, 선도 기업의 특징 중의 하나는 고객이 지급한 것 이상으로 제공한다는 것입니다. 고품질의 제품을 경쟁사보다 낮은 가격에 제공한다는 것입니다.

가격을 결정할 때에는 수요, 원가, 경쟁, 이윤 및 고객 사용 형태 등의 요소를 고려합니다. 다음은 가격 결정절차를 보여주고 있습니다.

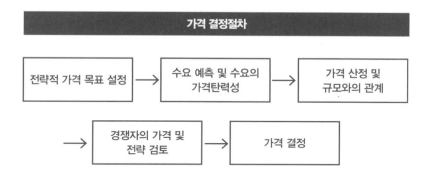

가격 결정절차

전략적 가격 목표 설정 → 수요 예측 및 수요의 가격탄력성 → 가격 산정 및 규모와의 관계

→ 경쟁자의 가격 및 전략 검토 → 가격 결정

① 전략적 가격 목표 설정

전략적 가격 목표는 ROI 목표 달성, 시장점유율 목표 달성, 경쟁사

대응 외에도 경로 관계, 제품라인 등도 고려합니다. 이러한 전략적 가격 목표에 따라 시장 도입 시 가격 정책이 달라집니다. 예를 들면, 다우 케미컬사는 처음에는 낮은 이윤으로 생필품 가격을 책정하여 시장을 과점하고 이를 유지하는 정책을 사용하는 반면, 듀폰사는 특수 제품을 강조하여 처음에는 고가 정책을 사용하여 높은 이윤을 확보하다가 시장 확대 및 경쟁 심화에 따라 가격을 낮추는 정책을 사용하고 있습니다. 여러분도 잘 아시는 애플사의 아이폰, 아이패드도 시장 진입 시 고가 정책을 사용하는 유명한 회사입니다.

② 수요 예측 및 수요의 가격탄력성

수요 측면에서는 시장 전망이 가격에 영향을 미칩니다. 세분 시장마다 잠재적 수요, 가격 민감도, 잠재적 수익성 등이 상이합니다. 제품 및 서비스가 복잡하고 고객화가 높은 구매의 경우 만족한 고객은 가격에 덜 민감합니다. 조직 구매자가 대안의 가격과 성능을 쉽게 확인할 수 있고, 가격 비교가 쉬운 제품이 다수가 있고, 구매자가 추가 비용 없이 공급선을 바꾸기가 쉬울 때는 구매자의 가격 민감도는 증가하고 기업의 가격 허용범위는 감소합니다. 제품이 고객의 총원가에 큰 영향을 미치지 않는다면 수요는 비탄력적으로 됩니다. 많은 산업용 제품이 최종 제품의 파생적 수요이기 때문에, 최종사용 시장에 관심을 두고 추세 파악이 필요합니다.

③ 가격 산정 및 규모와의 관계

일반적으로 가격은 원가에 이윤을 추가하는 방식으로 산정하는데 이는 고객의 가치 인식, 경쟁, 규모와 이익을 간과한 가격 산정 방식입니다. 미국과 유럽의 기업들에 대한 조사에서도 54~56%의 기업이 원가 기반의 가격 결정법을 사용하는데, 이는 고객의 가치에 대한 인식이 주관적이고 예측하기 어려워 가치 기반의 가격 설정이 어렵기 때문이라고 합니다.[146] 선진 기업은 시장에서 중요한 경쟁 이점을 얻기 위해 목표 원가 방법을 사용하는데, 목표 원가 산정은 시장 조건을 검토하는 것에서 시작합니다. 사전 결정한 목표 가격과 규모를 반영한 세분 시장에서 성공하는 데 필요한 제품의 품질과 특성 수준을 결정하고, 목표 단가와 목표 이익률이 정해지면 가용 원가도 산정 가능하며, 이 원가로 개발부서와 공급선에 압력을 가합니다. 기타 경험 효과는 생산 경험이 배로 증가할수록 원가는 일정 비율로 줄어드는데, 보통 20~30%의 습숙효과를 보입니다. 경험 효과의 3가지 원천은 학습 효과, 기술적 개선 및 규모의 경제입니다. 참고로, 원가는 주의 깊게 관리하지 않으면 증가하는 경향이 있습니다.

④ 경쟁자와 가격 및 전략 검토

경쟁으로 가격 상한선이 결정되며, 개별 기업에서는 제품 차별화 수준에 대한 구매조직의 인식에 따라 가격이 결정됩니다. 가격은 구

---

146 Reinaldo Guerreiro와 Jullianan Ventura Amaral, Cost-based price and value-based price: atre they conflicting approaches?, Journal of Business & Industrail Marketing, 제33권 제3호, 2018년

매조직의 혜택/비용 평가의 한 부분으로, 제품의 물리적 특성 외에도 명성, 기술 전문성, 납기 신뢰성 등에서 경쟁사와의 차별적 우위 확보가 가능합니다. 이는 일용품을 생산하더라도 서비스와 지원에서 차별화가 가능하다는 이야기입니다. 최근 초경쟁 환경에서 선도 기업은 지속적으로 우위의 원천을 탐구합니다. 예를 들어, HP사는 컴퓨터 프린터 시장에서 저가로 계속하여 공략하고 있습니다. 마케터는 연차보고서와 같은 공개된 자료와 경험 곡선 분석 등을 통해 경쟁사 및 잠재적 대체재 생산자의 원가 구조와 전략을 분석할 필요가 있습니다.

다른 연구자들은 가격 결정시 고려 요소로는 첫째, 시장 여건, 시장의 성장률, 시장점유율, 둘째, 경쟁사의 가격, 가격의 동향, 대체품의 존재와 가격, 가격변경에 대한 경쟁사들의 예상 반응, 셋째, 고객의 구매 능력, 가격에 대한 고객의 기대, 넷째, 생산 능력, 제품 차별화의 정도, 수명주기 상의 단계 등을 이야기합니다.

단일 제품으로 금액 규모가 매우 큰 민수 여객기 산업에서의 가격 결정의 예를 들겠습니다. 항공기 제작업체의 중요 고려 사항은 시장 점유율로, 막대한 투자를 회수하려면 규모의 경제가 필요합니다. 보통은 300대를 손익분기점으로 봅니다. 즉, 300대 이상을 팔아야 이익을 얻게 되는 것입니다. 항공 운항사의 중요 고려 사항은 단일 기종 운용입니다. 이를 통해 조종사 훈련 비용을 절감할 수 있고, 지상 운영 장비 비용도 절감할 수 있으며, 또 예비부품 재고 비용도 절감할 수 있습니다. 항공 운항사가 단일 기종을 선호하는 입장을 고려시, 항공기 제작업체는 낮은 가격으로 시장 침투가 중요합니다. 항공기 제

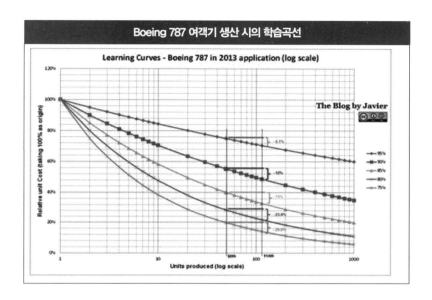

Boeing 787 여객기 생산 시의 학습곡선

Learning Curves - Boeing 787 in 2013 application (log scale)

작업체는 수익은 후속지원 사업에서 확보하고자 합니다.

이에 따라 수명주기에 따른 민수 여객기의 가격은 도입기에는 낮은 가격으로 침투하여 주문을 최대한 확보하고, 성장기에는 가격을 점차 인상하고, 성숙기에는 가격을 안정적으로 유지하고, 쇠퇴기에는 신규 모델 항공기의 등장에 따라 가격을 인하하여 대응합니다.

항공 산업과 관련하여, 위에서 언급한 경험 효과 또는 학습 효과에 관해 이야기를 하지 않을 수 없습니다. 다음의 그래프는 보잉사의 2013년 B787 생산량 증가에 따른 학습 효과에 따른 원가 절감을 보여주고 있습니다. 생산하는 물량이 50호기에서 114호기로 증가할 경우 공정별 학습 효과에 따라 6.1%에서 29.6%까지의 작업공수 절감에 따른 비용 절감 효과를 표시하고 있습니다. 보잉사는 이러한 학습 효과 결과치를 통해 공급선과 장기 계약을 할 때 지속적인 원가절감을 요청하는 것입니다.

컨설팅 업체인 베인 앤 컴패니사가 전 세계 1,700개 B2B 기업들을 대상으로 한 가격 정책 관련 조사에서, 선도 기업들은 개별 고객 및 제품에 맞추어 가격 정책을 사용합니다. 고객과 제품의 각 조합에 따라 가격을 신중하게 책정하고 수익을 최대화하기 위해 지속적으로 노력합니다. 고객별로 첫째, 각 고객에게 진정으로 가치 있는 속성 및 혜택과 고객에게 얼마나 많은 가치가 창출되는지를 파악하고, 둘째, 업계의 대안 및 경쟁 강도와, 셋째, 운송, 가격 조건 및 재고 보유와 같은 분야까지 포함하여 계산한 수익성까지 고려한 목표 가격을 설정하기 위해 많은 자료와 시장정보를 활용합니다.[147]

---

147   www.hbr.org/2018/06/a-survey-of-1700-companies-reveals-common-b2b-pricing-mistakes

상황별 가격 산정 방법

03

가격 결정은 ROI 확보냐 아니면 시장점유율 확보냐에 대한 정책을 기준으로 출발한다고 이야기하였고, 사례로 민수 여객기 제작업체도 사업 착수 시에는 사전 주문을 확보하기 위해 공격적으로 낮은 가격을 제시한다고 하였습니다.

신제품을 개발하여 시장에 출시하고자 할 때 사용하는 가격 정책을 구분하면 다음과 같습니다.

첫째, 스키밍(초기 고가전략) 전략입니다. 즉각적으로 연구개발 비용 회수와 이윤 확보 목적으로, 초기 고가에 민감하지 않은 독점적 시장에 사용할 수 있습니다. 고객이 제품을 점차 많이 구매하고 경쟁사가 시장에 진입함에 따라 수요가 가격 탄력적으로 되면 가격을 인하하는 정책을 사용합니다. 앞에서도 예를 들었지만, 삼성이나 애플의 핸드폰이 이 정책을 사용합니다.

둘째, 침투(초기 저가전략) 전략입니다. 시장점유율 확대를 목적으로 하며, 경쟁이 심한 시장에서 사용합니다. 높은 가격 탄력성을 지닌 시장에서, 강한 경쟁이 임박할 때, 수량 증가에 따른 생산 비용이 지속적으로 감소할 때 사용합니다. 기업은 학습 효과에 따른 원가 감소로 지속적으로 높은 시장점유율 확보가 가능합니다. 기업에 복합기를 무료로 설치해주는 대신 사용하는 모든 복사지를 복합기로 설치해 준 공급선으로부터만 구매토록 하는 것이 그 예입니다. 저가로 높은 수익을 창출하려면 경쟁기업보다 명확하고 지속적인 원가 우위를 지녀야 합니다. 최대한의 원가 효율성을 달성하면서 고객이 받아들이는 가치를 최소한의 수준이 아닌 적정 수준에서 유지하여야 합니다.

신제품의 가격을 책정할 때 사용하는 초기 고가전략 및 초기 저가전략은 기업의 마케팅 전략 및 제품 특성과 관련하여 결정하지만, 최초의 신제품이 아닌 이상 시장에는 고객과 유사한 제품을 지닌 경쟁사도 있으므로, 시장에서 경쟁 상황 및 고객의 가격 인식 등에 대한 경쟁사 특성을 고려하여 유사한 가격을 책정하는 방법도 있습니다.[148]

저도 담당한 해외사업에서 시장에 진입하기 위한 목적으로 침투 가격 전략을 사용한 적이 있습니다. 당사에 대한 인지도가 없었을 때,

---

[148] Kostis Indounas, New B2B product pricing, Journal of Business & Industrial marketing, 제35권 제11호, 2020년

해당 시장에 진입하기 위해 저가로 사업을 확보하였습니다. 비록 원가에도 못 미치는 수준이었지만 저희가 최선을 다하여 품질과 납기를 맞추니 자연스럽게 후속사업에서도 기회를 가질 수 있게 되었습니다. 저희가 후속사업에서도 급격한 원가상승을 제시할 경우 다른 경쟁사에게 사업을 빼앗길 수도 있기 때문에, 저희는 제조원가 수준으로 가격을 조금 인상하여 사업을 확보하였습니다. 다시 최선을 다하여 품질과 납기를 맞출 뿐만 아니라 고객의 긴급한 대응에도 적극적으로 대응하니 평판도 높아졌습니다. 결국, 2차 후속사업은 자연스럽게 저희가 수의 계약으로 원가에 이윤을 더한 가격으로 사업을 확보할 수 있었습니다. 이후에도 긴밀한 협력으로 관계를 지속하고 있습니다.

가격을 결정하는 방법에는 다양한 방법이 있습니다. 다음의 표는 가격 산정에 대한 방법들을 보여줍니다.[149]

가격을 산정할 때에는 우선적으로 고객이 느끼는 가치에 대해 스스로 지급할 의사가 있는 가격을 고려한 가격 산정이 필요합니다. 기업이 가격 결정을 할 때는 첫째, 가치를 창조여야 합니다. 재료의 질, 성능, 디자인 등 모든 것은 고객이 지각하는 가치로 연결됩니다. 기술 혁신 역시 이러한 맥락에서 중용한 역할을 합니다. 둘째, 가치를 소통

---

149 유동근·차애영·서승원 공저, 산업마케팅, 3판, 한경사, 2013년

다양한 가격 산정 방법	
원가 지향적 가격 결정	
원가 가산 가격	단위당 변동원가와 고정원가를 산정하고 표준적인 이윤을 부가
목표 수익 가격	단위당 변동원가와 고정원가를 산정한 후, 투자금액에 대한 수익률을 곱해 매출 예상 수량으로 나누어 합산
시장 지향적 가격 결정	
최저 유지 가격	경쟁 시장에서 살아남기 위해 단순히 원가를 보상할 수 있는 가격 결정
시장 침투 가격	주요 경쟁사의 가격이나 고객이 예상하는 가격보다 낮게 결정
경쟁 지향 가격	주요 경쟁사들이 제시하는 것과 유사한 수준으로 가격을 결정
상층 흡수 가격	주요 경쟁사나 고객이 예상하는 가격보다 높게 결정
가격 선도 가격	업계 내의 선도 기업이 가격전쟁을 피하고 안정적 시장점유율 확보를 위하여 여타 기업들이 책정할만한 보수적인 가격을 결정
시장참여 저지 가격	경쟁사의 시장참여를 저지하기 위하여 낮은 가격으로 결정
번들 가격	여러 제품의 결합구매에 대하여 분리된 제품에 비해 낮은 가격으로 결정
차별화 가격	세분 시장별로 제공받는 가치에 따라 상이한 가격으로 결정
상호 효익가격	보완적 관계에 있는 한 제품은 원가 수준으로 가격을 결정하고 다른 보완적 제품은 가격을 높게 책정

하여야 합니다. 고객의 인식에 영향을 미치는 가치 소통에는 제품 설명, 제품 판매에 대한 홍보, 브랜드 등의 방식이 있습니다. 포장, 제품의 성능, 판매를 위한 유통경로 및 온라인 판매 또한 여기에 포함됩니다. 셋째, 가치를 보존하여야 합니다. 일단 구매가 이루어진 다음에는 긍정적 인식을 지속시키는 일이 중요합니다. 가치의 지속은 고객의 지급 의향 가격에 결정적 영향력을 행사합니다. [150]

---

150 헤르만 지몬 저/서종민 역, 프라이싱, 쌤앤파커스, 2017년

가격은 고객의 구매 의사결정에 빠르고 큰 영향을 주는 요소이므로 제품을 개발하는 과정에서부터 가능한 한 일찍 또 자주 가격에 관한 생각이 필요하며 마케팅 노력을 기울이기 전에 가격 책정이 필요합니다. 공급선의 가격 책정 능력 및 협상 전 준비는 공급선이 제시하는 가격에 대한 고객의 신뢰를 구축합니다.[151] 아울러 가격은 한번 정했다고 영원히 변하지 않는 것이 아니므로, 고객에게 제시할 수 있는 최적의 제품 기능과 가격 조합을 정기적으로 검토하여야 합니다. 베인 앤 컴패니사의 조사에 따르면, 고객은 더 높은 품질을 위해 4.2%의 추가 가격을, 안정적인 배송을 위해 3.1%의 추가 가격을 지급할 수 있다고 합니다.[152] 고객은 무조건적인 최저가보다는 공정한 가격을 선호합니다. 고객의 가치에 대한 조사에서도 가격은 단지 9%밖에 되지 않는 것으로 나타났습니다.[153]

마케터는 고객에게 최저가를 강조하기보다 제품의 우수한 가치를 제공하려고 하지만, 경쟁사는 시장 진입 및 시장점유율 확대를 위해 가격을 무기로 내세우기도 합니다. 이때 경쟁에 직면하는 경우가 종종 발생합니다. 특히 차별화가 거의 없이 대량 생산되는 제품의 경우, 저렴한 가격은 실제로 구매조직을 새로운 제품이나 새로운 거래 조건으로 유인하는 데 매우 중요한 역할을 합니다.[154] 그러나 일반적인 기

[151] Stephan M. Liozu, Pricing superheroes: How confident sales team can influence firm performance, Industrial Marketing Management, 제47권, 2015년
[152] www.bain.com/insights/clearing-the-roadblock-to-better-b2b-pricing/
[153] www.ama.org/marketing-news/a-better-way-to-price-b2b-offerings/
[154] 이건창 외, 기업간 전자상거래(B2B) 협상지원을 위한 퍼지인식도 접근방법, 경영학연구, 제31권 제2호, 2002년

업의 경우 가격이 1% 하락하면 영업이익은 12~15%가 감소합니다. [155] 따라서 가격전쟁은 모든 마케터에게 큰 도전적인 사안이 됩니다. 경쟁사가 시장에 저가로 진입할 경우, 전문가들은 가격 인하에 대응하는 비용이 매출 손실액보다 적으면 가격 인하가 적절하며, 가격 인하가 필요할 경우 가장 비용-효과적인 활동으로 대응하라고 권고합니다.

경쟁사의 저가에 끌리는 고객에게는 저가형 제품으로 대응합니다. 예들 들어, 인텔사가 가격을 중시하는 세분 시장에 펜티엄 칩 가격 인하보다는 저가의 셀루스 칩 제공으로 대응하였습니다. 가격 인하로 경쟁사가 가장 손실을 볼 수 있는 지역, 경로 또는 제품 라인에 대하여 대응적으로 가격을 인하합니다. 예를 들어, 코닥사는 후지사의 도전에 대해 후지사가 수익이 높고 시장점유율이 높은 일본 시장에서 가격 판촉 활동으로 대응하였습니다. 가격에 상응하는 대안으로 자신의 제공 가치를 증가시키는 경쟁우위에 투자합니다. 우수한 품질의 제품을 보유한 회사는 고객에 대한 보증기간 연장을 제공하는 것으로 대응할 수 있습니다.

저돌적인 경쟁사를 효과적으로 다루는 것은 단순한 전투 의향이 아닌 경쟁전략과 경쟁사의 가격 인하에 대한 적절한 대응이 필요합니다. 경쟁전략의 핵심 2가지는 첫째, 이길 수 없는 경쟁에는 참여하지 않는 것입니다. 즉, 자신이 경쟁 강점을 갖는 곳에서 싸우고 자신이

---

[155]   www.pricingsolutions.com/pricing-blog/how-to-avoid-price-war/

불리한 곳은 피하여야 합니다. 둘째, 경쟁 이점으로 경쟁에 참여하여
야 합니다. 즉, 경쟁사의 법칙으로 싸우지 말고 자신에게 유리한 것을
활용하라는 것입니다. 예를 들어, 제품은 차별화되지 않지만, 브랜드
는 차별화될 수 있기에 구매조직에게 자사의 브랜드 인식을 강화하는
것도 중요한 차별적인 경쟁력이 될 수 있습니다. 또한, 차별화되지 않
는 제품에 자신의 강점인 편리한 주문 처리, 빠른 납품 등의 부가 서
비스를 강화하는 것도 중요합니다.

경쟁 입찰의 종류와 절차

04

비즈니스 시장에서는 대부분의 거래가 경쟁 입찰로 진행됩니다. 특히 정부와 기관은 거의 100% 공개경쟁 입찰로 진행됩니다. 경쟁 입찰의 종류는 다음과 같습니다.

① 일반 경쟁 입찰

참여를 희망하는 불특정 다수의 모든 업체에게 기회를 제공하며, 요건을 충족하는 최저가 업체와 계약을 합니다. 단점에는 부적격업체의 응찰로 경쟁 과열 및 덤핑 우려가 있습니다. 최근에는 온라인Online 입찰 형태도 증가하고 있습니다.

② 제한 입찰

주로 역량, 실적, 규모, 재무상태 등의 일정한 기준으로 입찰 참여

자격을 제한합니다. 단점은 특정 업체에게 유리한 조건을 형성할 우려가 있습니다.

③ 지명 경쟁 입찰

신용과 실적 등 요건에 가장 부합하는 특정 다수인을 선정하여 입찰에 참여토록 하는 것입니다. 예를 들어 특수 설비가 필요한 계약이 해당한다고 할 수 있습니다. 단점으로는 담합과 부정이 우려됩니다.

④ 수의계약

경쟁 입찰로 하지 않고 특정인을 바로 선정하는 것입니다. 일정 규모 이하, 예를 들어 5천만 원 이하의 계약에 사용할 수 있습니다.

⑤ 다수 공급자 계약

컴퓨터나 집기 등 공통 물품의 경우 성능, 품질이 유사한 물품을 생산하는 복수의 공급자와 계약을 맺은 후 최종 수요부처가 자신의 필요에 맞는 물품을 직접 선택하도록 하는 제도입니다.

경쟁 입찰에 따른 절차는 구매조직의 구매 절차와 같습니다. 하기는 제가 참여하였던 해외 대형 프로젝트에 대하여 구매조직의 세분화된 입찰 진행 절차이었습니다.

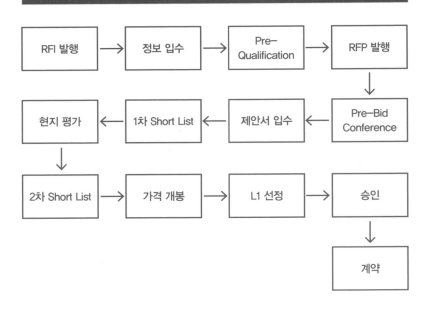

구매조직의 입찰 진행 절차 사례

RFI 발행 → 정보 입수 → Pre-Qualification → RFP 발행

현지 평가 ← 1차 Short List ← 제안서 입수 ← Pre-Bid Conference

2차 Short List → 가격 개봉 → L1 선정 → 승인

계약

    제안서 작성 및 필요시 현지 평가에 대한 노력과 비용이 많이 소요되기 때문에, 마케터는 입찰 기회를 신중히 검토하여 참여 여부를 결정하여야 합니다. 성공 가능성이 큰 입찰에 기업의 한정된 자원과 노력을 집중하여야 합니다.[156] 앞에서도 이야기하였듯이 경쟁사가 이미 고객의 요구 사항에 맞춘 노력을 선제적으로 진행한 경우라면 입찰에 참여하더라도 사업 성공의 가능성은 매우 낮습니다. 이 외에도 마케터는 다양한 분석을 통해 사업 성공 가능성을 검토하여야 합니다.

156   김용기, 입찰/제안 역량이 우리 조직의 미래를 결정한다. (2), 마케팅, 제42권 제8호, 2008년

특히 초기 계약을 확보한 공급선이 장기적인 후속 사업에 대한 우위를 확보할 수 있으므로, 마케터는 초기 계약과 후속 사업기회와의 연관성 강도를 주의 깊게 평가하여야 합니다. 전문 제품·서비스의 경우 전환비용으로 인해 공급선 교체에 신중하나, 표준품의 경우 전환비용이 낮아 상황이 변하면 공급선 교체가 얼마든지 가능합니다.

전환비용은 고객이 현재 관계를 정리하고 새로운 공급선을 확보하는데 필요한 추가 비용의 크기에 대한 고객의 인식으로, 유형 또는 무형의 비용입니다. 전환비용에는 새로운 공급선 및 브랜드를 찾고 선정하는 데 드는 시간과 노력의 절차적 전환비용과, 계약 중단 비용, 신규 공급선 등록 비용, 보상 포인트 손실 등 재무적 전환비용과, 공급선과 관계된 직원들의 정서적 유대감 손실의 관계적 전환비용으로 구성됩니다. 마케터는 고객이 공급선을 전환하지 않고 관계를 유지하도록 하기 위해서는 고객 맞춤형 솔루션 제공, 안정적 후속지원 제공, 편리한 주문절차 등을 제공하여 절차적 전환비용을 높여야 합니다. 재무적 전환비용을 높이기 위해서는 장기 고객 할인, 추가 무료 서비스 제공, 전환 시 손실될 수 있는 특전 제공 등을 고려하여야 합니다. 관계적 전환비용을 높이기 위해서는 고객에게 가치를 추가하는 방법을 제공하여야 합니다. 특히 고객과의 관계를 유지하는 데에는 절차적 전환비용이나 재무적 전환비용보다 관계적 전환비용이 더 큰 영향을 미친다고 하니[157], 마케터는 고객과의 정서적 연대감을 유

---

157 Markus Blut 외, Securing business-to-business relationships: The impact of switching costs, Industrial Marketing Management, 제52권, 2016년

지하며 강화하는 노력이 필요합니다.

　구매조직에게 공식적으로 제출하는 제안서에는 최신의, 정확하고 충분한 자료가 포함되어야 합니다. 제안서를 평가한 후 공급선을 탈락시킨 고객은 "제출한 제안서가 흥미로웠지만, 자신들이 원하는 내용은 없었다."라고 합니다. 따라서, 제안서 제출 시에는 자신의 관점이 아닌 고객의 관점에서 제안서를 작성할 필요가 있습니다.

　제안서는 문서로 작성하기 때문에, 고객의 요구도에 맞추어 제안하는 내용을 고객이 읽기 편하고 이해하기 쉽게 작성하고 논리적으로 연결하는 것이 중요합니다. 아울러 고객가치를 부가할 수 있는 자사만의 차별적 역량을 적극적으로 표현하는 것도 중요합니다. 획득사업의 내용이 복잡하고, 일정이 장기적이고, 사업 규모도 큰 사업의 제안서 구성은 보통 다음과 같이 구성합니다.

1. 요약 보고서입니다.

　　구매조직의 주요 의사결정권자에게 고객가치 부가를 위해 자사가 제안하는 핵심적 내용을 쉽게 이해하고 자사에게 유리한 차별적 경쟁력이 돋보이도록 작성합니다.

2. 기술 제안서입니다.

　　고객의 요구도에 따라 자사 제품의 물리적 특성이 이 요구도를 충족하는 내용을 기술합니다. 필요에 따라 고객의 안정적 운용을 위한 설치, 운용 훈련 및 수명주기 동안의 후속 지원에 관한 내용도 포함합니다. 제안서 본문에서 각 요구도에 대한 복잡한 서술이 필요할 경우, 기술 제안서 앞부분에서 고객의 요구도 대비 준수 여부를 간단명료하게 요약하는 것도 중요합니다. 이를 컴플라이언스 매트릭스라고 표현합니다.

3. 사업관리 계획서입니다.

장기간 소요되는 사업의 경우 순조로운 계약 이행을 위한 공급선의 사업관리 조직, 역할 및 책임, 품질 보증, 형상 관리, 세부 일정 등을 기술합니다.

4. 가격 제안서입니다.

RFP에서는 보통 타 제안서와 분리하여 제출하도록 요청합니다. 가격은 가능하면 고객의 요구에 따라 구분하여 표기하고, 아울러 대금 지급 일정도 포함 시킵니다. 최근 대형 프로젝트의 수명주기 동안의 TCO도 산정하라는 요구가 있기도 합니다. 필요시 공급선 주선의 금융지원 제안서도 첨부할 수도 있습니다.

5. 기타 관련 서류도 함께 제출합니다.

법인의 자격을 보여주는 사업자등록증, 사업 이행의 안정성을 담보하는 재무제표 등이 필요할 수도 있습니다. 필요시 사업 실적에 대한 증빙 자료도 준비하는 것이 좋습니다.

참고로, 우리나라 국책 연구과제에 평가 요원으로 자주 참석하는 한 대학교수에 따르면, 제안서 제본을 멋지게 꾸미고 내용을 제안 요구도에 따라 논리 정연하고 이해하기 쉽게 기술한 업체의 제안서가 상대적으로 좋은 평가를 받는다고 합니다. 아울러 해외 업체나 정부 기관의 사업에 대한 제안서를 제출할 때에는 글로벌 시대에 맞추어 영어로 제출하는 것이 기본적입니다. 필요하다면 구매조직의 이해를 돕기 위해 현지의 도움을 받아서 현지 언어로 제안서 내용을 번역하여 추가 제공하는 것도 좋습니다. 제안서 내용은 구매조직의 영어 이해 수준을 고려하여 가능하면 명확히 이해할 수 있도록 간단히 단문 형태로 기술하여야 합니다. 최근에는 국내에서도 수주 제안서와 관련하여 전문적으로 컨설팅해주는 기업도 있습니다.

기타 일반적인 표준품목에 대한 입찰에서는 일반적으로 하자 조건만 없으면 최저 입찰가를 제출한 공급선에게 낙찰이 됩니다. 이러한 입찰은 온라인으로도 많은 공급선이 입찰에 참여할 수 있어서 가격 경쟁이 치열합니다. 이러한 입찰에서는 마케터는 입찰자의 과거 구매 실적, 경쟁사의 가격, 자신의 원가 분석을 통하여 승리할 수 있는 가격을 산출하여야 합니다. 때에 따라서는 이익을 최소화하거나 전략적 가격을 책정하는 것도 고려하여야 합니다. 그러나 최저가 낙찰제는 덤핑 입찰에 의한 낙찰로 계약 이행의 신뢰성 하락 및 부실 납품 등의 문제점이 있어서, 요즘에는 입찰가격 외에 수행실적, 기술능력, 재무능력 등을 종합적으로 평가하여 일정 점수 이상을 획득한 업체를 낙찰자를 선정하는 적격심사 낙찰제를 사용하고 있습니다.[158] 따라서 마케터 역시 응찰하는 가격 경쟁력 외에도 입찰에서 요구하는 제반 요구 조건을 충실히 충족시켜야 합니다. 기타 해외시장, 특히 개발도상국에서의 입찰에는 우수한 제안에 대해 추가적인 비용을 지급하려

---

[158] 문병욱과 정재욱, 정부계약에서 낙찰자 선정방법과 하자발생 관계, 회계와정책연구, 제18권 제4호, 2012년

는 의향이 적으며, 가격을 주요 의사결정의 도구로 여기기 때문에 이러한 부분도 감안하여야 합니다.

CHAPTER

8

마케팅 세부 계획 – 유통경로

최적의 유통경로 선택하기

01

유통이란 고객에게 제품을 마케팅하고 전달하는 행위를 말합니다. 비즈니스 유통경로를 간단히 말하면 제작업체와 고객을 연결해 주는 것입니다. 잠재적 고객 접촉에서부터 협상, 계약, 소유권 이전, 의사소통, 자금 지원, 서비스, 현지 재고 보유, 운송 및 저장 등의 임무를 포함합니다. 이러한 임무를 수행하는 유통에 드는 비용은 직접 판매비, 광고 및 판촉비, 포장비, 무역 할인 비용, 이자 및 미수금, 시장조사비, 창고 보관 및 관리비, 배송비, 고객 서비스 비용, 반품 및 처리 비용 등이 포함되며[159], 일반적으로 최종 고객 납품가에서 제조원가를 제외한 유통 비용의 비율은 산업별로 유통경로 구조에 따라 다르지만, 미국의 경우 평균 50%에 이른다고 합니다.

---

[159]   www.marketing91.com/distribution-cost-distribution-expenses/

자사의 제품과 서비스를 고객에게 전달하는 유통경로에는 다양한 대안이 존재하기 때문에 마케팅 전략에 따라 최적의 유통경로를 선택하여야 합니다. 최근에는 인터넷의 발달과 더불어 경쟁 심화, 고객 요구 변화 등으로 새로운 유통경로 전략이 더욱 필요합니다. 유통경로 구조가 구체화되면 마케터는 목표 달성을 위해 유통경로를 관리할 필요성이 생기는데, 이에는 중간상 선정, 동기부여, 경로 구성원 간의 갈등 중재 및 성과 평가 등의 절차 개발이 필요합니다.

제작업체와 고객을 연결해주는 유통경로에는 필요에 따라 중간상이 존재하게 되는데 이들의 주된 역할은 다음과 같습니다. 제작업체 마케터가 수행해야 할 마케팅 활동을 대리하여 수행하고, 지역 시장을 포괄적으로 관리하며, 제작업체를 위하여 재고를 확보하고 보관하는 기능도 갖추며, 제작업체를 위하여 신용거래의 기능을 수행하기도 합니다. 지역에 대한 시장정보의 훌륭한 원천이 되기도 하며, 제작업체의 유통 비용 절감을 지원하기도 합니다. 제작업체와 고객을 연결해주는 중간상의 중요성은 국내 연구에서도 유통경로에서 중간상의 관계 결속 형성에 따라 경제적·관계적 성과가 모두 긍정적인 관계가 있는 것으로 나타납니다. [160]

유통경로는 일반적으로 다음과 같이 구성됩니다.

160 여운승 외, 산업재 유통과정에서 관계결속과 수직적 통합의 선행변수 및 성과에 관한 연구, 마케팅관리연구, 제15권 제1호, 2010년

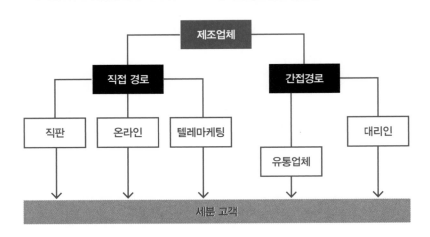

유통경로의 구성

제조업체

직접 경로

간접경로

직판

온라인

텔레마케팅

유통업체

대리인

세분 고객

비즈니스 유통경로의 구성은 이렇게 제작업체가 직접 고객과 연결하는 직접 경로가 있고, 제작업체가 중간상을 통해 고객과 연결하는 간접 경로로 구분합니다.

직접 유통경로는 마케팅 인력을 보유한 제작업체가 중간상 없이 유통 업무 전체에 대한 책임을 지고 고객과 직접 거래하는 것을 말합니다. 고객이 대형 고객이며, 고객이 공급선의 직접 판매를 요구하며, 고객에게 고객화된 솔루션을 제시하여야 하고 제품의 특성이 복잡한 경우에 직접 경로가 유효합니다. 종합적 패키지의 제안과 경영진과의 광범위한 협상이 필요하고, 시장 환경에 재빠른 대응이 필요할 때도 직접 유통경로를 사용합니다. 이러한 직접 유통경로에 있는 제작업체의 마케터는 전문화된 고객관리, 깊은 제품 지식, 수준 높은 마케팅 기법을 보유하여야 합니다. 고객과의 의사소통 기법으로는 직접 마케팅 도구로 마케팅 인력, 직접 우편, 이메일, 텔레마케팅, 전자상 거래 등이 있습니다. 직접 유통경로의 장점은 제작업체 마케터가 고객과 잠재 고객을 잘 알고 있으며, 이들과 긴밀한 관계를 유지할 수 있습니다. 마케터가 판매촉진 활동에 대한 고객의 반응을 측정하여 가장 수익성이 높은 판매촉진 활동을 결정할 수 있으며, 경로 부가 비용이 없어서 가격 경쟁력을 높일 수 있으며, 자신의 제안과 전략을 경쟁사에게 노출하지 않습니다. 그러나 마케터의 유지에 따른 비용이 많이 들며, 제한된 지역에만 가능합니다.

간접 유통경로에는 최소 하나 이상의 중간상이 관여합니다. 간접 유통경로는 시장이 나누어져 넓게 펼쳐져 있을 때, 거래 금액이 적을 때, 구매조직이 다른 브랜드를 포함하여 여러 제품을 구매할 때 적합합니다. 제작업체의 대리인이나 유통업체가 대부분의 비즈니스 거래를 담당하고 있습니다. 미국의 경우에는 GDP의 60% 이상을 간접 유통경로가 담당한다고 합니다. 전자상거래의 발전에도 불구하고, 많은 고객은 제품에 가치를 더하는 서비스와 솔루션을 제공하는 지역별 유통업체와의 거래를 선호합니다. 간접 유통경로의 장점은 경로 구성원들이 이미 해당 시장에서 고객과의 신뢰 관계를 구축하여 제작업체가 너른 시장에 대한 접근성을 강화시켜주며, 제작업체의 인건비를 최소화할 수 있습니다. 아울러 제작업체의 자금 회전도 지원할 수 있습니다. 그러나, 단점으로는 중간상이 제작업체 제품에 정통하지 않을 수 있으며, 제작업체가 중간상을 통제하기가 쉽지 않습니다. 또한, 성과와 관련되지 않으면 중간상의 충성도가 감소하며, 중간상과의 관계가 해지되면 고객을 잃을 수도 있습니다.

직접 유통경로와 간접 유통경로 외에도 이 둘을 묶은 복수 유통경로도 있습니다. 복수 유통경로는 다양한 고객의 요구에 대응하기 위해 종종 자신의 직접 판매와 중간상을 통한 간접 판매의 다양한 조합도 필요합니다. IBM사는 대기업, 정부 및 기관 고객에게는 자사의 마케팅 조직이 유통을 담당하고, 많은 중소기업에게는 유통업체를 통하여 효과적으로 간접 판매를 하고 있습니다. 제록스사도 대형 고객과 정부에는 자사의 마케팅 인력을 통해, 중견기업에게는 유통업체를 통해 판매할 뿐만 아니라, 가정용 고객 및 중소기업에게는 소매상을 통해 판매하며, 웹사이트를 통해서도 판매합니다.

특히 최근에는 정보통신 기술의 발달로 많은 선진 기업이 전자상거래를 통한 유통 전략을 강조합니다. 기업은 전자적 유통경로를 사업 확대에 따라 정보 플랫폼, 거래 플랫폼, 고객 관계 관리 플랫폼의 3단계로 나누어 사용합니다. 1단계 정보 플랫폼에서는 제품에 대한 사양과 특성에 대한 정보를 제공하며, 각 지역의 유통업체나 자사의 마케터에게 연락하도록 합니다. 2단계 거래 플랫폼에서는 추가적인 정보와 거래를 할 수 있는 체계를 제공하여, 견적, 주문, 재고 확인 및 기술지원 등에 사용합니다. 3단계 고객 관계 관리 플랫폼에서는 지속적

대화를 통해 고객과의 관계를 증진하는 단계로, 차별화된 서비스를 제공하는 수준입니다. 온라인 주문의 활용으로 마케터는 거래보다는 고객 관리에 집중할 수 있게 되었습니다. 웹사이트에서는 고객이 제품을 조사하고, 기술 정보를 얻고, 주문하기 위해 유통업체를 접촉할 수 있도록 지원하여야 합니다. 전자적 유통경로 전략은 판매 절차의 간소화 및 고객과의 지속적 대화가 가능토록 설계하여야 합니다.

일부 제작업체는 새로운 비즈니스 모델 수립 및 이에 따른 수익성 창출을 위해 기존 고객을 통해 최종 고객에게 접근하던 방식에서 직접 최종 고객에게 접근하는 탈 중간상 방식으로 변화하고 있습니다. 온라인과 플랫폼을 결합한 아마존 비즈니스에는 이미 10만 이상의 B2B 공급선이 입점하여 기존의 중간상을 배제하고 구매조직에게 직접 서비스를 제공하면서 2020년에는 매출이 200억 달러에 이를 것으로 전망하고 있습니다.[161]

161 www.mckinsey.com/industries/advanced-electronics/our-insights/the-comimg-shakeout-in-indus-
trial-distribution

유통경로에서 중간상의
종류와 역활

02

기업이 다양한 제품을 고객에게 전달하고자 할 때는 중간상을 활용하는 것이 일반적입니다. 중간상에는 유통업체, 제작업체의 대리인, 중매인, 중개인, 위탁상 등이 있는데 이 중 가장 많은 부분을 차지하는 유통업체와 대리인에 대하여 알아보도록 하겠습니다.

중간상으로 활동하는 유통업체는 유통경로에서 가장 중요한 역할을 하며, 주로 기업의 비즈니스 활동에 필요한 소모성 물품을 다루는 MRO_{Maintenance, Repair, and Operation} 분야에서 사업을 합니다. 고객의 75% 이상이 유통업체를 통해 구매하며, 마케터의 75%도 유통업체를 통해 제품을 판매합니다. 사무용품부터 장비를 정비하는 데 사용하는 공구 및 리벳류, 밸브 등의 기계부품 등의 제품군은 97%가 유통업체를 통하여 공급됩니다.

유통업체는 비교적 좁은 지리적 시장에서 독자적으로 활동하는데, 평균적으로 200~300개 업체 제품을 취급합니다. 유통업체는 자신들이 판매할 제품에 대한 소유권을 보유하며 마케팅 및 계약 기능을 수행합니다. 또한, 다양한 제품 구색을 갖추고, 상품을 납품하고, 기술 자문을 제공하고, 긴급 요구를 충족하는 역할도 수행합니다. 고객에게 더 많은 가치를 제공하기 위해 많은 대형 유통업체는 재고 자동 보충을 포함하는 재고 관리, 제품 조립, 공장 내 창고, 설계 서비스 등 서비스 범위를 확대하고 있습니다. 특히 최근에는 유통업체도 4차 산업 혁명의 시대와 더불어 빅데이터, 인공지능 등 데이터 기술의 비약적인 발전으로 온라인-오프라인과 물류가 결합한 '스마트 유통'을 통해 고객 만족도 극대화를 추구하면서 스스로 경쟁력을 강화하고 있습니다.[162]

유통업체는 3가지 형태로 구분할 수 있습니다. 일반 유통업체는 소비자 시장에서의 슈퍼마켓과 같이 다양한 종류의 제품을 취급하여 고객에게 원스톱 서비스를 제공합니다. 전문 유통업체는 한가지 또는 소수의 관련 제품만 취급합니다. 최근에는 기술적 복잡성이 증가하고 제품의 정밀도 및 품질에 대한 높은 수준의 통제가 요구되면서 전문 유통업체가 증가하는 추세입니다. 예를 들면, 소비자 시장에서 전자제품만을 전문적으로 취급하는 하이마트 등입니다. 복합 유통업체는 산업 시장과 소비자 시장 모두에서 활동합니다. 예를 들어 산업

---

162 노은정 외, 기업 파트너 간의 유통결로 요인과 신뢰 및 결속 관계에 대한 실증연구: 할인점과 협력회사를 중심으로, 대한경영학회 학술발표대회 발표논문집, 2019년

용 전기 모터와 소비자용 전기 모터를 함께 취급하는 업체입니다.

최근 인터넷의 발전으로, 제작업체와 유통업체 간 협업 체계가 강화되고 있습니다. 협업의 대상에는 판매 및 서비스, 주문 및 대금 청구, 기술 훈련, 인터넷 회의, 경매 및 교환 등을 포함합니다. 이는 고객에게 인정받는 유통업체가 시장 확대 및 경쟁력 확보에 중요하기 때문입니다.

또 다른 중간상인 제작업체의 대리인은 시장과 고객의 요구에 대한 이해와 제품에 대한 지식을 함께 갖춘 전문가입니다. 전형적으로 시장에 대한 광범위한 경험을 보유하고 고객을 접촉하며, 제작업체와 고객을 연결해줍니다. 기술적으로 복잡한 제품 판매 시에는 대리인이 비용-효과적인 방안으로 알려져 있습니다.

대리인은 독자적으로 마케팅 활동을 하거나 대리하는 제작업체를 위해 마케팅 활동을 하며, 한 지역에서 여러 제작업체를 대리하기도 합니다. 대리인은 제품에 대한 소유권도 없고 재고를 보유하지도 않습니다. 대리인의 판매 수수료는 업계와 마케팅 활동의 본질에 따라 판매액의 2~18%까지 다양한데, 미국의 경우 평균 5.3%로 알려져 있습니다. 일반적으로 수수료는 판매 성공 시 보상하기로 하는데, 이는 대리인에게 판매를 위한 동기부여가 되기 때문에 제작업체에 도움이 됩니다.

제작업체는 일반적으로 고객화된 주문 생산품일 때, 제품이 기술적으로 복잡할 때, 소수의 고객이 지역적으로 집중되어 있을 때, 고객의 주문이 부정기적이고 장기적인 활동 기간이 필요할 때 대리인을 활용합니다. 또한, 중소기업에게는 마케터의 채용 및 유지보다는 수주 성공불 조건으로 운영하는 대리인 활용이 비용-효과적입니다. 시장 수요가 충분할 때에는 시장에 집중하기 위해 제작업체의 마케터를 활용하는 것도 좋으나, 수요가 제한적일 때에는 대리인이 중요한 역할을 합니다.

중간상에는 유통업체와 대리인 외에도, 중개인Broker이 있는데, 이들은 일반적으로 매우 표준화되거나 계절적인 제품을 대량으로 거래하는데 있어서 비즈니스 마케터나 비즈니스 고객을 대리하여 상대방을 연결해주고 수수료를 받습니다. 대리관계는 단기적이거나 간혹 일회적이기도 하며, 제품에 대한 소유권이 없고 물리적으로도 보유하지도 않습니다. 중매인Jobber은 원재료와 같이 벌크로 판매되는 제품에 대해 비즈니스 마케터를 단기적으로 대리하며 제품에 대한 소유권은 갖고 있으나 물리적으로 보유하지는 않습니다. 위탁상Commission Merchant은 원재료와 같이 벌크로 판매되는 제품에 대해 비즈니스 마케터를 단기적으로 대리하며 제품에 대한 소유권은 없으나 비즈니스 고객과 가격을 협상하여 판매하며 수수료를 받습니다.

효율적인 유통경로의 조건

유통경로 설계는 기업의 목표 달성을 위해 가장 큰 가능성을 지닌 유통경로 구조를 구체화하는 것으로, 이는 새로운 유통경로를 개발하는 것뿐만 아니라 기존 유통경로를 개선하는 것도 포함합니다. 유통경로 설계는 제품 수명주기와도 관련됩니다. 성장 단계에서는 더 많은 유통경로 구성원이 필요하며, 성숙 단계에서는 유통경로 구성원을 유지하는 것이 중요합니다. 유통경로 설계에 따른 유통경로 구조는 경로 단계의 수, 중간상의 수와 형태, 경로 구성원 간의 연결을 규정하는 틀과 관련됩니다. 유통경로 설계 절차는 다음과 같습니다.

1. 세분 고객을 정의합니다. 최종 사용고객의 구매 및 사용 행동을 구분합니다. 예를 들어 대형 고객은 직판을 요구합니다.
2. 세분 고객별 경로 요구도를 식별합니다. 제품 정보, 제품 고객화, 품질 보증, 구

색, 지역 등의 요구도를 식별합니다. 기술적으로 복잡할 경우 직판이 필요하며, 소형 고객이 지역적으로 분산되어 있을 때는 저비용의 대리인이 필요합니다.

3. 고객 요구 충족을 위한 자사의 경로 역량을 평가합니다. 자사의 재무 상황, 사후 지원 역량, 지역별 중간상 가용성 및 특별 경로 기능 등을 식별합니다. 자본 투자가 필요할 때는 직판이 제약을 받을 수 있습니다.

4. 경쟁사를 벤치마킹합니다. 경쟁사가 직접 서비스를 하는 경우라면 모든 업체가 직판 압력을 받습니다. 또한, 경쟁사의 유통망이 강하다면 신규 진입자는 시장에 진입하기가 어렵습니다.

5. 잠재된 고객 요구 충족을 위한 경로 솔루션을 창출합니다. 장비 판매 만이 아닌 설치, 성능개량, 정비 등도 고려하여 직접, 간접 또는 복수 경로를 구상합니다.

6. 경로 대안을 평가하고 선정합니다. 평가는 정성적/정량적으로 평가합니다.

유통경로 설계에 따라 유통경로를 구성하면 이후에는 마케팅 목표 달성을 위한 관리가 필요합니다. 설계한 유통경로에 필요한 구성원을 확보하기 위해 자사의 마케터를 통해, 기존 또는 잠재 고객을 통해, 산업전시회 등에서 역량 있는 중간상을 파악합니다. 그리고 이들을 후보로 하여 가장 우수한 구성원 선정을 위해서는 시장 범위, 제품라인, 인력, 성장, 재무 상황 등을 종합하여 평가합니다.

유통경로 구성원을 선정한 후에는 구성원의 성과를 지속적으로 평가하면서, 이들에게 동기부여를 하여야 합니다. 이것이 결국 제작업체의 성공과 연결되기 때문입니다. 중간상과 제작업체 간의 관계를 강화하기 위해서는 수수료 인상, 대리권 확대, 판매촉진 프로그램 등의 지원을 제공하여야 합니다. 조사에 따르면, 공적 수상 프로그램을 시행하고, 제품 훈련을 제공하며, 자문을 통한 의사소통을 강화하고, 목표에 대한 정보를 공유하고, 긍정적인 피드백을 제공하면 신뢰 관계가 증진된다고 합니다. 국내 연구에서는 유통업체에 대한 제작업체의 신뢰가 크면 클수록 관계 수준도 증가하는 것으로 나타났습니다. 신뢰 구축에는 유통업체와의 거래 공정성이 가장 높은 관련성을 나타내고 있습니다.[163] 제작업체는 주기적으로 유통경로 전 구성원과의 회의에서 유통정책 협의, 마케팅 전략 자문, 업계 정보 제공 등을 통해 모든 구성원과의 관계 및 성과를 강화할 수 있습니다. 그러나, 가장 기본적인 동기부여 수단은 보상으로, 제작업체가 수수료를 낮게 지급하면 중간상은 더 높은 수수료를 받는 제품으로 관심이 옮겨가기 때문에 제작업체는 업계의 일반적인 수수료를 지급하고 조건에 따라 수수료를 조정할 필요가 있습니다.

유통경로 구성원 각자는 자신의 이익을 최대화하려고 하므로 갈등은 필연적으로 발생합니다.[164] 예를 들면, 구성원의 수수료 인상 요청에 대한 제작업체의 거부, 제작업체의 재고 유지 요청에 대한 유통업체의 거부, 유통업체를 배제하는 제작업체의 전자상거래 이용 등이

---

163 오일두 외, 유통경로에서 업무갈등과 관계갈등이 성과에 미치는 영향, 대한경영학회지, 제24권 제1호, 2011년
164 주우진과 김현식, 대형할인점과 공급업체의 협력-상생 가능성에 대한 이론적 고찰, 유통연구, 제12권 제5호, 2007년

갈등의 요인이 됩니다. 이 경우 마케터는 상호 신뢰를 바탕으로 정보 교환을 통해 각자의 성과를 최대화할 수 있는 방향으로 유통경로 구성원과의 관계 관리를 통해 경로 전체의 성과를 높이도록 접근하여야 합니다.[165] 국내에서 본사와 대리점 간의 경로 갈등에 대한 조사에 따르면, 갈등에 가장 큰 영향을 미치는 것은 각자의 역할 불이행으로 나타났습니다. 대리점에 대한 공정성과 지원이 떨어질수록, 대리점 요청에 대한 반응이 부적절하거나 정보의 전달 정도가 떨어질수록 갈등이 더 많이 발생하는 것으로 나타났으며, 갈등 해결 방안으로 서로의 역할에 충실하고 의사소통을 원활히 하고 상호 협력하는 것을 제안하기도 하였습니다.[166] 유통경로 구성원 간의 협력적 행동은 갈등에 대한 상대방의 인식과 정보 공유를 활성화시키고, 갈등 해결에 대한 의견 조율과 합의 등의 과정을 추진케 하며, 거래 관계를 지속하게 만듭니다.[167]

---

165 한상린, 유통경로상의 갈등원인, 갈등 및 거래성과에 관한 연구, 유통연구, 제9권 제1호, 2004년
166 노원희와 송영욱, 갈등해결전략이 관계학습과 성과에 미치는 영향, 유통연구, 제17권 제3호, 2012년
167 박근호, 중소수출기업과 해외유통업체기업 간 관계품질 선행요인에 관한 연구, 대한경영학회지, 제25권 제5호, 2012년

글로벌 유통경로를 개척하는 3가지 방법

04

    규모의 경제를 달성하고 초기 투자를 빨리 회수하고 사업 영역을 확대하기 위해 자국의 고객을 넘어서 해외 고객을 상대하는 글로벌 마케팅은 이제 모든 기업에게 필수적인 접근법이 되었습니다. 해외 비즈니스 마케터는 전통적으로 3가지 유통경로를 통해 전 세계 시장에 제품을 공급합니다.

    첫째, 자국 소재의 수출 중간상을 활용하는 방법입니다. 글로벌 마케팅에 깊이 관여하지 않는 기업이나 해외 판매 경험이 부족한 중소기업이 활용합니다만, 자국에 위치하기 때문에 해외시장에 대한 접근이 취약합니다. 저도 현지 접근성이 어려운 국가를 대상으로 해서는 현지에 이미 진출하여 기반을 마련한 국내 종합상사를 활용하여 접근하였던 경험이 있습니다.

    둘째, 해외 소재의 중간상을 활용하는 방법입니다. 해외 소재의 중간상은 해당 시장에 대해 밀접하고 지속적인 접촉이 가능합니다. 제작업체는 제품의 특성, 역량 있는 해외 중간상의 가용 여부, 재무 상황, 지역별 고객, 관리 능력 등에 따라 해외 중간상을 활용할 수 있습니다. 국내 중소기업을 대상으로 한 연구에 따르면, 수출 제작업체와 해외 중간상 간의 관계에서는 장기적 관계지향성이 중요하며, 이를 강화하기 위해서는 제품 및 서비스에 대한 정보 교환, 시장정보에 대한 밀접한 정보 교환이 필요합니다. 또한 상대방의 요구에 대한 유연한 대응이 수출 제작업체와 해외 중간상 간의 신뢰와 몰입을 증가시키고, 상호 간의 관계 만족을 증가시키는 것으로 나타났습니다.

셋째, 자사 마케팅 인력을 활용하는 방법입니다. 글로벌 경쟁이 심화하고, 제품수명주기가 짧아지며, 품질 기준이 강화되고, 기술변화가 급변하는 상황에서 고객과 깊고 효과적인 관계는 매우 중요해지고 있습니다. 이에 따라 제품이 높은 수준의 서비스가 요구될 때, 경쟁하는 제품과 차별화될 때, 해외직접투자에 대한 법적 제한 요건이 적을 때, 제품이 제작업체의 핵심 제품과 밀접한 관련이 있을 때, 해외국가의 문화가 자국의 문화와 유사할 때, 경쟁사가 마케터를 활용할 때에는 자사도 역시 잘 훈련된 마케터를 활용할 것을 권고합니다. 제작업체는 후속지원, 납기 신뢰성 유지, 예비품 공급 및 기타 서비스를 제공할 수 있는 능력이 필요합니다.

글로벌 유통경로 대안을 고려할 때에는 해당 국가의 법규도 검토하여야 합니다. 정부의 보조금 지급, 수출 통제 등은 제품의 물류와 유통경로에 영향을 주기 때문입니다. 일부 국가에서는 현지 시장에 진입하기 위해 공장, 유통 시설, 연구개발 시설 및 현지 업체와의 합작투자가 필요할 수도 있습니다.

현지 중간상과의 계약서에서는 역할에 대한 용어 사용에 신중하여야 합니다. 일부 국가에서는 '에이전트Agent' 활용이 불법이기 때문입니다. 대외적으로도 에이전트라는 표현은 부정적 어감이 있으므로 대신 '컨설턴트Consultant'로 기재하는 것이 좋습니다. 참고로, 컨설턴트 및 고문은 마케터에게 지침을 권고하고 직접적으로 고객에게 영향을 주지 않습니다. 이에 비해 대리인은 마케터를 대신하여 고객과 직접적으로 교류할 수 있습니다.

현지 대리인의 역할은 마케팅 목표를 달성하기 위한 기본적인 마케팅 활동에 대한 지원 외에도, 현지 고객 접촉 시의 지리적, 문화적, 언어적 효율성 제고, 당사 직접 접촉에 대한 현지 고객의 부담감 완화, 사업화 전까지의 자사 마케팅 비용 최소화, 고객 획득 규정 및 현지 절차 준수 등의 역할을 담당하고 있습니다.

마케터는 현지 대리인을 조기에 확보하는 것이 중요합니다. 이미 앞에서도 여러 번 이야기한 바와 같이 스펙인 활동을 하려면 현지에서의 대리인 활동 및 지원이 필요하기 때문입니다. 역량 있는 대리인 후보는 국내 종합상사, KOTRA, 현지 한국대사관 상무관, 산업전시회, 주한 대사관 상무관, 현지 업체 면담 등을 통해 확보할 수 있습니다.

고객의 요구를 잘 이해하고 그 분야에서 전문가인 현지 대리인과의 관계를 설정하는 것이 사업의 성패와도 직결됩니다. 유능한 현지 대리인은 장기적인 안목에서 고객을 일찍부터 관리하고 고객과 긴밀한 관계를 구축하여, 사업을 성공으로 이끄는 역량이 탁월합니다. 반면 일부 현지 대리인은 고객과의 관계가 긴밀하지 못하여 부정확한 정보를 입수하기도 하고 정보 획득도 늦는 등 사업 전략 수립에 차질을 주기도 합니다. 사업 성공을 담보할 역량이 충분한 현지 대리인을 선정하기 위해서는 여러 대리인 후보를 평가하여 가장 역량 있는 대리인을 선정하여야 합니다. 아래의 표는 대리인을 선발하기 위해 사용하는 평가표 예입니다. 마케터는 이를 참조하여 자신의 현지 활동에 적합한 대리인을 찾는 평가표를 준비하여야 할 것입니다.

대리인 평가 기준						
구분	항목	배점	업체명			비고
			A	B	C	
경영 일반	조직/인력	4				
	매출/손익	4				
	계열사 등	2				
사업 이력	사업 현황	5				
	주력 사업	10				대리권 확인
	사업 실적	15				
획득 이해	획득절차/규정	3				
	의사결정체계	2				
네트 워킹	관련 업계 등	15				
업무 역량	소요 분석	10				
	고객 성향	1				
	사업 일정	4				
	사업 위험	2				
	경쟁사 정보	4				
	추진 전략	4				
계약 방식	성공불	5				
	수수료율	5				
관심도	사업 의지	5				
	계	100				

스마트한 운영이 가능해진 공급망 관리

05

유통경로가 제작업체와 고객 간의 연결이라고 표현한다면, 이를 확대하여 공급선까지 연결하면 총체적인 공급망이 됩니다.

공급망은 원자재부터 최종 사용자까지 제품의 이동 관련 모든 활동의 집합체라고 정의할 수 있습니다. 공급망을 통해 수행되는 기능

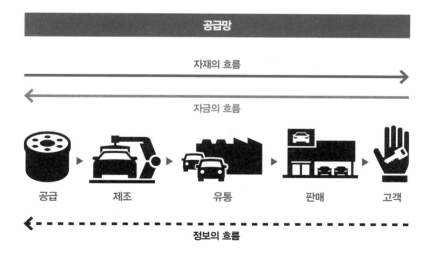

공급망

자재의 흐름

자금의 흐름

| 공급 | 제조 | 유통 | 판매 | 고객 |

정보의 흐름

은 공급선 발굴, 구매, 제품 설계, 생산 일정, 제조, 주문 처리, 재고 관리, 자재 처리, 저장, 납품 및 고객 서비스 등 전체적인 활동입니다.[168]

공급망을 관리하는 목적은 최종 고객에게 낮은 비용과 높은 서비스로 막힘없이 빠르게 전달하는 것이며, 이것이 가능하게 된 것은 인터넷의 발달로 공급망 상에 있는 모든 구성원이 고객, 수요, 거래 및 전략 등에 대한 정보를 공유하였기 때문입니다. 예를 들어, 다임러 크라이슬러사에 200종류 이상의 지프 자동차의 운전석 계기판을 공급하는 존슨 컨트롤사는 다임러 크라이슬러사로부터 특정 사양에 대한 주문을 받으면 9마일 떨어진 공장에서 204분 안에 생산하여 납품합니다. 전자부품 유통업체인 아브넷사는 공급망 관리 프로그램을 통해 주문에 대한 적기 납품률을 80%에서 100%로 향상했고 재고 회전율을 5배나 개선하였습니다.

연구에 따르면 최상의 SCM에 따른 성과는 적기 납품률 10~30% 향상, 현금흐름 기간의 1~2개월 단축, 재고 자산의 50~80% 감축, 매출액 대비 이익률 3~6% 증가라는 향상된 결과치를 보여주고 있습니다. 국내 연구에서 SCM 서비스 이용 경험이 있는 중소 수출기업을 대상으로 한 조사에서도 약속한 서비스 제공, 정보 신뢰성, 합의 준수, 서비스 신뢰성 등의 신뢰성이 고객 만족에 긍정적 영향을 주고, 이것이 수출 성과에 유의한 영향을 주는 것으로 나타났습니다.[169] SCM의 4가

168 대한상공회의소, SCM 도입 가이드, 2005년
169 손용정, 중소수출기업의 SCM 이용 만족도가 수출성과에 미치는 영향, e-비즈니스연구, 제18권 제2호, 2017년

지 목표는 품질향상으로 낭비 제거, 주문-납기까지 시간 단축, 유연한 대응, 단위비용 절감으로 압축할 수 있습니다.

공급망은 인터넷의 발전에 따라 전자상거래를 통하여 기업의 경쟁력 확보를 위해 고객의 다양한 주문을 실시간으로 신속히 처리하면서 절차를 간소화하고 처리 비용도 절감하는 변화를 보입니다. 국내의 자동차 산업을 대상으로 한 연구에서도, SCM은 부품업체-제작업체-유통업체-고객 간 전자적 정보연결을 통해 고객이 원하는 제품을 빠른 시간에 저렴한 가격으로 공급하는 제품 고객화에 공헌하는 경영 도구가 되고 있습니다. [170]

2장 〈고객의 구매 환경 변화〉에서도 이야기하였듯이 기업은 경쟁력 강화를 위해 소수의 협력선과 장기적인 전략적 동반자 관계를 구축하는 추세를 강화하고 있습니다. 예를 들어, IBM사는 상위 50개 공급선으로부터 총 구매액의 85%를 구매하고 있습니다. 이러한 추세에 발맞춰 공급선은 고객과의 지속적 관계 유지를 위한 역량을 확대하고 있습니다. 고객과 생산, 기술 등에서 다양한 협업 체계를 구축하고, 제품·서비스 품질향상 및 JIT 납품도 제공하고 있습니다. 예를 들면, 미국의 포드, 지엠, 토요타 등 자동차 제작업체의 부품 공급선들은 고객의 자동차 조립 공장 근처에 부품 제작 공장을 건설하여 물류와 재

---

[170] 김기찬과 김신곤, 전자적 공급사슬설계 e-SCD의 고객화 효과 모형개발에 관한 연구: 자동차 산업의 B2B 모델을 중심으로, 한국경영과학회 학술대회논문집, 2001년

고 비용을 절감하고 있습니다.

5장에서도 이야기한 바와 같이 기업들이 전 세계 시장을 대상으로 한 마케팅 활동을 펼치면서 자연스럽게 글로벌 공급망으로 확대되고 있습니다. 디자인은 이탈리아에서, 부품은 중국에서 생산하고, 이를 공급받은 제작업체는 한국의 공장에서 조립하여 미국 시장에서 판매하는 것이 이제는 보편적입니다. 그러나, 시장 확대의 기회와 함께 위험 요인도 있습니다. 전 세계적으로 고객과 공급선의 수가 증가하고 물리적인 거리가 증가하면서 수요와 공급의 변동에 따른 효율적인 글로벌 공급망의 운영에 대한 관리가 더욱 어려워지는 것도 사실입니다. 기업은 소재국이나 시장에 상관없이 공급망 상에 있는 모든 국가에서 공급선의 상황, 운송 및 무역 인프라, 경제 동향 등과 같은 요인 등을 상시 관찰하고 위험 관리를 하여야 합니다.[171]

이러한 사례가 이번 코로나19 상황으로 인해 글로벌 SCM에도 변화가 나타나고 있습니다. 제작업체들은 그간 원가경쟁력 확보를 위해 글로벌 공급망을 계속 확장했었는데, 이번 코로나19 상황으로 인하여 이러한 글로벌 공급망이 부정적 영향을 받는 상황이 발생했습니다. 예를 들면, 현대자동차가 중국 우한에서 공급받던 차량 배선Wire Harness이 코로나19 상황으로 인해 현지 생산이 중단되자 현대자동차의 자동차 생산도 연이어 중단되는 일이 발생한 것입니다. 이에 따라 일

---

171 www.allassignmentexperts.com/blog/impact-of-b2b-marketing-and-supply-chain-management/

부 기업들은 코로나19 상황 이후에 다시 안정적인 공급을 위해 공급선을 국내로 되돌리려는 리쇼어링Reshoring을 언급하고 있습니다.

이는 현대자동차만의 사례가 아니라, 글로벌 공급망을 운영하는 모든 기업에게 유사한 사례가 나타날 수 있는 위험입니다. 미국에 있는 고객과 계약 후 유럽에 있는 공급선으로부터 부품을 구매하여 국내에서 가공 후 납품하는 수주사업의 경우, 유럽 공급선에서도 코로나19 상황으로 인한 현지 공장의 생산 작업이 중단되면 고객에 대한 납품 일정에 영향을 줄 수 있습니다. 물론, 이 경우는 'Act of Government'라는 불가항력Force Majeure이 포함된 계약조건으로 고객으로부터 납품 지연에 따른 면책을 받을 수 있지만, 면책을 요청할 부품 공급선 국가의 공식적 관련 근거는 확보가 필요합니다.

자동차의 Wire Harness 구성도

CHAPTER

9

마케팅 세부 계획 – 의사소통

의사소통의
정의와 종류

01

소비자 마케팅에서는 4P의 판매촉진Promotion을 단기적으로 구매를 장려하기 위한 활동으로 정의하고, 예로 쿠폰, 경품, 리베이트 제공 등을 들었습니다. 그러나 최근에는 판매촉진을 대신하는 용어로 의사소통Communication을 사용합니다.

앞에서도 여러 번 강조하였듯이 비즈니스 마케팅에서 가장 중요한 의사소통 도구는 마케터입니다. 이는 거래하는 제품의 기술적 복잡성, 소수의 구매자, 계약까지 장기간 소요 등의 비즈니스 마케팅의 특성으로 인해 고객 관계 관리 측면에서 마케팅 인적자원의 중요성이 재차 강조되기 때문입니다. 소비자 시장에서의 현장은 상품을 거래하는 매장이며, 비즈니스 시장에서의 현장은 마케터가 고객과 만나는 시점입니다. 바로 마케터의 중요성을 재차 강조하는 것입니다. 더불어 광고, 카탈로그, 인터넷, 전시회 등을 포함한 비인적 의사소통 요소도 고객과의 의사소통에 중요한 역할을 담당합니다. 비즈니스 마케터는 소비자 마케터보다 인적 의사소통 요소를 더 많이 사용합니다.[172]

이처럼 인적 및 비인적 의사소통 형태가 구매조직에게 긍정적인 영향을 주도록 정보를 제공하는 통합된 의사소통 프로그램에서는 인적 네트워킹 노력과 효과적으로 통합된 광고 및 판매촉진 전략이 필요합니다. 즉, 광고와 판매촉진 프로그램은 별도로 움직이는 것이 아니라 전체 의사소통 전략, 특히 인적 네트워킹과 통합하여 활동하여야 합니다.

다음의 표는 다양한 의사소통의 방법을 요약하여 보여줍니다.

다양한 의사소통 종류			
종류	특징	기능	방법
광고	· 특정 후원자가 비용을 부담하여 매체를 통해 전달하는 일방적인 커뮤니케이션 · 대량판매 시장에 효과적	· 정보 제공 · 제품에 대한 호기심 · 판매에 대한 자극	· TV, 라디오, 신문, 잡지, 교통광고, 옥외 광고
판매촉진	· 특정 이벤트에 대한 일방적 커뮤니케이션 · 단기적인 인센티브를 주기 위해 실시	· 광고와 인적 네트워킹의 중간적인 특징	· 샘플, 쿠폰, 할인, 컨테스트, 스탬프 · 전시회
PR (뉴스, 편집기사)	· 상업적으로 의미가 있는 뉴스를 공공 매체에 싣는 일방적인 커뮤니케이션 · 후원자가 비용을 부담하지 않음	· 신제품 뉴스 · 제품 평가	· 뉴스 · 편집 기사
인적 네트워킹	· 개별 구매자에게 직접 대응 · 쌍방향 커뮤니케이션	· 예상 고객에 대한 특정 정보 제공 · 판매 계약 체결	

---

172 Severina Iankova 외, A comparison of social media marketing between B2B, B2C and mixed business models, Industrial Marketing Management, 제81권, 2019년

1. 광고는 특정 후원자가 비용을 부담하여 TV, 라디오 등과 같은 매체를 통해 일방적으로 메시지를 전달하는 방법으로 보통 대량판매 시장에 효과적입니다.
2. 판매촉진은 특정 이벤트를 통해 고객인지를 높이는 방법으로, 비즈니스 마케팅에서는 전시회가 많이 활용됩니다.
3. PR은 상업적으로 의미가 있는 뉴스를 공공 매체에 게재토록 하는 홍보의 한 방법입니다.
4. 인적 네트워킹은 구매자와 직접 쌍방향 커뮤니케이션을 하는 방법입니다.

최근에는 IT 기술의 발전으로 인해 비즈니스 의사소통 방법에도 변화가 있습니다. 하기 그림은 기업들이 2020년에 가장 효율적인 비즈니스 마케팅 의사소통 방식을 선정한 그래프입니다. 이메일, 소셜 미디어, 블로그, 콘텐츠 마케팅 등 친숙한 단어들이 상위를 달리고 있습니다.

이제 마케팅 관리자는 소셜 미디어에 잠재 고객과 현 고객을 참여시켜 콘텐츠를 만들고[173] 이에 대한 자원 및 활동을 조정하여 성공적인 고객과의 관계 관리를 설정하고 강화하는 활동에도 관심을 기울여야 합니다. 소셜 미디어 마케팅의 목표는 브랜드 이미지와 평판 및 브랜드 인지도를 높이는 것입니다.[174] 모터사이클 전문업체인 할리 데이비드슨은 고객을 친구로 보면서 소셜 미디어 콘텐츠를 공동 제작하

---

173 Lauri Huotari 외, Analysis of content creation in social media by B2B company, Journal of Business & Industrial Marketing, 제30권 제6호, 2015년
174 Timothy Cawsey와 jennifer Rowley, Social media brand building strategies in B2B companies, Marketing Intelligence & Planning, 제34권 제6호, 2016년

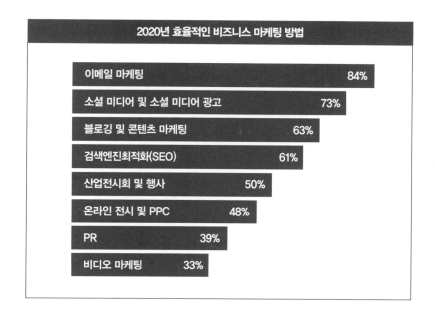

여 강력한 브랜드 충성도와 지속적인 관계를 구축하였습니다.[175] 전
문가들은 기업들이 소셜 미디어 전략에서 고려하여야 할 요소로는 기
업의 목표, 목표 그룹 유형, 콘텐츠 깊이 및 다양성, 플랫폼 유형, 소셜
미디어 채널 구조, 운영자 역할, 정보 접근성 및 접근 방식, 온라인 커
뮤니티의 역할 및 다른 마케팅 의사소통과의 통합 등을 포함하여야
한다고 합니다.[176] 소셜 미디어에 관한 연구에서도, 소셜 미디어 메시
지에는 기업의 브랜드 이름을 강조하고, 콘텐츠에서는 기술 자료, 백

---

175 Severnia Cartwright 외, Managing relationships on social media in business-to-business organiza-
tions, Journal of Business Research, 제125권, 2021년
176 Maryam Lashgari 외, Adoption strategies of social media in B2B firms: a multiple case study ap-
proach, Journal of Business & Industrial Marketing, 제35권 제5호, 2018년

서, 뉴스 기사 및 신제품 정보 등을 포함하고 정보 검색을 위한 링크를 제공할 것을 권유합니다. **177** 특히 비즈니스 구매조직이 구매 절차의 초기에 정보를 수집하기 위해 인터넷을 점점 더 활용하기 때문에 비즈니스 구매 절차에서 콘텐츠의 중요성이 점점 더 강조되고 있습니다. 마케터는 디지털 콘텐츠 마케팅에 대한 개념을 '고객에 대한 판매'에서 '고객을 지원'하는 것으로 바꾸어야 하며, 단기적인 캠페인을 실시하기보다는 장기적으로 고객과의 진정한 관계를 구축하여 신뢰할 수 있는 브랜드 구축에 중점을 둔 문화적 접근법으로 인지하여야 합니다. **178**

구매조직이 정보를 수집하기 위해 인터넷을 사용하는 시간이 증가하기 때문에, 마케터도 이에 대응하는 전략을 수립하고 있습니다. 예를 들면, 잠재 고객이 자사 웹사이트를 통해 기술 사양 등의 정보를 쉽게 접근하도록 하고, 고객이 자사의 웹사이트에 사용 후기를 올리도록 권장하며, 자사의 웹사이트를 관리하는 마케터를 배치하여 문의 답변, 호의적인 후기에 링크 달기, 신제품 소개 등의 활동을 하고 있습니다. 당연히 소셜 미디어에 대한 마케팅 예산도 증가하고 있습니다. 비즈니스 기업의 소셜 미디어 채널에 관한 연구에서는, 링크드인은 문제 해결을 위한 특정 포럼에 참여하여 신규 고객을 확보하는 데

177 Kunal Swani 외, What message to post? Evaluating the popularity of social media communications in business versus consumer markets, Industrial Marketing Management, 제62권, 2017년
178 Geraint Holliman과 Jennifer Rowley, Business to business digital content marketing: marketer's perceptions of best practice, Journal of Research in Interactive Marketing, 제8권 제4호, 2014년

효과적이며, 유튜브는 제품을 조립하는 방법 등 동영상을 공유하는 데 효과적이며, 블로그는 회사 또는 제품에 대한 심층적인 정보를 기존 고객에게 제공하는 데 사용한다고 합니다. 반면 이 연구에서는 트위터나 인스타그램은 마케팅에 효과적이지 않은 것으로 이야기합니다.[179] 우리나라에서도 링크드인이나 페이스북 같은 소셜 네트워크 서비스를 마케팅 중심 도구로 활용하고 트위터나 유튜브 등의 소셜 미디어를 보조적인 도구로 활용하는 것이 효과적이라는 연구도 있습니다.[180]

최근 맥킨지사가 5개 산업 2만 명의 구매자를 대상으로 하여 구매 의사결정에 대한 조사에 따르면, 구매 의사결정에 가장 중요한 것은 "다른 사람의 긍정적 후기"라고 합니다. 블루 코로나사도 구매 의사결정의 80%는 구매자의 직접 또는 간접 경험을 기반으로 한다고 합니다.[181] 구매자의 80% 이상이 구매 전 이미 관련 웹사이트를 방문하여 온라인으로 관련 정보를 수집합니다. 물론 웹사이트에서 관련 정보를 탐색하여 의사결정에 참고하는 것은 소비재 구매자도 마찬가지입니다.

179 Svante Andersson과 Niclas Wikstr⊠m, Why and how are social media used in a B2B context, and which stakeholder are involved?, Journal of Business & Industrial Marketing, 제32권 제8호, 2017년

180 이호형과 김학민, 소셜미디어를 이용한 수출마케팅 실험과 시사점: 트위터와 페이스북을 중심으로, 통상정보연구, 제13권 제4호, 2011년

181 www.bluecorona.com/blog/b2b-marketing-strategy-guide/

의사소통 도구별 장단점

02

의사소통 도구에는 직접 우편과 인터넷을 이용한 이메일이 있습니다. 직접 우편은 일반적으로 기업 이미지 제고, 제품·서비스 촉진, 마케팅 지원, 유통경로 의사소통 및 특정 마케팅 문제 해결을 위해 사용합니다. 제품 광고는 구매조직의 영향자 손에 특정 제품 정보를 제공할 수 있습니다. 직접 우편에서 마케터의 인적 정보를 제공하여 구매자가 접촉하기 쉽게 하고, 고객과의 면담을 위한 마케터의 활동도 지원합니다. 잠재 고객에게 해당 지역의 유통업체를 소개하는 데에도 도움을 줍니다. 직접 우편은 신규 고객이나 시장을 식별하는 데에도 활용되며, 충분한 판매 지원을 받지 못하는 제품을 촉진할 때에도 활용합니다. 비용 측면에서도 직접 우편은 다른 매체보다 효율적이나, 잠재 고객을 정확히 파악하지 못하고 보낸다면 쓰레기밖에 되지 않습니다. 조사에 따르면, 포춘 500 기업의 경영진은 매주 평균 175통의 우편물을 받으나 이 중 읽어보는 것은 10% 미만이며 하루에 5분만 소요한다고 합니다. 직접 우편은 전시회 간행물이나 광고보다도 효과적입니다.

최근에는 직접 우편에 의한 의사소통은 점차 감소하고 IT 발달로 누구나 쉽게 사용 가능한 인터넷 의사소통이 증가하는 추세입니다. 인터넷은 잠재 고객 및 현재 고객과의 의사소통 강화에 유용한 매체로, 인터넷 마케팅이 점차 비즈니스 마케팅에 중요해지고 있습니다. 이제는 인터넷을 매체 계획과 통합하여, 직접 우편과 광고를 통해 잠재 고객이 기업의 웹사이트나 인터넷 행사에 참여하도록 하는 것으로 전환되고 있습니다. 다만, 인터넷을 매체 계획에 통합하기 위해서는 잠재 고객의 이메일 주소를 확인하고 의사소통에 사용하는 것에 대한 승낙 확보가 필요합니다. 이메일 발송 목록을 확보하는 방법은 CRM 시스템상의 고객 목록 활용, 직접 우편으로 이메일 주소 요청, 전시회에서 이메일 주소 수집 등이 방법입니다. 마케터는 인터넷 마케팅에 대한 회신이 빠르다는 점을 인지하여, 인터넷 마케팅 시작 전에 관련 회신 자료 준비를 철저히 할 필요가 있습니다.

인터넷 사용은 다음과 같은 장점이 있습니다.

1. 인터넷은 직접 우편 마케팅 비용보다도 저렴하여 경제성이 뛰어납니다. 인터넷은 잠재 고객 1명이나 수만 명을 거의 같은 비용으로 접속할 수 있습니다. 마케터는 전통적 마케팅 매체 대비 인터넷 매체의 비용과 성과를 비교할 필요가 있

습니다. 이메일은 직접 우편보다 비용이 훨씬 저렴하며, 회신율도 직접 우편보다 더 높고 빠릅니다. IBM사는 전통적인 인쇄물 발송 비용이 이메일 비용보다 10배 이상 든다고 합니다.

2. 인터넷 마케팅 자료는 실시간으로 변경할 수 있어, 다른 매체에 비해 짧은 시간에 계획하고 실행하는 것이 가능합니다. 예를 들어 웹페이지 배너 광고는 변화하는 시장 요건에 맞추어 밤새워 수정도 가능합니다.

3. 인터넷 마케팅은 제품에 대한 공간을 무한적으로 사용할 수 있습니다. 가상 창고를 갖고 언제라도 제품 구색을 확대하고 저장할 수 있습니다. 예를 들어, 인사이트 엔터프라이즈사는 웹사이트에서 45,000개 컴퓨터 관련 제품에 대한 목록, 사양 및 가격을 실시간으로 제공합니다.

4. 인터넷은 기업의 규모와 상관없이 전 세계 고객에게 메시지, 제품 및 서비스를 제공하는 저렴한 비용의 매체입니다.

5. 인터넷은 고객과의 1:1 관계 설정이 가능하게 해줍니다. 인터넷은 이메일이나 웹사이트를 통해 고객에게 개인화된 정보를 전달하기에 유용합니다. 아울러 관계 마케팅이 성공하기 위해서는 고객으로부터의 피드백을 통해 기업이 마케팅 행동을 지속적으로 조정하고 갱신하는 것이 필요한데 이에도 유용합니다. 예를 들어, 델 컴퓨터사는 대형 고객에게 별도의 웹사이트를 개설하여 각 고객의 요구에 맞는 제안을 제공하며, 고객의 요구도 변화에 따라 지속적으로 제안을 조정하고 있습니다.

쉬운 언어로 메시지 담기

03

　　의사소통의 다양한 방법과 도구에 사용될 중요한 것이 메시지입니다. 메시지 개발에 있어서 고객에게 전달할 핵심 메시지는 고객에게 친숙하고 이해하기 쉬운 언어로 고객의 가치 요소를 고객에게 어떻게 전달하는지를 보여줘야 합니다. 핵심 메시지는 3가지 관점에서 고려하는데, 첫째, 시장과 경쟁 관점에서는 시장에서 무슨 일이 있는지, 경쟁사가 어떻게 포지셔닝하는지를 파악하고 더 독창적이고 차별화된 메시지를 개발하여야 합니다. 둘째, 내부 이해관계자 관점에서는 자사의 솔루션이 시장에서 어떻게 더 좋은 위치를 점할지에 대한 내부 의견을 듣도록 합니다. 셋째, 구매자 관점에서는 고객의 관심사, 의제, 솔루션을 찾는 것입니다.

　　메시지 프레임의 구성 요소는 솔루션, 제품, 서비스에 대한 특화적 메시지를 담는 특정 솔루션 중심 요소와, 기업과 브랜드에 대한 특화적 메시지를 담는 브랜드 중심 요소로 구분합니다.

1. 솔루션 중심의 핵심 요소에는 구매자 업계에서 직무와 관련하여 사용하는 특정 단어 또는 명칭을 마케팅 메시지에 포함하고, 2~3가지 중요 문제에 초점을 두어 자신의 솔루션이 어떻게 문제를 해결하는지를 제시합니다. 캠페인 주제는 자신의 솔루션이 고객을 어떻게 지원하고 시장에 어떤 가치를 주는지를 독창적으로 전달하여야 합니다.

2. 브랜드 중심의 핵심 요소는 자신의 브랜드를 정의하고 시장에서 어떻게 보여지도록 지침을 제공하는 것으로, 슬로건은 판매하는 솔루션에 대한 브랜드를 더 잘 표현해 줍니다. 예를 들면, 나이키 Just Do it! 입니다. 슬로건은 기억하기 쉽지만, 브랜드 약속은 영감적이고 고객의 감성과 연결되는 브랜드 철학입니다. 나이키의 경우 To bring inspiration and innovation to every athlete in the world라고 합니다. 사명은 기업이 추구하는 가시적이고 구체적인 행동 지향적인 목표로, 고객, 직원, 이해관계자를 어떻게 지원한다는 것을 설명합니다. 사명이 구체적이고 가시적으로 달성하고자 하는 것을 기술하는 반면, 비전은 철학적이고 광대한 의미로, 기업이 추구하는 것, 되고자 하는 것을 말합니다.

마케팅 의사소통의 메시지와 관련하여 핵심을 요약하는 것이 4C입니다.

1. 명확Clarity. 간단히 기술된 분명한 아이디어, 이야기 또는 메시지입니다.

2. 진실Credibility. 아이디어, 이야기 또는 메시지는 연관되고 실제적이고 믿을 만하여 야 합니다.

3. 일관Consistency. 전사적으로 오랫동안 같은 아이디어, 이야기 또는 메시지가 반복적 으로 전달되어야 합니다.

4. 경쟁Competitiveness. 고객에게 경쟁사와 차별화되게 보여야 합니다.

비즈니스 광고의 역활

04

비즈니스 광고는 접근할 수 없거나 알려지지 않은 구매조직의 영향자에게 도달할 수 있는 좋은 방법으로, 특히 공급선에 대한 인지도가 부족한 단계에서는 경제적이고 효과적인 촉진 방안입니다. 광고는 일방적 의사소통 도구이기 때문에 마케터가 자신의 메시지를 명확하게 전달하는 데 가장 유용합니다. 광고를 통해 고객에게 우호적인 기업 이미지를 투사할 수 있고, 이는 고객과의 면담에서도 긍정적인 효과를 만들어줍니다. 광고의 역할은 다음과 같이 설명할 수 있습니다.

먼저 마케팅 효과의 강화입니다. 효과적인 비즈니스 광고는 마케터의 고객 면담 전에 우호적인 분위기를 형성하여 인적 네트워킹을 더욱 생산성 있게 만듭니다. 연구에 따르면, 고객이 광고에 노출되었을 때 인적 네트워킹에 의한 판매액이 증가하며, 제품 지식, 서비스 및 열정에 대해서도 판매원을 높이 평가합니다. 비즈니스 광고의 기본 목적은 공급선의 명성을 높이는 것으로, 광고비용이 증가하면 브랜드 인지도가 상승하며, 이가 시장점유율 확대와 이익 증가로 전환되어, 연구에 따르면 비즈니스 광고를 한 기업은 안 한 기업보다 4~6배의 이윤을 창출합니다. 그러나 마케팅 효과는 시장 경쟁 상황에 따라 달라지기도 하는데, 국내 연구에 따르면 시장 경쟁이 적으면 소수 기업이 시장을 지배하기 때문에, 또 시장 경쟁이 심하면 각 기업의 시장점유율이 낮아서 광고 효과도 작습니다.[182]

그다음 마케팅 효율의 향상입니다. 비즈니스 광고는 현재 또는 잠재 고객에게 공급선의 제품을 기억하게 하고 또는 신규 제품이나 서비스가 필요하다고 인식하게 만듭니다. 마케팅 활동 및 모든 의사소통 활동들과 효과적으로 상호작용하여 전체 마케팅 비용을 보다 효율적으로 집행할 수 있도록 합니다. 예를 들어, 마케팅 인력의 급여, 여행 및 관련 비용을 포함하여 인당 일일 비용이 40만 원이고, 하루 평균 4명의 고객을 방문한다면 평균 고객 방문당 비용은 10만 원입니다. 그러나 효율적인 광고는 수많은 구매조직의 영향자들에게 매우 저렴한 비용으로 접근 가능합니다.

마지막으로 인지도 창출입니다. 비즈니스 광고는 고객에게 공급선과 공급선의 제품을 인지하게 만듭니다. 조사에 따르면, 고객의 61%는 광고를 보기 전에는 해당 회사를 몰랐다고 합니다. 비즈니스 광고는 비용 효과적으로 제품에 대한 선호도 증가에도 기여하며, 기업 정

---

182 최혁, 시장경쟁에 따른 광고선전비 효과, 경영교육연구, 제34권 제1호, 2019년

체성 또는 이미지를 창출합니다. 예를 들어, HP, 델 컴퓨터, IBM사 등은 비즈니스 위크Business Week와 같은 전문 잡지나 TV에 자신들의 브랜드 가치를 높이고 많은 고객에게 바라는 인식을 개발하기 위해 광고를 하고 있습니다.

광고는 비즈니스 마케팅 의사소통 전략의 일부분이며, 마케팅 목표를 달성하기 위해 사전에 주의 깊게 검토하고 시행하여야 합니다. 이를 위한 광고 관리 절차는 다음과 같습니다.

1. 광고 목표를 수립하고 목표시장을 정의합니다. 무엇을 언제까지 달성할지를 구체화하여야 하는데, 목표는 브랜드 인지도, 구매자 태도 등과 같은 용어로 기술합니다. 아울러 제품/서비스 특성과 기준에 따라 목표시장을 정의합니다. 브랜드는 시장에서 인지 수준을 넘어서야 브랜드 선호로 이어집니다.
2. 광고 예산을 결정합니다. 개략적 방법으로는 매출액 대비 일정 %를 산정하는 것입니다. 더욱 세밀한 방법으로는 목표-작업 방법이 있는데 이는 광고비를 달성 목표와 연계시켜 산정하는 것입니다.
3. 메시지 개발은 비즈니스 광고가 의사결정자의 주의를 끌도록 하되, 고객이 메시지를 잘못 해석하지 않도록 세심히 작성합니다. 기술자에게는 기술적 표현으로, 기술자가 아닌 사람에게는 비기술적 표현으로 접근하는 등 대상마다 적절한 메시지가 전달되도록 주의 깊게 작성합니다. 혜택에 초점을 두어 목표 고객에게 이 혜택을 전달할 수 있도록 작성하는데 이를 위해서는 시장조사를 통해 핵심 구매 기준을 파악하고 이에 맞추어 강조합니다. 메시지 개발에 목표 고객을 참여시키

면 보다 높은 응답성을 얻을 수 있습니다.[183]

4. 매체를 선택합니다. 구매 의사결정에 참여할 구성원에 맞추어 매체를 선정합니다. 온라인 광고에는 기업의 웹사이트, 온라인 비디오, 검색엔진 등이 있으며, 비즈니스 간행물은 업계 및 직종에 따라 다양합니다. 산업전시회 간행물은 보통 무료로 배포되며 독자에 대한 정보 수집을 목적으로 합니다. 인쇄된 광고물은 고객에게 제품 특성과 혜택 전달에 유용합니다. 구독자 수는 간행물 선정에 중요한 기준이 되며, 일회성의 광고는 일반적으로 비효과적입니다. 광고 효과를 얻기 위해서는 월간지에서는 최소 6회, 주간지에서는 26~52회 연속 광고를 추천합니다.

5. 광고 효과를 평가합니다. 평가 기준에는 광고가 선정한 목표시장에 도달 성공한 정도를 나타내는 목표시장 도달률, 구매 의사결정을 이끌어 낸 요소인 핵심구매동기 영향률, 정의한 세분 시장에서 핵심 구매영향 요소에 영향을 미친 메시지 정도를 나타내는 메시지 효과율, 정의한 목표시장에 메시지를 성공적으로 전달한 다양한 매체의 정도를 평가하는 매체 효율, 광고가 정의한 목표를 달성한 정도를 나타내는 전반적 목표 달성률이 있습니다.

구매조직은 합리적인 의사결정만 하는 것으로 알려져 있습니다. 그러나 광고를 기획할 때에는 구매조직의 감정적 측면을 이해하는 것도 중요합니다. 마케팅 광고 콘텐츠 제작자에 대한 조사에 따르면, 구매조직의 구매 의사결정 과정에는 논리와 감정 모두 중요한 역할을

---

183 Roberto Mora Cortez 외, Revisiting the theory of business-to-business advertising, Industrial Marketing Management, 제89권, 2020년

담당한다고 합니다. 감성적인 광고 콘텐츠는 구매 의사결정 과정에서 공급선과 공급선의 브랜드를 옹호할 가능성이 더 높습니다. 따라서 마케터는 광고가 구매조직이 의사결정 과정에서 나타날 수 있는 감정에 호소하면서도 중요한 정보를 제공하도록 하여야 합니다. **184**

---

184 Elyria Kemp 외, 쏜 emotional side of organizational decision-making examining the influence of messaging in fostering positive outcomes for the brand, European Journal of Marketing, 제54권 제7호, 2020년

가장 많은 잠재고객을
창출하는 산업전시회

05

산업전시회는 마케팅 의사소통 활동 중의 하나이며 가장 많은 마케팅 비용을 집행하는 활동으로[185], 일반적으로 각 산업계는 주기적으로 신기술을 선보이는 산업전시회를 개최합니다. 예를 들어, 전자 산업에서는 매년 미국 라스베이거스에서 열리는 소비자 전자제품 박람회Consumer Electronics Show 전시회가 유명합니다. 전 세계 150개국에서 총 3,700개의 업체가 참여하여 IT 및 전자제품의 기술 발전 추세를 선도하는 세계 최대의 전시회입니다.

조사에 따르면, 산업전시회 방문자의 83%가 구매조직의 영향자로, 산업전시회를 방문하는 사람들의 목적은 신제품을 보기 위하여(50%), 전시회의 주제 분야에 관한 관심 때문에(15%), 특정 기업의 구체적인

---

[185] Brain P Brown 외, Top management attention to trade shows and firm performance: A relationship marketing perspective, Journal of Business Research, 제81권, 2017년

제품을 보기 위하여(10%), 전시회 중 기술 또는 교육 회의에 참여하기 위해(9%), 기술 또는 제품 정보를 얻기 위해(9%)로 나타납니다. 국내 전시회에 참여한 해외 업체들의 참가 목적도 신규 고객 창출, 정보 획득 및 추세 파악, 기존 고객관리의 순으로 응답하였습니다.[186] 이에 따라 많은 마케터(82%)는 모든 형태의 비즈니스 마케팅에서 산업전시회 및 이벤트가 가장 많은 잠재 고객을 창출하는 것으로 평가하고 있습니다.[187] 국내 조사에서도 B2B 중소기업에게는 산업전시회가 다른 마케팅 홍보 수단보다 효과가 높다고 합니다.[188] 시장조사 기관인 B2B 인터내셔널사가 2016년 250개 이상의 글로벌 B2B 기업의 고위급 마케터를 대상으로 한 조사에서, 마케팅 업무를 위해 많이 사용하는 자료 원천으로는 산업 잡지(85%), 산업전시회 및 컨퍼런스(81%), 링크드인(77%), 업계 온라인(75%), 공급선 웹사이트(74%) 등의 순으로 나타났습니다.[189]

마케터는 산업전시회 참가를 통해서 효과적인 마케팅 메시지를 상대적으로 많은 관심 고객에게 한 번에 전달할 수 있으며, 신제품을 대중에게 소개하기 쉬우며, 고객들은 1:1 상황에서 제품을 직접 경험하는 것이 가능합니다. 마케터에게는 잠재 고객 식별이 가능하며, 기업

---

186 김봉석, 해외기업의 국내전시회 참가목적과 선택속성에 관한 연구, 한국경영학회 통합학술발표논문집, 2007년

187 www.displaywizard.co.uk/most-effective-b2b-marketing-channels/

188 김영수와 정동빈, 전문전시회가 미치는 경제적 효과: 자본재, 원부자재 및 기술거래에서 재화공급자 중심으로, 한국경영교육학회 학술발표대회논문집, 2014년

189 www.marketingweek.com/b2b-brands-shift-to-cistomer-experience/

에 대한 일반적인 호의가 강화되며, 언론매체를 통해 무료 홍보의 기회도 얻을 수 있습니다. 마케터는 또한 산업전시회를 관계 마케팅 전략의 중요한 자원으로 활용하여 잠재 고객과 새로운 관계를 시작하기 위한 기회 및 기존 고객과의 관계를 강화할 기회로 활용할 수 있습니다.[190]

산업전시회를 통해 잠재 고객에게 접근하는 비용은 다른 인적 방문 비용보다 저렴합니다. 아울러 해외시장에도 단기간에 신제품을 소개할 수 있는 비용 효과적인 방법이며, 특히 국제 산업전시회는 다양한 고객을 직접 만나고, 경쟁사를 살펴볼 수 있고, 시장정보 수집의 좋은 기회가 됩니다. 특히 개발도상국의 비즈니스 시장에서는 인프라의 부족으로 마케팅 활동이 제한적이기 때문에 산업전시회 및 현장방문과 같은 관계 중심의 활동이 효과적입니다.

이렇게 유용한 점이 많은 산업전시회 참가를 위해서는 마케터는 전시회 전략 준비, 전시회 참여 목적 규정, 전시회 선정, 전시 관리 및 성과 평가 등의 관리 절차를 따릅니다.

산업전시회 전략 준비 단계에서, 마케터는 효과적인 전시회 의사소통 전략을 개발하기 위해 다음의 질문에 답을 해야 합니다. 전체 마케팅 의사소통 프로그램에서 산업전시회가 수행할 기능은? 산업전시회에서 누구에게 마케팅 노력을 보여줄 것인가? 적절한 산업전시회

Maria Sarmento 외, A relationship marketing perspective to trade fairs: insight from participants, Journal of Business & Industrial Marketing, 제30권 제5호, 2015년

믹스는 무엇인가? 이에 대한 답을 확인한 후 산업전시회에 대한 기획을 합니다.

1. 표적 시장, 관심 지역, 전달할 메시지, 가용 예산에 대한 세부적인 목표를 설정합니다.
2. 목표를 최대한으로 성취하기 위해 적합한 산업전시회를 선정합니다.
3. 전시관과 샬레가 예상 방문객 규모를 수용할 수 있는 규모로 만들어져야 하며 적합한 전시품이 효과적으로 전시될 수 있도록 전시 및 접객 시설을 설계합니다.
4. 표적 고객 목록을 작성하여 초청장을 발송하고, 전시회에서의 면담 일정을 조정하기 위해 연락하고 사전에 면담을 확정하는 등 면담 일정을 수립합니다.
5. 전시회에서의 주요 면담에 대한 구체적인 주제와 후속 사안Action Item이 포함된 종합적인 기록을 남기고, 고객들에게 후속 사안에 대한 연락 등 후속 조치를 취합니다.

산업전시회 참여 목적을 규정하는데, 일반적으로 참여 목적은 구매 의사결정 영향자 식별, 잠재 고객 식별, 회사 · 제품 · 서비스 정보 제공, 잠재적 문제 파악, 실제 판매, 고객 문제 처리 등이며, 상기 마케팅 관련 기능 외에도 기업 이미지 구축, 경쟁사 정보 수집, 영업력 강화 등이 있습니다. 전시회 참여 목적이 규정되면 전시자는 목표시장에 대한 전시회 대안을 평가합니다.

산업전시회 선정은 어떤 전시회에 참여하고 어느 정도의 예산을 반영할지가 관건입니다. 기업은 가장 중요한 고객 시장에 자주 참가하기를 희망합니다. 참여 대상 전시회 선정 시 순 구매 영향자와 총 구매 계획 지표가 중요한데, 순 구매 영향자는 전시된 제품에 대한 구매 의사결정권자가 관람한 비율이며, 총 구매 계획은 전시회 후 12개월 이내에 전시된 제품을 구매할 계획을 지닌 관람객의 비율입니다. 많은 기업은 사전에 목표 고객이 어떤 산업전시회에 참여할지 그들이 산업전시회에 참여하여 무엇을 얻으려고 하는지에 대한 사전 조사를 시행합니다.

산업전시회 전시 관리에서는 전시회 전에 참석자 목록을 기준으로 설문조사를 통하여 참석자의 기대치 등을 조사하는 것이 전시회 참여 목표를 구체화하는 것에 도움이 됩니다. 아울러 참석자에게 공감하고 기억에 남도록 고객 참여를 관리할 수도 있습니다.[191] 고객 및 잠재 고객과의 면담 일정 수립을 위해 인터넷 마케팅 의사소통 활동과 연계가 필요하며, 마케터는 전시회 환경에 대응하기 위해 훈련이 필요합니다. 5~10분 이내에 발표할 수 있도록 준비하여야 하며, 전시회에서 제기된 질의에도 효과적으로 대응하고 후속 조치도 필요합니다. 조사에 의하면, 기업의 전시관을 방문한 잠재 고객들은 대응하는 마케터의 전문적 지식 및 인적 서비스, 전시된 제품의 시연 및 시연의 편이성, 판촉물의 유익성 등을 높이 평가하는 것으로 나타났습니다.[192] 다만, 미국에서 산업전시회에 대한 조사에 따르면, 산업전시회

191 Srinath Gopalakrishna 외, Managing customer engagement at trade shows, Industrial marketing Management, 제81권, 2019년
192 설상철과 김승, 국제제품전시회 참관 가치 영향요인, 참관 후 태도 및 이용 의도의 관련성에 관한 연구, 한국경영학회 통합학술발표논문집, 2008년

참가업체의 인력 구성은 마케터(58%)와 경영진(27%)의 비중이 높은데, 산업전시회를 참석하는 고객 및 잠재 고객은 마케터(20%), 경영진(17%), 생산 운영(17%), 연구개발(16%) 등 각 인력이 고르게 참석하는 것으로 나타났습니다. 이에 따라 고객 및 잠재 고객과의 원활한 상호작용을 위해 참가업체의 적절한 인력 배분을 권고하였습니다.[193]

산업전시회 성과 평가는 기업의 전시회 전략의 성공 여부를 평가하기 위해 시행합니다. 마케터는 매출액, 이익, 기업 이미지 영향성 등의 측면에서 각 산업전시회 및 관련 비용을 평가합니다. 성과 평가의 3가지 측면에서는 흥미, 접촉, 대화를 지표와 연계하여 평가합니다. 국내 연구에 따르면, 전시회 참여에 따른 성과로는 고객의 구매의사 확인, 시장 개척, 유망고객 확보, 이미지 제고 및 홍보 기회 확보 등의 성과가 있었으며[194], 전시회 참가 횟수와 매출액과는 정(+)의 관계가 있다고 합니다.[195]

193 Christophe Haon외, Disconnect in trade show staffing: A comparison of exhibitor emphasis and attendee preference, Industrial Marketing, Management, 제91권, 2020년
194 김용국과 동학림, 해외전시회 품질특성이 재참가의도에 미치는 영향: 참가성과의 매개효과 및 정책지원의 조절효과를 중심으로, 벤처창업연구, 제15권 제2호, 2020년
195 한정한과 전인오, 전시회 참가활동이 기업의 경영성과에 미치는 영향: 방위산업체를 중심으로, 한국벤처창업학회 학술대회논문집, 2009년,

신뢰를 높이기 위한 PR 및 홍보

06

PR은 학자들이 '공중관계'로 번역하여 사용합니다. 여기에서 '공중'이란 마케터와 이해관계를 갖고 있으면서 마케팅 능력에 영향을 미치는 집단으로, 직원, 비즈니스 고객, 공급선, 주주, 금융기관, 지역사회, 정부 기관, 언론기관 등이 있으며, '공중관계'란 마케터와 내부 및 외부적 공중들 사이에 상호 이해와 호의를 형성하고 유지하는 것을 말합니다. 예를 들어 주주에게 기업의 전망, 과거 및 현재의 수익성, 미래 계획, 경영진의 변경과 능력, 재무적 상황 등에 관한 정보를 배포하는 것, 지역사회에는 모금 운동과 같은 공식적인 행사를 주도하거나, 기업과 지역사회 사이에 일체감을 조성하기 위하여 기업의 여러 측면에 관한 정보를 배포하는 것을 말합니다.

기업이 효과적인 PR 전략을 사용하면, 고객들에게 기억에 남는 긍정적인 브랜드 이미지를 구축할 수 있으며, 해당 사업에서 적합한 고객, 공급선 및 업계 전문가와 연결하여 관계를 강화할 수 있습니다. 또한 사람들이 구매 결정을 내리기 전에 참조할 수 있는 신뢰의 기준이 되며, 신뢰의 증가는 사업 규모 증가, 판매 주기 단축, 보다 높은 고객생애가치 확보를 가능하게 합니다. 기업이 새로운 분야로 진출할 때나 신제품을 출시할 때 PR은 고객에게 알리기 좋은 방법이 되며, 고객이 비즈니스 목표를 달성한 성공 사례를 PR로 알리면 기업은 더 너른 시장으로 진출할 수 있게 됩니다.[196]

기업이 매출 및 수익성 증대를 위해 전략적으로 PR을 활용하기 위해서는 우선 명확한 브랜드 메시지를 만든 다음에, 긍정적인 브랜드 이미지를 구축하고 브랜드 신뢰도를 높입니다. 고객의 신뢰를 얻는 것이 비즈니스의 성공 여부를 결정합니다. 지속적으로 고객, 공급선, 업계 전문가 등 이해관계자와의 관계를 유지하고 강화합니다. 성공적인 PR 캠페인을 구축하려면 우선 업계 블로그, 소셜 미디어, 뉴스레터, 검색엔진 등과 같은 다양한 PR 경로를 파악하고 이 경로에서 자사에 대한 인지도를 확인하여야 합니다. 그리고 이 경로를 통해 접촉할 이해관계자들의 기억에 남고 신뢰할 수 있고 선호할 수 있는 메시지를 준비하여야 합니다. 특히 구매 전 많은 정보를 탐색하는 비즈니스 고객의 특성을 고려하여 PR에는 전문적인 내용을 충분히 담아 브랜드에 대한 신뢰성으로 이어지도록 하여야 합니다. PR 캠페인을 시

---

196   www.entrepreneur.com/article/334197

작하기 위해서는 시기가 적절하여야 하며, 시각 자료와 연락처 정보 등이 포함되어야 하며, 자신의 활동을 뒷받침하는 자료나 통계 등을 준비하여야 합니다. 또한, PR의 성과를 측정할 수 있는 평가치를 미리 준비하여, PR 캠페인 실시 후 이 평가 기준에 따라 평가하고 필요하면 PR 캠페인을 수정하는 노력이 필요합니다.

PR에 포함되는 부분으로 여겨지는 '홍보'는 제품, 서비스 또는 아이디어에 관한 뉴스나 정보로서 발표되지만, 후원자에 의해 비용이 지급되지 않는 형태의 촉진으로, 홍보 자료의 유형에는 보도 자료, 기자회견, 녹음 및 녹화자료, 기고물 등이 있습니다. '홍보'의 특징으로는 매체의 편집자들이 통제권을 가지므로 기업이 의도한 대로 홍보가 시행될 수 없으며, 매체의 편집자들은 기업이 제공한 홍보 자료를 전부 또는 일부를 사용하거나 사용하지 않을 수 있으며, 수정할 수도 있습니다. 홍보는 게재한 매체의 권위와 명성으로부터 후광을 얻을 수 있으며, 여타의 촉진 도구와 비교하면 독자로부터 많은 신뢰 확보가 가능합니다. 기타 여타의 촉진 도구로서 접근할 수 없는 사람들에게도 도달하고 영향을 미칠 수 있습니다.

구매 의사결정권자의 80%는 광고보다 기사에서 더 많은 정보를 얻는 것을 선호한다고 하니 홍보 활동을 올바르게 강화하여야 할 것입니다.

마케팅 세부 계획 – 인적자원 및 기타

시간이 지날수록 커지는
인적자원의 중요성

01

기업 운용에서 마케팅은 기업의 전체적인 성공을 결정하는 중요한 기능이며, 이것의 성공을 지원하는 비즈니스 마케팅 믹스에서 인적자원, 즉 마케터는 시장과 고객, 제품 및 서비스와 직접적으로 연결되어 있으므로 가장 중요한 요소입니다. 마케터는 단순히 물리적 제품을 제공하는 것뿐만 아니라, 아이디어, 권고, 기술 지원, 경험, 확신, 우정 등을 제공합니다. 일부 대형 고객은 공급선 평가 시 제품 품질, 납기 신뢰도 및 가격뿐만 아니라 마케터가 제공하는 아이디어나 제안도 포함하여 평가합니다. 마케터는 고객뿐만 아니라 유통경로 상의 대리인, 유통업체 또는 자사의 판매원 등도 접촉합니다. 공급선의 이미지, 명성 및 요구 충족 역량은 상당 부분 마케터에 의해 결정됩니다.

따라서 마케터는 고객의 요구를 충족하기 위해 자사 제품과 서비스에 대한 완벽한 지식을 가져야 하며, 경쟁 제품과 고객의 산업계 추세에 대해서도 논의할 수 있어야 하며, 고객의 사업만이 아니라 고객의 고객에 대해서도 알아야 합니다. 특히 마케터의 전문성이 높을수록, 권한 정도가 높을수록, 고객과의 접촉 빈도가 높을수록, 관계가 지속될수록 마케터에 대한 신뢰가 높아지며, 마케터에 대한 신뢰가 결국 그 공급선에 대한 신뢰로 이어집니다.[197] 전문적인 서비스를 제공하는 마케터는 브랜드에 대해 고객에게 관계 신뢰보다도 더 강한 직접적인 영향력을 발휘합니다.[198] 고객은 마케터와의 장기적인 관계가 신뢰를 구축한다고 생각합니다.[199] 의료기관을 대상으로 한 국내 연구에서도 비즈니스 잠재 고객을 대상으로 인적자원이 직접 혹은 유선으로 접촉하는 '세일즈 콜Sales Call'의 빈도가 증가할수록 잠재 고객이 구매하고자 하는 제품이나 서비스에 대한 정보를 제공하여 잠재 고객과의 긍정적 관계를 형성하고 증진시킬 뿐만 아니라 구매 의사결정에 중요한 역할을 하여 기업 성과를 높이는 것으로 확인되었습니다.[200]

마케터의 중요성은 하기 그림과 같이 구매 단계별 의사소통 도구의 효율성에서도 초기 인지 단계에서 계약 및 후속계약 단계로 갈수록 마케터의 효과성이 더 강조되고 있습니다.

---

197 노전표, 비즈니스 서비스 공급자에 대한 신뢰가 조직구매자의 소싱전략에 미치는 영향, 산학경영연구, 제16권, 2003년

198 Galina Biedenbach 외, B2B brand equity: investingating the effects of human capital and relation trust, Journal of Business & Industrial Marketing, 제34권 제1호, 2019년

199 Laurence Lecoeuvre 외, Customer experience in the b2b area: The impact of age-related impression, Journal of Retailing and Consumer Service, 제58권, 2021년

200 김상화 외, B2B기업의 마케팅 활동과 시장 환경이 매출 성과에 미치는 영향, 한국경영과학회지, 제41권 제2호, 2016년

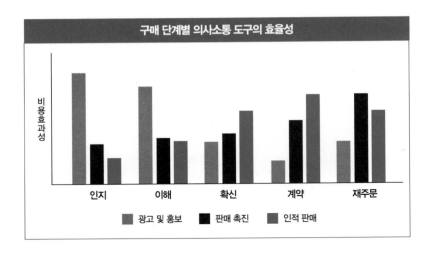

구매 단계별 의사소통 도구의 효율성

광고 및 홍보　판매 촉진　인적 판매

조사에 따르면, 고객의 인지를 위해 초기에는 광고나 홍보 등이 효과적이나, 점차 마케터에 의한 판매의 영향성이 증가하여 계약 시에는 마케터가 가장 중요한 역할을 담당한다는 것을 보여줍니다.

마케터의 중요성은 하기와 같이 비즈니스 시장의 판매 경로 비중 도표에서도 나타납니다.

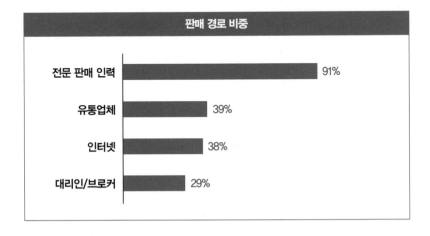

판매 경로 비중

전문 판매 인력　91%
유통업체　39%
인터넷　38%
대리인/브로커　29%

기업의 생존과 연결되는 고객 관계 관리

02

　이 책의 첫 부분인 비즈니스 시장의 특성에서 고객과의 인적 네트워킹 구축이 중요하다고 강조하였습니다. 이가 바로 비즈니스 마케팅의 핵심 활동이며, 이와 관련되는 분야가 바로 고객 관계 관리, CRM입니다. CRM은 핵심 고객을 식별하고, 이들과의 성공적인 교환 관계를 수립, 개발, 유지하려는 활동에 대한 관리를 말합니다.

　CRM의 발전 단계는 다음과 같이 3가지 관점, 즉 C$_{Customer}$, R$_{Relationship}$, M$_{Management}$으로 나누어 볼 수 있습니다. 첫 번째, C의 관점에서의 발전 단계는 고객에 대한 세분화 단계라고 할 수 있습니다. 고객 세분화는 표준화된 제품을 대량 생산하여 규모의 경제를 달성하는 환경하에서 수행되던 '대량 마케팅'에서 다양한 제품으로 고객 선택의 폭을 넓혀 주는 '제품 다양성 마케팅'으로 발전하였습니다. 그 후 고객을 일정한 특성을 가진 집단으로 분류하여 그 집단에 맞는 마케팅 활동을 하는

'고객세분화 마케팅'으로 발전하게 되었으며, 최근에는 좀 더 세분화된 개별 고객에게 초점을 두는 '일대일 마케팅'으로 발전하게 되었습니다. 두 번째, R_Relationship의 관점에서의 발전 단계는 경제적으로 가치가 있는 두 재화를 양자의 합의로 교환하는 초기의 경제활동으로서 일회적 거래에 초점을 둔 '거래'에서 고객과 공급선 간 관계를 지속적으로 유지 및 강화해 나가는 단계인 '관계 마케팅'으로 발전하게 되었습니다. 이는 결국 이런 관계의 강화로 고객 충성도의 확보를 통한 '충성' 단계로 발전하게 되었습니다. 세 번째, M_Management 관점에서의 발전 단계는 분석 및 관리의 발전 단계라고 할 수 있습니다. 발전 단계는 고객에 대한 자료를 일회적으로 수집하는 '일회성 자료 수집 및 축적' 단계에서 특정 업무 수행을 위해 지속적인 활용에 목적을 둔 정보의 집합체인 '데이터베이스' 단계를 거쳐, 이 자료를 전사적으로 공유·관리·활용할 수 있는 '데이터 창고·데이터 마이닝' 단계로 발전하였습니다. 결국, 이런 분석·관리적인 측면의 발전으로 고객 변화에 대한 실시간 자료를 획득할 수 있게 되었고, 고객 자료 전체를 근거로 의사결정이 가능해졌습니다. 이러한 3가지 관점에서의 CRM 발전 단계의 궁극적인 목적은 고객의 정확한 분석을 통한 지속적인 관계를 통해 고객 충성도를 확보하는 것이라고 볼 수 있습니다.[201]

고객과의 관계 관리가 중요한 이유는 고객과의 장기적이고 안정적

201 박찬주 외, B2B 거래에서 3차원 포지셔닝 맵과 웹 모양고객 니즈 분석을 통한 고객 특성 연구, 대한산업공학회지, 제28권 제3호, 2002년

인 관계 유지가 기업 생존의 중요한 요소이며, 고객과 강한 관계를 갖는 기업은 경쟁사가 모방할 수 없는 이점을 보유하기 때문입니다. 특히 시장 선두 기업은 고객 관계 관리 전략으로 고객 획득보다는 고객 유지에 더 중점을 두고 있습니다.[202] 수익성이 있는 고객과 깊은 관계를 유지하면 고객 충성도가 증가하고 이가 기업의 수익 증가로 연결됩니다. 고객과의 관계 유지를 위해서는 핵심 고객에게 최상의 절차로 올바른 가치 제안을 하는 맞춤형 솔루션 제공이 필요합니다. 신규 고객을 확보하는 비용이 현재 고객을 만족시키고 유지하는데 드는 비용보다 5배 이상 소요되니 충성 고객을 유지하는 것은 수익에도 많은 영향을 미칩니다. 고객과 공급선 간의 관계는 고객의 고객 만족 및 고객 충성도 형성에 긍정적인 역할을 하며, 더 나아가 실용적인 비즈니스 관계보다는 공감적이고 친구와 같은 프랜드십 관계가 더욱 큰 영향을 미칩니다.[203] 이는 고객과의 관계에서 초기 단계에서는 고객의 경제적 만족도를 높여야 하며 관계가 발전함에 따라 심리적인 사회적 만족도가 더 중요한 역할을 한다는 연구 결과와 맥을 같이 하며, 고객의 관계 만족에 대한 효과를 지속적으로 높이기 위해서는 구매조직과 접점에 있는 마케터의 역할이 중요합니다.[204] 물론 고객과의 관계 형성 그 자체가 마케터의 목적은 아닙니다. 관계 형성은 과정상의 방법

202 송태호와 김지윤, 경쟁 시장 환경에서 고객 관계 관리 전략의 차별적 효과에 관한 연구: 통신 산업 사례, 경영학연구, 제49권 제2호, 2020년
203 안진우, 관계 유형에 따른 관계마케팅의 성과 차이 : 비즈니스 관계와 프랜드십 관계를 중심으로, 마케팅관리연구, 제18권 제3호, 2013년
204 하홍열, 로지스틱 회귀분석을 이용한 B2B 관계만족과 마케팅성과:시간종속성의 변화, 고객만족경영연구, 제16권 제4호, 2014년

일 뿐 마케터의 목적은 고객과의 교감 형성을 통해 구축한 유대감을 기반으로 잘 드러나지 않는 고객과 경쟁사 정보를 체계적으로 수집하여 자사의 마케팅 역량을 강화하는 것에 있습니다.[205]

우리가 일상에서 체감할 수 있는 CRM의 대표적인 사례는 은행의 VIP 고객관리라고 할 수 있습니다. VIP 고객이 지점을 방문하면 VIP 고객 담당 은행 직원은 이 VIP 고객을 바로 지점장실에 모셔 커피를 대접합니다. VIP 고객이 커피를 마시는 동안 담당 은행 직원은 VIP 고객의 은행 업무를 대신하여 처리한 후 VIP 고객이 편히 가시도록 배웅도 합니다. 더 나아가 VIP 고객에게 재테크 강의 및 자녀들의 결혼 중개까지도 해준다는 이야기도 들었습니다. 왜 그렇게 할까요? VIP 고객은 은행 지점의 예금 잔고 및 수익 등 경영 실적에 큰 영향을 주기 때문입니다.

비즈니스 마케팅에서 CRM 전략 수립 방안은 다음과 같습니다.

1. 핵심 고객을 식별합니다.

   고객을 식별하고 분류하기 위해서는 다양한 고객의 니즈와 이를 충족하기 위한 비용과 잠재적 수익성을 명확히 파악하여야 합니다. 이를 위해서는 고객이 중시하는 가치, 구매 실적과 비용 자료 등을 분석하여 고객을 분류하고, 이 중에서 마케팅을 집중할 핵심 고객을 식별합니다. 예를 들어 잠재적 수익성을 평가할 때,

---

205 김용기, 최강입찰제안서, 한스미디어, 2012년

부가 서비스에 추가적인 비용을 기꺼이 지출할 수 있는 고객과 비용에 민감하여 이러한 비용을 지출하지 않으려는 고객은 다르게 분류하여야 합니다.

2. 올바른 가치 제안입니다.

가치 제안은 고객의 목표 달성을 위해 마케터가 제공하는 제품, 서비스, 아이디어 및 솔루션을 말합니다. 가치 제안은 잠재 고객의 니즈에 맞추어 고객화를 할 필요가 있습니다. 거래를 중시하는 잠재 고객은 가격에 민감할 수 있습니다. 따라서 이러한 잠재 고객에게는 핵심 제품에 대한 기본 요구도를 충족할 수 있는 낮은 가격을 제시하고 추가적인 서비스에 대해서는 별도의 가격으로 제안하여야 합니다. 반면에 협력적 관계를 중시하는 잠재 고객이라면 잠재 고객의 목표, 예를 들면 비용 절감, 기술지원, 납기 준수 보증 등의 욕구를 종합적으로 해결할 수 있는 통합적 가치 제안을 하여야 합니다. 특히 협력적 관계를 중시하는 잠재 고객에게 제공하는 제품이나 서비스의 전후 공정에 관련 제품이나 서비스를 함께 묶어 패키지로 제안을 한다면 경쟁사의 진입을 배제하고 경쟁사와 차별적인 위치를 점할 수 있습니다. 마케터는 고객이 지금 필요하고 미래에 필요할 제품과 서비스를 정의하고, 경쟁사가 제공하는 제품 및 서비스와 비교 평가하고, 신규 경로를 개설하고, 신규 가격 모델 개발 등 향상된 제품 및 서비스를 제공하기 위한 노력을 하여야 합니다.

3. 최상의 절차 수립입니다.

고객에게 제품과 서비스를 제공할 최적의 방안을 연구하고, 서비스 역량과 기술에 투자하는 것입니다. 예를 들면 빠른 주문 처리, 더 많은 정보 제공, 효율적인 공급망 및 물류 관리 등이 해당한다고 하겠습니다.

4. 마케터 동기부여입니다.

성공적인 고객 관계 전략으로는 전담 마케터 배치가 핵심입니다. 고객 관계를 강화하기 위해 마케터가 필요로 하는 것을 파악하고, 마케터에게 훈련과 경력개발 과정을 제공하여 충성도를 제고하여야 합니다. 물론 성과와 보상이 연동되면 더욱 좋습니다.

5. 고객 유지 관리입니다.

마케팅 비용 측면에서 고객을 새로 확보하는 비용은 고객을 유지하는 비용보다 더 많이 듭니다. 기존 고객은 신뢰하는 공급선에서 더 많이 구매하며, 관계를 맺는 기간 동안 더 많은 수익성을 안겨줍니다. 고객 유지 관리를 위해서는 고객 만족도 조사를 통해 고객이 거부한 사유 또는 고객이 돌아온 사유를 파악하고, 경쟁사가 자신을 이긴 전략을 확인하여 이를 정보로 축적하여야 합니다. 특히 이탈 고객의 70%가 마케터에게 불만족하기 때문이라고 하니[206] 고객의 불만족을 세밀히 확인하고 이에 대한 대응 방안을 수립하여야 할 것입니다.

CRM 전략의 핵심은 마케터가 핵심 고객의 요구와 변화하는 요건을 이해하고, 이러한 요구를 충족할 수 있는 가치 제안을 하고, 지속해서 고객에게 혜택을 제시하여 고객이 자신과의 거래에 집중할 수 있도록 하여야 합니다.

기업에게 CRM이 중요한 이유를 보여주는 그래프가 있습니다. 이는 고래 그래프라고도 합니다. 2018년 5월 영국 맨체스터 비즈니스 스쿨의 존 머피 교수와 동료들이 선도 기업의 고객과 수익성의 관계

---

206 김덕오, B2B 영업 한비자에서 답을 찾다, 미래지식, 2013년

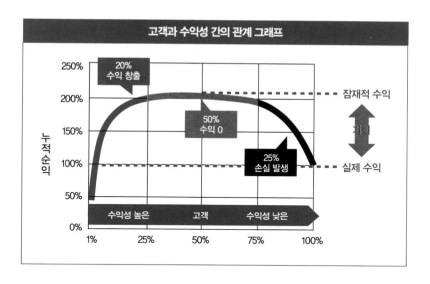

고객과 수익성 간의 관계 그래프

누적순익

- 250%
- 200% — — — — — — — — — — — — 잠재적 수익
- 150%
- 100% — — — — — — — — — — — — 실제 수익
- 50%
- 0%

20% 수익 창출

50% 수익 0

25% 손실 발생

기회

수익성 높은   고객   수익성 낮은

1%   25%   50%   75%   100%

를 조사한 결과에 따르면, 약 25%의 고객은 평균 수익률의 200%까지 기여하고, 50%의 고객은 수익이 거의 없는 손익분기점 수준이고, 나머지 25%의 고객은 오히려 손실을 준다고 합니다. 이는 우리가 흔히 알고 있는 고객의 20%가 수익의 80%를 창출한다는 파레토의 20:80 법칙과는 다른 결과였습니다. 이처럼 고객별 매출액 대비 손익을 평가하여 마케팅 활동의 효율성을 높이기 위한 고객 수익성 분석을 수행한 다른 기업들도 유사한 곡선을 보인다고 합니다. 미국 B2B 기업을 대상으로 한 조사에서도 전략적으로 중요한 장기 고객은 제품, 서비스 및 솔루션을 구매하며, 그 숫자는 전체 고객의 10% 미만이나 수익의 절반 이상을 차지하며, 고객관리를 잘 수행하면 수익을 5~10% 증가시키고 비용은 최대 20%까지 줄일 수 있다고 합니다.**207**

---

207 Aditya Gupta 외, Within-Seller and Buyer-Seller Network Structures and Key Account Profitability, Journal of Marketing, 제83권 제1호, 2019년

물론 손실이 나는 고객이더라도 이 고객이 초기에 시장 진입을 위한 전략적 고객일 수도 있고, 제한된 기간에 고객 유치를 위해 저가에 수주한 고객일 수도 있고, 새로운 제품이나 서비스를 개발하기 위해 함께 투자한 고객일 수도 있습니다. 또한, 신규 고객도 앞으로는 수익성을 기대할 수도 있습니다. 그러나 이가 아니라면 마케팅 전략이 실패한 것입니다.

존 머피 교수도 수익성이 있는 고객에게는 전담 관리자를 두고 고객 관계를 강화하며, 수익성이 없는 고객에게는 인터넷이나 전화로만 판매하는 등 비용 절감 방안을 연구할 필요가 있다고 조언했습니다.

CRM을 통하여 경영성과를 달성하기 위해서는 새롭게 등장한 개념이 '고객생애가치'입니다. 고객생애가치란 현재 그리고 미래의 한 고객으로부터 발생하는 매출액에서 비용을 제외한 나머지를 현재 가치로 환산한 값으로, 한 고객으로부터 기대되는 이익의 총합이며 개별 고객과의 관계를 이해하고 평가하는 시스템적인 방법입니다. 잘 설계된 고객생애가치로부터는 첫째, 마케팅 유치비용과 유지비용을 근거로 고객에게 들어간 비용 관계가 명확하기 때문에 낭비 요소를 없애고 효과적인 고객관리가 가능합니다, 둘째, 관련 비용의 최적 조합을 통하여 기업의 원가 절감을 기대할 수 있습니다. 셋째, 가치 있는 고객에게 집중적인 투자를 할 수 있어 시장점유율 확대가 가능합니다. 넷째, 고객가치별, 특성별로 효과가 작은 서비스의 중단을 통해 수익성 향상을 기대할 수 있다는 장점이 있습니다.[208]

---

208 정헌수와 박성호, 고객생애가치 측정모형의 B2B 비즈니스 적용연구, 경영과학, 제27권 제3호, 2010년

작은 것부터 시작하는 관계 마케팅

03

AMA는 관계 마케팅을 고객을 정확하게 타케팅하고 충성도를 구축하기 위해 고객을 세분화하는 전략과 전술로, 데이터베이스 마케팅, 행동적 광고 및 분석을 활용한다고 이야기합니다. 고객과 공급선 간의 관계는 글로벌 경쟁 심화, 품질 개선 요구, 기술 급변, JIT 운용 도입 등의 배경으로 긴밀한 관계 또는 전략적 협력관계 추세는 가속화되고 있습니다. 서로 문화가 다른 비즈니스 환경에서도 장기 지향적이고 연대적 관계는 중요하게 여겨지고 있습니다.[209]

많은 산업계에서 판매 성공을 위해서 팀워크가 중요하며 종종 공식적인 팀 접근이 필요합니다. 특정 구매 상황에서는 구매자의 구매 센터에 대응하는 마케팅 센터의 구성도 필요합니다. 마케팅 센터란

---

209 Minna Jukka 외, A cros-cultural perspective on relational exchange, Journal of Business & Industrial Marketing, 제32권 제7호, 2017년

고객과의 관계를 교환하고 활동하는 관련 조직의 구성원으로 구성되며, 보통 마케팅, 생산, 연구개발, 기술 및 구매 부서 요원들이 참여하게 됩니다.

　고객과의 관계의 강도를 나타내는 관계 품질은 마케터의 능력을 통해 달성되기 때문에 이는 곧 마케터의 신뢰성과 마케터에 대한 만족으로 나타납니다. 이는 마케터가 고객의 기대치를 지속적으로 충족할 것이고, 고객의 이해를 손상하지 않을 것이라는 확신을 구매조직에게 제공함으로써 지속적인 관계 결속에 공헌합니다. 고객의 기대치를 충족하는 긍정적인 교환으로 거래 비용이 절감되면서 고객과의 거래 관계가 증가하고 지속하게 되는 것입니다. 결국, 강화된 관계 품질은 구매조직의 공급선 선호라는 행동에 직접적인 영향을 미칩니다.[210] 국내 수출 제작업체를 대상으로 한 연구에서도 일부 거래 관계에서 관계 만족을 느끼지만 이러한 일회성 관계 만족이 관계 경험으로 누적되어야만 장기적인 관점에서 관계 강화에 직접적인 영향을 미친다고 합니다.[211] 결국 고객과 마케터 간의 지속적인 신뢰 관계 형성과 만족이 관계를 강화한다고 할 수 있습니다.

　고객과의 관계 형태는 일반적으로 일반 공급선 → 우선 협력업체 → 전략적 협력업체의 순으로 고객과 공급선 간 협력 관계를 강화하

---

210 Piotr Kwiatek 외, The role of relationship quality and loyalty program in building customer loyalty, Journal of Business & Industrial Marketing, 제35권 제121호, 2020년

211 최종화 외, B2B 관계강화에 영향을 미치는 선행요인에 관한 연구: 수출 제조기업을 중심으로, 통상정보연구, 제16권 제4호, 2014년

는 방향으로 변화됩니다.

일반적 거래 관계는 많은 대안이 있는 경쟁적 시장에서, 구매 의사 결정이 복잡하지 않으며, 공급시장이 안정적이며, 구매가 기업의 목표에 중요하지 않을 때 사용합니다. 이 관계에서는 양자 간의 정보 교환이 낮은 수준이며, 양자 간의 운영 연계도 관여 정도가 낮습니다. 품목으로는 사무용품, 일상용품, 운송 서비스 등이 있습니다. 고객과 공급선은 단지 가격으로 표준품의 적기 교환에만 집중하며, 고객은 향후에도 관계를 지속할 필요성이 낮습니다. 공급선의 관계 마케팅 노력도 관계성과에 미치는 영향이 적습니다.[212] 일반적 거래에서는 마케터는 경쟁에서 승리하기 위해 제품, 가격, 기술지원 및 다른 혜택 등의 조합을 통해 즉각적이고 매력적인 제안을 제공하여 구매자의 관심을 이끌고 자신과의 거래에 집중할 수 있도록 하여야 합니다. 주기적 방문을 통한 고객과의 관계 구축 등의 투자는 비효과적으로 여겨지고 있습니다.

협력적 거래 관계는 대안이 적고, 기술이 급변하는 것과 같이 시장이 역동적이며, 구매의 복잡성이 높을 때 필요합니다. 특히 구매가 고객에게 전략적으로 중요할 때 공급선과 긴밀한 관계를 추구하게 됩니다. 이 관계에서는 양자 간에 정보 교환이 높은 수준이며, 양자 간의 운영 연계도 관여 정도가 높으며, 특히 전환비용이 중요한 요소로 고려됩니다. 품목으로는 생산 장비, 기업 경영 소프트웨어, 핵심 부품

---

212 윤점홍과 문준연, 공급기업의 관계마케팅 노력이 관계성과에 미치는 영향에 있어서 구매전략과 환경 동태성의 조절효과에 관한 연구, 대한경영학회지, 제31권 제12호, 2018년

등이 있습니다. 고객과 공급선은 원가 절감 및 가치 증가를 통해 서로 이득을 얻기 위해 점차 관계를 강화합니다. 협력적 거래 관계에서 전환비용이란 고객이 공급선을 변경하고자 할 때 드는 비용으로, 신규 획득 비용, 신규 장비에 대한 교육훈련 등 인적 투자, 장비 유지, 업무 절차 등의 투자와 위험을 고려하여야 합니다. 협력적 거래에서는 고객과의 관계 구축 전략이 적합하므로, 마케터는 관계 강화를 위해 정기적으로 방문하여 구매자뿐만 아니라 경영진과 기술자 등 다양한 인력을 면담하고, 고객 욕구 충족을 위한 운영 연계 및 정보 교환도 고려할 필요가 있습니다. 또한, 기업의 고객지향적인 문화가 기업 간 거래에서의 관계성과에 긍정적인 영향을 미치며, 특히 기술집약적인 제품 거래 관계에서는 기술서비스를 통하여 경쟁우위를 점할 수 있습니다.

국내의 중소기업을 대상으로 한 연구에서는 고객과의 거래 유지를 위해서는 공급선이 고객이 필요로 하는 자원이나 역량을 확보하여야 하며, 전문성을 갖추고 있어야 하며, 기술 불확실성을 낮게 지각하는 고객과의 거래에서는 철저한 계약 준수를 통한 정직성의 강조를, 기술 불확실성을 높게 지각하는 고객과의 거래에서는 유대 역량 강화 등을 통한 호의성을 강조하여야 한다고 합니다.[213]

다른 연구에서는 비즈니스 시장에서 요구되는 관계가치의 6가지 유형을 도출하였는데, 이는 공급선 노하우, 서비스 지원, 출시 시기,

213 손미경 외, B2B 거래기업 특성이 관계성과에 미치는 영향: 기술환경불확실성의 조절효과 중심으로, 한국유통학회 학술대회 발표논문집, 2018년

납품 성과, 개인 상호작용 및 제품의 품질입니다. 대기업 주도의 거래 관계에서는 공급선의 노하우가 가장 중요한 가치로 인식되었고, 다음은 서비스 지원, 출시 시기, 납품 성과의 순이었습니다. 반면 중소기업 바탕의 거래 관계에서는 서비스 지원이 가장 중요하고 다음이 공급선 노하우, 출시 시기, 납품 성과의 순으로 관계가치로 나타났습니다. 즉, 공급선의 노하우와 서비스 지원은 가장 중요한 관계 가치로 인식되고 있는 것입니다.[214]

고객과의 관계 수립은 작은 것부터 시작할 수 있습니다. 이러한 전략의 하나로 '문간에 발 들여 놓기', 영어로는 'Foot-in-the Door'라는 전략이 있습니다. 이는 1966년 스탠퍼드 대학의 심리학자 조나단 프리드만과 스캇 프라저 교수가 연구한 내용으로, 사람은 요청하는 사람의 작은 요청을 승인함으로써 자신이 자선적이라는 자아 인식으로 이어지고, 이가 요청한 사람에 관한 호의로 이어진다는 내용입니다. 승인한 사람이 이러한 작은 요청을 바탕으로 더 큰 요청을 받으면 그것이 가장 합리적인 판단이 아니더라도 그것을 준수하여야 한다는 느낌이 든다고 하는 것입니다.

최근에는 고객 만족과 관계 마케팅의 틀을 넘어 기업들은 고객 경험 관리를 경쟁우위의 핵심으로 봅니다. 고객 경험은 기업의 제공물 및 행동에 고객의 인지, 정서, 행동, 감각 및 사회적 반응에 초점을 맞

---

214 박창현, 한국과 대만 B2B 시장의 고객과의 관계 가치에 관한 연구, 한국산학기술학회 논문지, 제17권 제4호, 2016년

춘 다차원적 구조로, 공급선이 통제할 수 없는 고객의 주관적인 특성을 보이고 있습니다. 기업은 고객의 특정 요구를 더 잘 충족시키기 위해 고객의 기억에 남는 고객 경험을 적극적으로 반영하도록 더욱 노력하여야 합니다. 이는 고객과의 모든 접점에서 탁월한 고객 경험을 제공하여야 하는 것입니다. 예를 들면, 고객이 공급선 웹사이트를 접속할 때, 고객의 기대에 부합할 수 있도록 해당 웹페이지를 원활하게 접속하여 빠른 시간 내에 원하는 정보를 용이하게 찾을 수 있도록 하는 것을 말합니다. 고객과의 관계 과정에서도 고객 경험은 다를 수 있습니다. 고객과의 관계가 형성되기 전에는 고객의 비즈니스에 대한 공급선의 비전과 이를 지원할 역량을 제공하여야 하지만, 고객과의 관계가 형성된 후에는 시기적절하고 신뢰할 수 있는 기술지원과 같은 역량을 제공하는데 중점을 두어야 합니다.[215]

---

[215] Lars Witell 외, Characterizing customer experience management in business market, Journal of Business Research, 제116권, 2020년

성과를 이끌어내는
마케터의 자질

마케터에 대한 효과적 관리는 기업 성공의 기초로, 마케팅 조직의 구성은 시장 및 판매 전망에 따라 우선 총 마케터 규모를 결정합니다. 마케팅 조직의 세부 구성은 제품 라인, 마케팅 프로그램에서 중간상의 역할, 세분 시장의 다양성, 각 세분 시장에서 구매 행동의 본질, 경쟁 구조를 포함한 요소에 따라 마케터를 구성합니다.

마케팅 조직은 일반적으로 지역별, 제품별, 고객별로 구성합니다.

1. 지역별 조직은 마케팅 조직의 가장 일반적인 형태로, 장점은 비용이 최소화되며 고객 및 잠재 고객에 대한 이해도가 높습니다. 단점은 마케팅 인력이 해당 지역에서 기업의 전 제품을 다루고 모든 고객을 위한 활동을 하여야 하고, 마케팅 인력이 친숙한 제품만 강조하는 경향이 있다는 것입니다.

2. 제품별 조직은 제품이 다양하고 기술적으로 복잡하며, 마케팅 인력이 고객의 요구를 충족시키기 위해 높은 수준의 지식이 필요할 때 유용합니다. 장점은 마케팅 인력이 제품에 대한 지식을 강화할 수 있으며 신규 세분 시장을 발굴할 수도 있다는 것이나, 단점은 전문화된 마케팅 인력을 개발하고 배치하는데 비용이 들고 이 비용을 상쇄하기 위해 수요 규모가 있어야 한다는 것과 한 고객이 여러 제품을 요구할 때 여러 명의 마케팅 인력이 있어야 한다는 것입니다. 그러나 참고로 고객은 여러 제품이 필요해도 한 사람의 마케팅 인력을 선호하는 경향이 있습니다. 이러한 유형의 마케팅 조직은 다양한 유형의 제품을 많이 판매하는 대기업에서 일반적입니다.[216]

3. 고객 중심적 조직은 제품별 조직보다는 고객지향적으로, 마케터가 핵심 세분 시장이나 고객별 특정 요건을 더 잘 인식하여 차별적으로 대응할 수 있습니다. 단, 세분 시장이나 고객은 특별한 취급을 받을 만큼 충분히 커야 합니다. 업계에서 선도력을 지닌 고객, 개선을 위한 제안을 적극 수용하는 개방적 고객은 마케팅 의사소통을 수용할 준비가 되어있는 좋은 고객으로 마케터가 자원을 효과적이고 효율적으로 사용할 수 있습니다.[217]

기타 마케팅 경로별 또는 활동별로 조직을 구성할 수도 있습니다. 경로를 기준으로 하는 조직은 직접 마케팅, 중간상, 전자상거래 등으로 나누어 조직합니다. 마케팅 활동별로는 시장조사, 마케팅 기획, 마

---

216 www.kvadrant.dk/2020/02/17/how-to-organize-your-b2b-marketing-fuction/
217 Weng Marc Lim, How can challenger marketers target the right customer organization? The A-COO-W customer organization profiling matrix for challenger marketing, Journal Business & Industrial Marketing, 제34권 제2호, 2019년

케팅 운영, 브랜드 관리 등으로 구분할 수 있습니다.

마케팅 조직의 구성에는 왕도가 없으나, 이상적인 마케팅 조직을 설계하기 위한 몇 가지 단계는 다음과 같습니다.

1. 기능으로서 마케팅의 목표를 기술합니다.
2. 목표 달성을 위해 수행하여야 하는 모든 작업을 나열하고 분석합니다.
3. 필요한 모든 작업을 관리 가능한 단위로 분류하고 그룹화합니다. 기능, 지리, 제품, 전략 등을 기반으로 그룹화합니다.
4. 각 단위별로 필요한 역할을 정의합니다. 역할 전문화 및 최적의 분업을 보장하기 위해 각 단위를 서로 다른 역할로 구분합니다.
5. 개인에게 활동 할당 및 권한 위임을 합니다.
6. 마케팅 기능의 수직적 의사결정 라인 및 수평적 조정 관계를 구성합니다.

마케터의 채용 및 선발은 기업의 규모, 마케팅 업무의 본질, 훈련 능력, 시장 경험에 따라 다양한 방법이 존재합니다. 대기업은 신입 사원을 채용하여 훈련을 시켜 활용할 수 있지만, 중소기업은 종종 경력자를 채용하여 비용을 절감하는 경향이 있습니다.

신규 마케터를 위한 훈련 프로그램은 잘 설계되어야 하며, 환경이 급격히 변화할 때에는 주기적 훈련이 필요합니다. 마케팅 전략이 변경될 때에도 인적 네트워킹 형태의 변화도 필요하므로 이에 적합한 훈련이 되어야 합니다. 마케터는 회사, 제품, 고객, 경쟁, 고객의 구매 행동, 효과적인 의사소통 기법 등을 잘 알아야 하며 이를 훈련 프로그램에 반영하여야 합니다. 글로벌 환경에서는 타문화를 지닌 고객에 대한 접근법 및 대응법에 대한 교육도 필요합니다. 많은 기업에게는 훈련이 개선됨에 따라 마케터의 이직이 줄어 결과적으로 채용 비용도 감소한다는 결과를 보여주고 있습니다.

감독 업무는 훈련, 자문, 지원 및 마케터 계획과 마케팅 활동 수행을 지원하는 업무입니다. 마케터는 회사 정책과 마케팅 목표에 따라 활동하는데, 마케터의 성과는 동기부여 수준, 태도와 능력, 업무 수행에 대한 인지 등에 따른 3가지 요소와 연관되며, 각 요소는 개인적 변수 (성품 등), 조직적 변수 (훈련 등), 환경적 변수 (경제 상황 등)에 따라 영향을 받습니다.

마케터의 직무 만족과 관련하여서는, 상사의 지도력이 마케터의 직무 만족도에 직·간접적으로 영향을 미치며, 기타 훈련, 지원적인 태도, 명확한 지침 등이 직무 만족도에 영향을 줍니다. 기타 마케터가 회사의 정책과 기준 결정에 참여하고 있다고 인지할 때에도 직무 만족도가 상승합니다.

평가 및 통제와 관련하여서는, 목표 달성, 문제 인식, 시정, 그리고 변화하는 경쟁 및 시장 환경에 맞추도록 마케팅 인력을 감독하고 통제하는 것이 마케팅 관리자의 책임입니다. 관리자는 마케터의 성과 측정을 행동기저 및 성과기반으로 평가하여야 합니다. 행동기저 평가는 마케팅 인력의 제품 지식, 기술 지식, 고객발표 명확성 등을 바탕으로 평가하는 것이고, 성과기반 평가는 매출 성과, 시장점유율 확보, 신제품 매출, 이익 공헌 등으로 평가하는 것입니다. 마케팅 인력의 성과 기준은 마케팅 목표와 연관되어야 하나, 시장마다 다른 경쟁 상황, 시장 잠재력 및 업무 부하 등을 고려하여야 합니다. 연구에 따르면, 성과 평가 및 보상 프로그램만으로는 원하는 마케팅 목표 달성이 불가하다고 하며, 행동기저 평가가 더 효과적이며 비즈니스 시장에서 중요한 관계 마케팅에 적합하다고 합니다.

이처럼 기업의 경영성과와 가장 밀접한 자원인 마케터에게 필요한 자질에 대하여, 마케팅 연구자들은 기본 능력으로는 서류 작성, 명확한 의사소통, 사업관리, 선제적 사고, 수학과 분석에 능숙하여야 하며, 필요 능력으로는 새로운 마케팅 기법 이해, 고객의 구매 의사결정 과정 이해, 고객을 구분하고 목표화하는 능력을 언급하고 있습니다. 마케터의 자세 및 태도에 대해서는 최신 추세를 지속적으로 파악하고자 하는 자세, 더 좋게, 더 빠르게, 더 값싸게 개선하고자 하는 자세, 고객들이 원하는 것을 듣고자 하며 의사소통하는 자세, 기술 변화를 수용하는 자세, 행동하는 자세를 언급하고 있습니다. 정부와의 계약에 관한 국내 연구에서는 고객과의 협상에서는 자신의 감정을 통제하고 상호 호혜적인 성과에 집중하는 목표 지향적 자세가 더 우수한 성과를 거둔다고 합니다.[218] 특히 마케터는 기업 손익을 책임지고 있기 때문에 손익계산서상에 나타나는 매출액, 원가와 비용, 이익 개념을 완전히 이해하고 있어야 합니다.[219]

---

218 민현종과 송계충, 정부계약협상자의 협상전략과 협상성과의 관계: 협상자의 감성지능의 조절효과, 경영경제연구, 제33권 제1호, 2010년
219 정창환, 마케터가 잘 다루어야 할 이익드라이버, 가격, 마케팅, 제51권 제4호, 2017년

성과를 창출하기 위한 마케터의 업무 수행능력은 크게 사회적 교류 역량, 자문적 영업 역량, 기술·지식 역량 등 총 3가지로 구분합니다. 첫째, 사회적 교류 역량은 고객사 구성원과 관계 형성, 자사 마케팅 구성원과의 관계 형성, 자사 타부서 구성원과 관계 형성, 고객 요구 대응(약속준수) 등으로 구성됩니다. 둘째, 자문적 영업 역량은 고객 니즈 파악, 정보 수집, 사내 자원 동원, 가치 제안 등으로 구성됩니다. 마지막으로 셋째, 기술·지식 역량은 커뮤니케이션 기술, 제품 지식, 협상력으로 구성됩니다.[220] 이는 마케터가 보유하고 함양하여야 할 역량 분야를 안내합니다.

국내에서 기술영업을 하는 마케터를 대상으로 조사한 결과에 따르면, 마케터의 자질역량으로는 첫째, 성격적인 측면에서는 다른 사람을 만나는데 두려움이 없고, 분위기를 잘 띄우고, 기분 좋게 해주며, 고객들이 좋아하고 금방 친구처럼 지낼 수 있는 친화성이, 둘째, 감성역량 측면에서는 실행력이 우수하고 추가적인 일을 모색하는 주도성과, 팀 전체의 의견을 존중하며, 업무를 공유하며, 조언도 하고, 부족한 부분에 대해서는 도움도 받는 팀워크의 중요성이 부각되었습니다.[221] 해외 연구에서도 비즈니스 고객과의 장기적인 신뢰 관계를 추구하는 첩경은 관계 초기, 특히 고객과의 첫 대면에서부터 교감을 형성하는 것이 중요하다고 이야기합니다. 교감은 자연스럽게 고객 중

---

220   조아라 외, B2B 영업사원의 업무수행역량 척도 개발 연구, 마케팅관리연구, 제22권 제2호, 2017년
221   박찬욱 외, B2B 영업사원의 역량모델 개발을 위한 탐색적 연구, 마케팅관리연구, 제20권 제3호, 2015년

심의 태도와 관심을 통해 긍정적인 감정을 공유하게 됩니다. 이를 위해 마케터는 자신의 이야기보다는 고객의 이야기에 민감하게 반응하는 것이 중요합니다.[222] 비즈니스 마케터를 대상으로 한 실증연구에서는 어려운 임무를 수용하고 도전하고자 하는 마케터의 의지와, 주어진 상황 요구를 인지하고 이를 충족하려는 동기부여를 통하여, 새로운 비즈니스를 개발하고 도전하는 마케터의 기업가적 동기부여에 긍정적인 영향을 미쳐 이가 마케팅 성과를 향상시키는 것으로 나타났습니다.[223]

한국마케팅학회 회장을 역임한 유창조 교수는 성공적인 마케터가 되기 위한 두 가지 자질로 고객에 대한 통찰력과 제품개발을 위한 창의성을 언급합니다. 통찰력이란 마케터가 확보한 다양한 자료를 종합하여 이들 자료에 숨어있는 고객에 대한 진실을 찾아내는 것으로 고객의 숨겨진 욕구 또는 미래의 소비 추세를 읽을 수 있는 능력입니다. 그리고 창의성은 고객의 욕구를 충족시켜 줄 수 있는 제품을 개발하는 능력입니다. 따라서 성공적인 마케터는 고객의 욕구를 발견하거나 새롭게 해석한 후, 이러한 욕구를 충족시켜 줄 수 있는 창의적인 아이디어를 구현할 수 있는 능력을 갖추고 있어야 합니다. 이러한 통찰력과 상상력을 가진 마케터가 되기 위해서는 첫째, 마케터는 고객

222 Timo Kaski 외, Rapport building in authentic B2B sales interaction, Industrial Marketing Management, 제69권, 2018년
223 Reza Rajabi 외, Entrepreneurial motivation as a key salesperson competence:trait antecedent and performance consequence, Journal of Business & Industrial Marketing, 제33권 제4호, 2018년

과 시장에 대해 경쟁사와 다르게 생각하는 자세를 가질 필요가 있습니다. 둘째, 마케터는 시장 전반에 대한 큰 그림을 그리려고 노력해야 합니다. 셋째, 마케터는 고객과 관련된 일상적인 현상에 호기심을 가져야 합니다. 넷째, 마케터는 긍정적인 사고를 할 필요가 있습니다. 다섯째, 성공적인 마케터는 다른 사람의 비판에 대해 경청하는 자세를 갖습니다. 마지막으로 마케터에겐 인내심이 필요하다고 강조하고 있습니다.[224]

창의성이 높은 마케터는 새로운 것을 찾으려 하고 새로운 제안이나 방법을 적극적으로 수용하며, 새로운 경험을 좋아하고 행동하려는 경향이 강합니다. 이러한 창의적 요소가 높은 마케터가 마케팅 전략 개발 역량에 긍정적인 영향을 미칩니다. 창의적 요소가 높고 사회적 나눔이나 공동체 의식, 다양한 사회적 가치를 존중할 줄 아는 구성원으로 이루어진 기업일수록 마케팅 전략 개발 역량이 높다고 할 수 있습니다. 마케팅 전략 개발 역량이 높은 기업일수록 기업체의 브랜드 파워, 수익성 등을 긍정적으로 평가합니다.[225]

《B2B Marketing Strategy》라는 책을 저술한 하이디 테일러는 마케터의 자질로 시장, 고객, 사업에 대한 호기심과 개선에 대한 자세, 다양한 분야에서의 경험, 환경 변화에 맞추어 변화하려는 도전 의식, 고객 관점의 자세와 의사소통 기술을 언급하고 있습니다.[226]

---

[224] 유창조, 성공적인 마케터가 되기 위한 조건: 고객에 대한 통찰력과 상상력, 마케팅, 제44권 제10호, 2010년
[225] 진창현, 기업 마케터의 개인 문화 역량이 마케팅 전략 개발 역량에 미치는 영향에 관한 연구, Asia-Pacific Journal of Business & Commerce, 제11권 제2호, 2019년
[226] Heidi Tylor, B2B Marketing Strategy, Kogan Page Limited, 2018년

저는 마케터의 위에서 언급된 자질 외에도 가장 중요한 자질로 경청Listening을 생각합니다. 다음의 이야기를 읽어봅시다.

어느 날, 조 지라드와 협상한 고객이 계약서에 사인하려던 순간 갑자기 마음을 바꾸었다. 조 지라드는 협상 과정이 순조로웠음에도 불구하고 상대방이 거절한 이유를 도저히 이해할 수 없었다. 꼼꼼한 성격의 그는 고객의 집까지 찾아가 이유를 물어볼 심산이었다. 바로 그날 저녁, 자신의 집까지 찾아온 조 지라드에게 고객은 그 이유를 말해 주었다. 알고 보니 조 지라드가 고객의 진정한 수요를 파악하지 못했기 때문이다. 협상 중에 고객은 자신의 외아들이 대학에 입학하게 되었다는 것을 언급했다. 그러면서 성적도 우수하고 운동신경도 뛰어나다면서 아들의 자랑을 덧붙였다. 그러나 조 지라드는 고객이 하는 아들의 칭찬에는 전혀 귀를 기울이지 않고 계약 체결만 재촉했다. 이에 마음이 상한 고객은 계약을 거부한 것이다. 고객의 말에 조 지라드는 큰 깨달음을 얻었다.[227]

이렇게 경청이란 상대방의 이야기를 주의 깊게 귀담아듣는 태도로, 말의 내용뿐만 아니라 말하려는 의도와 심정을 주의 깊게 정성 들여 듣는 것입니다.[228] 앞에서도 이야기한 하이디 테일러는 이러한 사례와 관련, "우리 자신에 대해 이야기하는 것을 멈추고 고객과 같이 생각하라. 고객에게 초점을 두고 고객과 감성적으로 연결이 될 수 있는 의미가 있는 이야기를 말하라."라고 말합니다. 구매자는 단순히 우

227 유정아, 유정아의 서울대 말하기 강의, 문학동네, 2009년
228 김춘경 외, 상담의 이론과 실제, 2판, 학지사, 2016년

수한 제품과 서비스를 구매하는 것이 아니라, 고객의 말을 경청하고 (75%), 고객의 니즈를 이해하고(73%), 협력하며(73%), 구매를 통해 원하는 결과를 얻을 수 있다고 설명하는 마케터를 선택합니다.[229]

경청에서 가장 중요한 것은 "고객에게 집중하지 않으면 고객의 말을 들을 수 없다."라는 것입니다. 아울러 사람은 누구나 편견으로 인해 자신에게 유리한 말만 듣는 경향이 있습니다. 이를 방지하기 위해 고객과의 면담 시에는 동료와 동행하는 것을 권유합니다. 이는 말하는 사람이 고객의 말을 전부 기억하는 것이 어려우니 동료가 기록도 하여야 하며, 나중에 정리할 때에도 고객의 입장을 편견 없이 받아들이는 방법이라고 생각합니다.

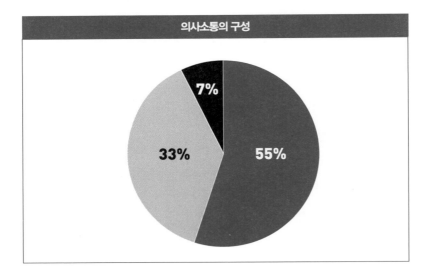

의사소통의 구성

55%
33%
7%

---

229   www.rainsalestraining.com/blog/9-keys-to-b2b-sales-success

마케터의 중요한 자질로 경청 외에도 마케터가 고객과 의사소통을 할 때도 주의할 사항이 있습니다.

미국 UCLA의 심리학자 알버트 메라비안 교수는 1960년대 연구에서 사람 간 의사소통에서는 비언어적 요소가 더 중요하다는 사실을 파악했습니다. 의사소통에서 의미를 전달하는 언어적 표현은 단지 7%만을 전달하고, 비언어적 표현으로 목소리 톤·음량이 38%, 몸짓, 접촉, 눈 접촉과 같은 몸짓언어가 55% 전달한다고 하였습니다. 예를 들어, 팔을 교차시키고, 얼굴을 찡그리면서 냉담한 목소리로 "정말 잘 하셨어요"한다면 이가 어떤 의미일까요? 고객의 인식된 가치 및 행동 의도 간의 관계에 대한 조사에서는, 고객은 마케터와의 면담에서 마케터의 비언어적 요소를 통하여 마케터를 평가하고 마케터의 의도를 추론하게 하는 정보의 원천으로 사용한다고 합니다. 고객이 마케터의 비언어적 요소를 부정적으로 평가하면 마케터를 회피하게 되지만, 마케터의 잘 가꾼 외모와 미소, 온화한 태도 등은 신뢰에 긍정적인 영향을 준다고 하니 마케터들은 이를 참조할 필요가 있습니다.[230]

그리고 메라비언 교수는 우리가 상대의 말을 적극적으로 경청한다고 해도 우리는 단지 전체 내용 중의 45%만 이해한다는 연구 결과를 발표하였습니다. 따라서 마케터가 말을 할 때는 쉽고, 간단하고, 일관성이 있게 상상력을 줄 수 있도록 표현하는 것이 중요하며 전달하는 의미를 강화할 수 있도록 소리와 감촉, 시각적 이미지를 함께 전달할

230 Eveline van Zeeland와 J⊠rg Henseler, The behavioural response of professional buyer on social cues from the vendor and how to measure it, Journal of Business & Industrial Marketing, 제33권 제1호, 2018년

것을 권고하고 있습니다.

변화하는 4차 산업혁명 시대에도 불변하는 비즈니스 마케터가 강화하여야 할 기초 능력은 다음과 같습니다. 첫째, 자기 생각을 고객이 명확하게 이해할 수 있는 언어로 작성하는 글쓰기 능력입니다. 둘째, 자기 생각을 고객이나 잠재 고객에게 전달하여 그들의 주의를 끌수 있는 프레젠테이션 능력입니다. 셋째, 수치 자료를 다루고, 분석하고 이를 그래프로 표현할 수 있는 엑셀 프로그램의 활용 능력입니다. 넷째, 시장 환경과 구매자 행동 변화에 빠르게 대응할 수 있는 유연성입니다. 다섯째, 자신의 관점이 아닌 고객의 관점에서 고객이 필요로 하는 것을 생각하는 것입니다. 가장 좋은 방법은 고객과 이야기를 나누는 것입니다. 여섯째, 디지털 시대에 맞게 디지털 촉진 도구에 대한 이해가 필요합니다. 광고 검색, 네트워킹과 직접 디스플레이 광고, 소셜 미디어에서 광고 활용법 등에 대해 전문가가 될 필요는 없지만, 기본적인 지식은 필요합니다. 일곱째, 난관을 극복하고 목표를 달성하고자 하는 강렬한 욕구가 있어야 합니다. 여덟째, 상대와 상호 호혜적인 결과를 창출할 수 있는 협상 능력이 필요합니다.

마케터는 개방적이고 공감하며 경청하고 고객의 니즈를 이해하는 능력을 보여주는 것뿐만 아니라 전문적이고 유능한 사람임을 보여주어야 하는 첫인상도 중요합니다. 구매조직은 설계와 같은 업무에서는 젊은 연구원이, 엔지니어링 업무에서는 나이 든 연구원이 더 유능하다고 생각하며, 창의적인 업무에서는 젊은 사람을, 사업관리나 컨

설팅에서는 나이 든 사람을 선호하는 경향이 있으니 이 역시 참조할

만한 내용입니다.[231]

---

231 Laurence Lecoeuvre 외, Customer experience in the b2b area: The impact of age-related impression, Journal of Retailing and Consumer Service, 제58권, 2021년

비즈니스 마케터의 목표

비즈니스 마케터의 최종 목표는 고객으로부터 핵심 공급선으로서의 전략적 위치를 점하여 장기적 상생 관계를 구축하는 것입니다. 이를 위해서는 고객과 긴밀히 협업하여 고객의 가치 창출에 기여하여야 하며, 경쟁사와 차별화된 역량을 제안하여 고객을 창출하여야 합니다. 이것의 바탕은 외부적으로는 고객과의 긴밀한 관계를 구축하고 내부적으로는 관련 기능 부서의 지원을 확보하는 것입니다. 구체적으로 보면 재무 부서에서 ROI 등 사업성 평가를, 회계 부서에서는 원가 구조 및 전망을, 연구개발 부서에서는 신제품 개발을, 구매 부서에서는 적기 부품 공급을, 생산 부서에서는 적기 생산을, 고객지원 부서에서는 판매 후 기술지원 등의 지원을 확보하여야 합니다.

마케팅 전략 컨설턴트인 진 기안파그나는 다음과 같이 10가지 마케팅 목표와 그 이유를 제시하고 있습니다.

1. 경쟁사와의 차별화입니다. 모든 산업계에서 많은 경쟁사가 유사한 제품과 서비스를 판매합니다. 자사의 비즈니스가 다른 이유가 무엇입니까? 고객이 자사를 선택하여야 하는 이유는 무엇입니까? 자사를 경쟁사와 차별화하여 시장에서의 위치를 명확히 할 수 있도록 하여야 합니다.

2. 스토리 제공입니다. 마케팅은 자신의 비즈니스 스토리를 잠재 고객에게 이야기하는 것입니다. 잠재 고객의 요구사항을 충족할 수 있는 자신의 역량을 잠재 고객에게 확신시키고, 자사의 직원, 제품 및 서비스의 품질을 반영하는 설득력 있는 스토리를 만들어야 합니다.

3. 마케팅 준비입니다. 마케팅은 판매 절차를 시작하는 데 중요한 역할을 합니다. 제품 및 서비스를 시연하고, 잠재 고객과 의미 있는 대화를 할 수 있도록 효과적인 마케팅 도구를 마케팅팀에 제공하여야 합니다.

4. 고객 창출입니다. 모든 비즈니스는 새로운 고객을 원합니다. 마케팅을 통해 최고의 잠재 고객이 "나에게 더 이야기해달라"라고 말하도록 훌륭한 제안과 함께 관련 메시지를 전달하여야 합니다.

5. 잠재 고객 육성입니다. 비즈니스 제품 및 서비스 판매에는 많은 시간이 필요합니다. 마케팅은 잠재 고객이 구매 의사결정을 고려할 때 잠재 고객에게 자신의 존재를 보여주는 데 도움이 될 수 있습니다. 잠재 고객의 요구사항에 대한 이해, 자신의 역량, 잠재 고객의 사업에 대한 자신의 관심을 보여주기 위해 솔루션 지향의 콘텐츠로 잠재 고객과의 지속적인 의사소통을 하여야 합니다.

6. 고객 유지율 증가입니다. 현명한 비즈니스 마케터는 고객과 깊고 지속적인 관계

를 구축하고 고객 관계에 가치를 제공하는 것에 중점을 둡니다. 마케팅 전략은 마케터가 CRM을 어떻게 지원하고, 어떻게 고객에게 고객의 가치를 지속적으로 상기시켜야 할지를 구체화하여야 합니다.

7. 교차 판매 증가입니다. 당신의 고객에게 당신은 또 무엇을 팔 수 있습니까? 마케팅 전략에는 관련 제품 및 서비스의 주문량, 빈도 및 판매액을 늘리기 위한 제공물, 전술, 또는 촉진 전략을 포함하여야 합니다.

8. 인지도 향상입니다. 고객과 잠재 고객이 비즈니스 문제에 대한 솔루션을 찾는 곳 어디에서나 당신을 볼 수 있어야 합니다. 산업전시회, 콘퍼런스, 출판물, 웹 및 소셜 미디어와 같은 곳에서 인지도를 높이기 위해 통합 마케팅 전술 계획을 개발하여야 합니다.

9. 고객 자료 투자입니다. 당신은 고객이 무엇을 구매하는지 알기 때문에 경쟁사보다 큰 이점이 있습니다. 고객의 요구에 맞추어 마케팅 메시지를 조정하기 위해 이 자료를 사용하고, 유사한 잠재 고객을 식별하고 목표로 삼기 위해 이 자료에서 통찰력을 얻어야 합니다.

10. 새로운 시도입니다. 매년 동일한 목표 고객, 동일한 유통, 동일한 전술과 같은 정적 마케팅 계획은 새로운 결과물을 내놓을 가능성이 작습니다. 더 나은 결과를 얻을 수 있는지 확인하려면 새로운 유통망과 접근 방식을 시도하여야 합니다.[232]

하이디 테일러는 마케팅의 3가지 목적을 첫째, 브랜드 구축, 유지

232 www.gianfagnamaerketing.com/blog/2014/10/23/b2b-marketing-strategy-10-goals-that-belong-in-every-plan/

및 보호, 둘째, 고객 확보, 셋째, 수요 창출로 압축하여 제시합니다. 비즈니스 마케팅 목표에 대하여 글로벌 스펙사가 2012년 317명의 마케팅 관리자 및 임원을 대상으로 조사한 결과에 따르면, 디지털 플랫폼 시대에도 마케팅 목표로 응답자의 38%가 고객 확보, 29%가 잠재 고객 창출, 20%가 브랜드 인지라고 응답하였습니다.

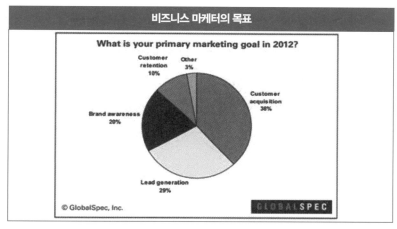

출처: komarketing.com

사용하는 마케팅 경로는 산업전시회 67%, e-mail 마케팅 65%, SEO(Search Engine Optimization, 검색엔진 최적화) 59%, Social Media 57%, 전시회 잡지 47%, PR 38% 순으로 응답하였습니다. 이에 따라 글로벌 스펙사는 디지털 시대에 맞추어 소셜 미디어를 활용하여 브랜드 인지도를 높일 것을 권고하였습니다. [233] 그러나 아직 많은 마케팅 관리자

---

233 www.komarketing.com/blog/b2b-industrial-trends/

및 임원이 소셜 미디어에 대한 이해가 부족하며 이를 활용할 준비가 부족한 것도 현실입니다.[234]

위 그림에서 나타난 'Lead Generation'은 잠재 고객 창출로 이는 최종적으로는 판매를 위해 제품이나 서비스에 대한 고객의 관심을 개발하고 유도하는 마케팅 활동을 의미합니다. 2017년 콘텐츠 마케팅 인스티튜트사의 조사에서도 B2B 콘텐츠 마케팅의 주요 목적은 고객 창출(80%)과 브랜드 인지도(79%)의 순으로 나타납니다.[235]

234 Mike Bernard, The impact of social media on the B2B CMO, Journal of Business & Industrial Marketing, 제31권 제8호, 2016년

235 www.contentsmarketinginstitute.com/2016/09/contents-marketing-research-b2b

마케팅 성과 평가하기

06

기업의 모든 경영 활동이 반드시 원하는 결과를 만들지 못합니다. 일부는 원하는 결과를 달성할 수도 있고, 일부는 목표 수준에 도달하지 못하는 경우도 발생합니다. 기업의 경영 활동에서 목표를 달성하였거나 달성하지 못하였더라도, 이를 추적하면 미래에 대한 성과를 개선할 수 있습니다. 이렇게 기업의 경영 활동과 관련된 모든 부분에서 계획 대비 실적의 달성 정도를 객관적이고 편향되지 않게 파악하기 위해서는 측정 대상에 대해 수치화된 자료를 이용하는 것이 바람직합니다. 우리는 이 수치 자료를 통해서 상세한 분석을 얻고 관련 추세 및 패턴을 쉽게 발견할 수도 있습니다. 그러나 측정 대상을 잘못 선정하면 유의한 결과를 얻지 못할 수도 있습니다. 유의하지 않은 결과치는 타 기능부서의 활동에도 영향을 미쳐 기업 전체적으로는 혼동과 부정적인 결과를 야기할 수도 있습니다. 평가항목을 선정하는 가장 좋은 방법은 수익 및 활동과 관련된 간단하고 명확하며, 비교적 적은 수의 평가항목을 선정하는 것입니다. [236]

마케팅 활동에 대해서도 성과 평가항목을 적절하게 선정하여 올바르게 측정하고 분석하면, 이 평가치는 목표 고객, 필요한 마케팅 세부 활동들에 대한 통찰력을 제공할 수 있습니다. 이를 통해 마케팅 프로세스를 조정하고 고객에게 가장 적합한 전략으로 접근하여 마케팅 성과를 높일 수 있습니다. [237]

우리는 이미 5장 〈마케팅 전략 수립〉에서 BSC를 기준하여 경영 목표를 수립하고 이의 성과관리를 KPI를 통해 평가한다고 이야기했습니다. 그리고 BSC 전략맵은 기업이 달성하고자 하는 목표와 활동, 이를 평가하기 위한 KPI를 서로 연결시켜 명확하게 보여준다고 하였습니다. BSC 관점별 주요 KPI는 다음과 같을 수 있습니다.

1. 재무 관점에서의 평가는 수익 개선에 공헌하는 정도를 평가하는 것입니다. 기본적 평가 요소는 매출과 손익입니다. 매출에는 매출액 성장률, 신규 시장 매출액 및 증가율 등을 포함할 수 있습니다.

2. 고객 관점에서의 평가는 목표 고객에게 경쟁력 있는 가치를 어떻게 전달하였는가를 평가하는 것으로, 평가 요소에는 시장점유율, 신규 고객 확보율, 기존 고객 유지율, 고객 만족도, 고객 수익성 등이 있습니다.

3. 내부 업무 절차 관점에서 평가는 고객가치를 창조하는 데 중요한 제반 절차와 시

---

236 www.act-on.com/blog/know-your-b2b-marketing-metrics-measure-your-way-to-success
237 www.leadforesics.com/b2b-marketing-choosing-the-right-metrics-to-measure/

스템에 대한 것입니다. 절차에는 고객 관계 관리 절차, 공급망 관리, 혁신 절차, 제품과 서비스를 납품하는 운용 절차, 그리고 판매 후 후속지원 절차를 포함하여야 합니다.

4. 학습 및 성장 관점에서의 평가 요인은 전략 수행에 필요한 숙련, 재능, 노하우를 보유한 인적 자산, 전략 수행 지원을 위한 정보기술 인프라와 관련한 정보시스템 자산, 전략 수행을 가능하게 할 문화, 리더십, 팀워크와 관련한 조직 자산 등이 있습니다.

마케터는 BSC와 KPI 중 마케팅과 관련된 KPI를 도출하고, 그 목표를 달성하기 위해 효과적이고 효율적인 마케팅 활동을 하는 것이 우선적인 임무입니다. 전형적인 KPI에는 수익 공헌율, 시장점유율, 신규 고객 확보율, 고객당 마케팅 비용 등이 있지만, 이외에도 활동 기간 동안 마케팅 활동 비용, 홍보, 광고, 전시회 등 마케팅 활동별 비용, 고객별 또는 지역별 수익률 등에 대한 계획 대 실적을 평가합니다.

이러한 마케팅 활동의 측정 및 평가와 관련한 마케팅 평가 시스템은 기업이 목표를 달성하기 위해 수립한 계획 대비 성과를 점검하는 것으로, 마케팅 평가를 통하여 얻은 정보는 현재의 마케팅 전략을 수정하고, 새로운 마케팅 전략을 수립하고, 자금을 배분하는데 중요한 지침이 됩니다. 예를 들어, 시장점유율 20%를 목표로 하였는데 2020년 실적이 12%라고 한다면, 전략의 변화가 필요할 수도 있습니다. 마케터의 잠재 고객 접근율이 목표 대비 단지 45%의 성과를 거두었다면, 마케터를 늘리던가 아니면 광고에 대한 예산 증액이 필요할 수도 있습니다.

마케팅 성과의 평가는 기업 내 계층에 따른 평가와도 관련됩니다.

1. 전략 평가는 최고 경영진이 마케팅 전략이 올바른 방향으로 계획에 따라 수행되었는지, 의도한 결과를 얻었는지를 종합적으로 평가합니다. 기업은 정기적으로 급변하는 시장 환경과 기업 내부의 마케팅 활동을 분석하는 마케팅 감사를 시행하여, 기업이 당면할 기회와 위협 요인을 확인할 필요가 있습니다.

2. 연간 계획 평가는 최고 경영진과 중간 관리자가 매출액, 이익, 시장점유율 등에서 계획한 목표의 달성 여부, 계획 대비 차질 원인, 경쟁사 대비 성과 등을 평가합니다. 또한, 매출액 대비 판매비 및 광고 등 각 마케팅 요소에 대한 비용 비율을 측정하여 마케팅 활동의 효율성을 평가합니다.

3. 효율성·효과성 평가는 마케팅 관리자가 시장 지향적 관점에서 생성된 시장정보를 바탕으로 적절한 마케팅 자원을 선택하고[238] 광고 등 마케팅 전략의 각 요소에 자원을 얼마나 효율적으로 잘 활용하였고, 그 목표를 잘 달성하였는지를 평가합니다.

4. 수익성 평가는 마케터가 각 사업의 세분 시장별, 제품 라인별, 지역별, 경로 구조별 등에서 수익을 얼마나 창출하였는지를 평가합니다. 효과적인 평가를 위해 기업은 세분 시장별 활동별 마케팅 비용을 관리하는 시스템이 필요합니다. 이러한 평가를 통해 수익에 가장 큰 영향을 미치는 요인을 확인하고 개선할 수 있습니다. 수익성 평가와 관련하여 마케팅 예산의 감축은 단기적으로는 재무성과에 긍정적인 영향을 미치지만, 예산 감축으로 인한 잃어버린 시장 위치를 회복하는 데에는

---

[238] Aron O'Cass 외, Marketing resource-capability complementary and firm performance in B2B firms, Journal of Business & Industrial Marketing, 제30권 제2호, 2015년

오랜 시일이 소요되므로239 단기적 관점과 장기적 관점의 균형이 필요합니다.

계층별 마케팅 성과 평가			
평가의 형태	주요 책임자	평가 목적	평가 수단
전략 평가	최고 경영진	시장, 제품, 유통경로에 있어서 전략에 따라 올바른 방향으로 진행하였는지를 평가	마케팅 감사
연간 계획 평가	최고 경영진, 중간 관리자	계획한 목표를 달성하였는지를 평가	매출/수익 분석, 시장점유율 분석, 매출액 대 판매비 비율, 고객만족도 분석
효율성 · 효과성평가	중간 관리자	목표 달성을 위한 마케팅 전략의 각 요소에 자원을 얼마나 잘 활용하였는지 검토	제품, 가격, 경로, 의사소통 등에서 제반 지표
수익성 평가	마케터	제반 활동 대비 수익성 검토	제품별, 지역별, 세분시장별, 경로별 등에 의한 수익성

다음의 표는 효율성 및 효과성 평가와 관련하여, 분야별로 마케팅 성과 평가 시 사용할 수 있는 제반 평가 요소의 예입니다.

분야별 효율성 · 효과성 평가 요소	
제품	세분 시장별 매출액, 매출액 성장률, 시장점유율, 이익 공헌율, 총 수익율, 투자 수익률 등
가격	매출 규모에 따른 가격 정책 및 가격 변동 신규 계약에 대한 입찰 전략, 마케팅 비용 대비 수익, 경로 구성원 성과 대비 이익 등
경로	경로별 매출액, 경비, 이익 공헌율, 매출액 대비 경비 비율 경로별 물류 활동에 따른 물류 비용 등
의사소통	매체 형태별 광고 효과, 매체 형태별 방문, 문의 및 정보 요청 건수, 목표 청중 대비 실제 청중 비율, 방문 당 비용, 방문 건당 매출액, 지역별 매출액, 매출액 대 비용 비율, 기간당 신규 고객의 수 등

---

239 Marcolm McDonald, Marketing in B2B organizations: as it is; as it should be - a commentary for change, Journal of Business & Industrial marketing, 제31권 제8호, 2016년

최근에는 디지털 마케팅 활동도 점자 중요도가 높아지므로, 디지털 마케팅 노력의 성과를 측정하기 위하여 특정 웹사이트에 대한 총 방문자 수, 순 방문자 수, 방문자 중 관련 자료를 다운로드한 비율, 특정 페이지에서 웹사이트를 떠나는 이탈률, 고객을 확보하기 위해 광고에 투자한 고객 단위당 비용, 광고 클릭당 비용, SEO에 대한 투자 수익률, 방문자 유지율, 방문당 페이지 수, 인바운드 링크 수 등을 KPI로 선정하여 측정할 수도 있습니다. 이러한 KPI를 측정할 수 있는 도구로는 가장 널리 사용되는 구글 아날리틱스, 세일즈포스, 게코보드, 스크로 등이 있습니다.[240]

참고로, 디지털 마케팅 시대를 맞이하여 비즈니스 마케터도 이와 관련된 몇 가지 관련 용어를 인지할 필요가 있습니다. SEO는 웹사이트를 검색자에게 최적화시키는 것을 말하는데, 검색하는 잠재 고객이 요구하는 사이트를 제작 및 운영하는 과정입니다.

마케팅 자동화란 마케팅을 자동화시켜주는 소프트웨어나 시스템으로 마케팅 업무를 효율적으로 그리고 자동적으로 처리하는 것입니다.

인바운드 마케팅이란 외부에서 내부로 유입되도록 유도하는 마케팅 전략의 하나로, 매력적인 콘텐츠와 가치 있는 정보로 잠재 고객을 유인하여 실제 고객으로 끌어들이는 마케팅 활동으로, 전통적인 전화, 이메일, 전시회, 광고나 홍보보다 SEO, 블로깅, 소셜 미디어 등을 활용하는 마케팅 기법입니다.

---

240 www.singlebrain.com/metrics/top-marketing-kpis-that-every-b2b-company-needs-to-track/

콘텐츠 마케팅이란 불특정 다수를 대상으로 TV나 신문과 같은 전통적인 매체를 통하여 광고하는 것이 아니라, 특정 고객에게 가치 있고 일관되면서 연관성이 높은 콘텐츠를 만들어 확산시키는 마케팅 기법입니다.[241]

마지막으로, 마케팅 성과 평가는 결과적으로 고객으로부터의 수주 성공이냐 실패냐로 갈립니다. 일반적으로 수주 실패에 대한 원인은 긴밀한 고객 관계 수립 부족, 고객의 니즈 및 가치에 대한 파악 부족, 경쟁사보다 늦은 사업 참여, 차별적 핵심역량 및 역량 있는 파트너의 부재, 고객의 의사결정체계 파악 및 내부 안건 해결 방안 제공 미흡, 정부 기관 등 외부의 지원 확보 미흡 등을 이야기합니다. 여러분도 실패 사례가 있다면, 선진 업체들과 같이 실패 사례를 객관적으로 냉철히 분석하여 부족한 점을 보완하여 향후 수주 성공을 위한 계기로 삼기를 바랍니다.

241 blog.goldenspiralmarketing.com/step-by-step-guide-building-kpis-b2b-tech

맺으면서

먼저, 기업의 생존과 발전에 필수적인 수익성 있는 비즈니스 고객 창출이라는 중요한 임무를 수행하는 마케터인 여러분들에게 진정으로 찬사를 보냅니다. 여러분은 이제 마케팅 활동의 성과 창출을 위해 장기적인 시각에서 고객과의 밀접한 관계를 구축하고 이들의 목소리를 경청하여 사업기회를 창출해야 합니다. 고객들의 가치를 최대화 하면서도 경쟁사와는 차별적인 선제적 제안을 위해 내부와 협력하고 보유하고 있는 자원을 최적화된 믹스를 통하여 창의적인 마케팅을 구현하여야 하는 막중한 임무를 수행하여야 합니다.

우리는 함께 비즈니스 마케팅에 관해 이야기를 나누었습니다만, 본격적인 4차 산업혁명 시대에 맞추어 정보기술과 빅데이터를 활용한 인공지능이 제시할 미래의 비즈니스 마케팅의 모습은 분명 우리 모두에게 커다란 도전이 될 것으로 생각합니다. 특히 최근 코로나19 확산에 따른 언택트Untact 시대에 마케팅 기능의 일부인 의사소통이 링크드인, 페이스북, 트위터 등과 같은 소셜 미디어로 이전되면서, 디지털 마케팅 시대로의 변화가 가속화되는 느낌을 갖지 않을 수 없습니다. 비즈니스 마케팅과 소셜 미디어 간의 상호작용, 글로벌 네트워크, 비즈니스 서비스 등에 관한 연구는 향후 더욱 발전할 것이라고 생각합니다. [242]

---

[242] Peter LaPlaca와 Rui Vinhas da Silva, B2B: A Paradigm Shift from Economic Exchange to Behavioral Theory: A Quest for Better Explanations and Predictions, Psychology & Marketing, 제33권 제4호, 2016년

누구도 변화의 물결을 거스를 수 없지만, 비즈니스 마케터는 나름의 중심을 잡고 있어야 변화하는 환경에 휩쓸리지 않고 방향성을 잡을 것입니다. 저는 비즈니스 마케터의 중심은 항상 '고객'과 '고객의 가치 지향'이라고 생각합니다. 자신의 역량 내에서 목표로 하는 고객에게 고객이 기대하는 이상의, 그리고 경쟁사가 제공하는 이상의 가치를 고객에게 제공할 수 있으면 어떠한 환경에서도 자신의 경쟁우위를 유지하고 강화할 수 있을 것입니다. 인공지능은 빅데이터를 이용하여 고객의 구매 행동 특성 등을 세밀히 구조화하고 기계 학습 및 예측 알고리즘을 사용하여 마케터에게 최적의 세분 시장 및 수익성이 높을 잠재 고객을 제시하고 이에 대한 전략적 접근 대안과 합리적 의사결정을 제시할 수 있을 것입니다.[243] 결국, 인공지능은 데이터를 정보로 변환하여 기업이 시장지향적이 되도록 고객, 사용자 및 경쟁자 등 시장에 대한 지식을 생성, 구성, 적용할 수 있도록 마케터를 지원할 것입니다.[244] 연구에서도 비즈니스 마케팅에서 인공지능은 전문가의 역할을, 사람은 크리에이터의 역할을 하면 인공지능과 사람 간의 상호작용에서 가치를 공동으로 창출할 수 있다고 주장합니다.[245] 그런데 인공지능의 분석 및 대안 제시에 사용되는 데이터는 결국 사람이 입력하는 것이며, 분석 및 대안 제시에 대한 알고리즘도 결국 사람

243 Surajit Bag 외, An integrated artificial intelligence framework for knowledge creation and B2B marketing rational decision making for improving firm performance, Industrial Marketing Management, 제92권, 2021년
244 Jeannette Paschen 외, Artificial intelligence(AI) and its implications for market knowledge in B2B marketing, Journal of Business & Industrial Marketing, 제34권 제7호, 2019년
245 Jeannette Paschen 외, Artificial Intelligence(AI) and Value Co-Creation in B2B Sales: Activities, Actors and Resources, Australasian Marketing Journal, Article in Press, 2020년

이 구성하는 것입니다. 저는 결국 마케터가 새로운 변화를 이끄는 주체가 되어야 한다고 믿습니다.

저는 여러분이 이 책을 통하여 전달하는 비즈니스 마케터의 중심을 항상 기억하며, 4차 산업혁명 시대에 적합한 비즈니스 마케팅의 미래를 여러분 스스로가 선도해주기를 기대합니다.

감사합니다.